SALIENDO DE LA CAVERNA DE PLATÓN

Editorial Loyev Books

SALIENDO DE LA CAVERNA DE PLATÓN

Consejería filosófica, práctica filosófica y autotransformación

Ran Lahav

Traducido por Carmen Zavala y Jorge Gon

Editorial Loyev Books

Hardwick, Vermont, USA

PhiloPractice.org/web/loyev-books

Título original: Stepping out of Plato's Cave (Loyev Books 2016)
Traducido por Carmen Zavala y Jorge Gon

ISBN-13: 978-1-947515-96-3
ISBN-10: 1-947515-96-9

Loyev Books
1165 Hopkins Hill Rd., Hardwick, Vermont 05843, USA
PhiloPractice.org/web/loyev-books

Índice

A la memoria de Jorge Gon, un hombre lleno de vida y un amante de la lengua, quien lamentablemente falleció antes de completar la traducción de este libro.

Prefacio

Este libro es el fruto de más de dos décadas de trabajo con individuos y grupos en el área de la práctica filosófica. La práctica filosófica es un movimiento internacional de filósofos que piensan que la filosofía puede marcar una diferencia significativa en nuestras vidas. La Filosofía, después de todo, significa filo-sofía —amor a la sabiduría— y se ocupa de los asuntos fundamentales de la vida con los que todos nos tenemos que ver casi a diario.

Me uní al movimiento de práctica filosófica en su etapa temprana a inicios de los años 90, y pronto me di cuenta que el movimiento recién estaba naciendo, recién trataba de entender qué es lo que estaba haciendo. Decidí que me dedicaría a ayudar a desarrollas esta nueva área. Así fue como se inició mi travesía filosófica que resultó siendo por momentos sumamente excitante y por momentos frustrante, pero siempre profunda y gratificante. A lo largo de esta travesía estuve inspirado por la visión de que la filosofía puede profundizar y enriquecer nuestras vidas, pero al principio tuve dificultades de plasmar esta visión en la práctica. La corriente prevaleciente de la filosofía parecía estar demasiado alejada de la vida cotidiana, y ser demasiado abstracta y general como para ser relevante para nuestras preocupaciones personales. Me tomó años de pruebas, llegar a descubrir, paso por paso, las formas de abordar este reto.

El enfoque que estoy presentando aquí, consiste en varias diferentes capas y elementos que he desarrollado a lo largo de los años. Algunas de las versiones anteriores de algunos de estos elementos han sido publicadas en mis artículos en mi página web (www.PhiloPractice.org) y en un libro publicado en italiano: Oltre la filosofia. Alla ricerca della saggezza *(Milano: Apogeo, 2010).*

No estoy presentando mi enfoque como una doctrina final. Espero que eche semillas para exploraciones futuras y que inspire a otros filósofos. La filosofía, al igual que la vida, es una travesía sin fin en un terreno que nunca se termina de mapear y que tiene que descubrirse de manera personal y creativa.

Ran Lahav
Vermont, USA
www.PhiloPractice.org

vii

Capítulo 1

El llamado de ir más allá de nosotros mismos

En su famoso libro *La República*, Platón describe a un grupo de personas sentadas en una caverna atadas a sus asientos e incapaces de moverse. Con la cara mirando la pared del fondo de la caverna, sólo pueden ver las sombras reflejadas por un fuego que está encendido detrás de ellos. Como nunca han visto otra cosa más que sombras, asumen que son el mundo real.

Acá uno de los oyentes señala: "Esta es una imagen extraña, y aquellas son personas extrañas". El narrador responde: "Son como nosotros." Son como nosotros, explica Platón, porque también nosotros estamos enclaustrados en una visión del mundo limitada, y también nosotros asumimos que es así como es la realidad. No nos damos cuenta de que esto no es más que un mero juego de sombras en una pared, y que más allá de nuestra caverna se extiende una realidad mucho mayor y más plena.

Un prisionero, sin embargo, es liberado de sus ataduras. Al principio se rehúsa a mirar hacia atrás —la luz del fuego lastima sus ojos, y la vista resplandeciente lo ciega y lo confunde. Pero después de que sus ojos se acostumbran a la luz, y después de ser llevado a rastras hacia la salida de la caverna, poco a poco empieza a conocer y a apreciar el mundo más diáfano, más verdadero.

Este es para Platón, el papel de los filósofos: salir de la caverna. Pero su papel no termina aquí. Su tarea consiste en retornar a la caverna y ayudar a los demás a liberarse de sus cadenas y mostrarles el camino hacia fuera de la caverna. La misión de la filosofía es hacer que nos demos cuenta de que nuestro mundo normal es superficial y limitado, y ayudarnos a trascender nuestros estrechos límites y emprender el camino hacia una realidad más grande.

La alegoría de la caverna de Platón nos conmueve porque nos recuerda al anhelo de nuestro corazón de expandir nuestras vidas y vivir de manera más profunda y plena. Nuestra vida cotidiana suele estar limitada a una "caverna" —a una rutina superficial y cómoda. Cumplimos con nuestras actividades diarias como si estuviéramos en piloto automático. Es solo en ciertos momentos especiales de autorreflexión que tomamos conciencia de lo restringidos que son nuestros momentos cotidianos, y es entonces que sentimos el anhelo de romper los muros de esta prisión y de vivir una vida más grande, más rica, más libre.

Platón ni fue el único filósofo que escribió sobre este anhelo. Como veremos pronto, se lo ha discutido a lo largo de la historia de la filosofía occidental en los escritos de los pensadores de prácticamente todos los periodos históricos y de las mayores escuelas de pensamiento. Este anhelo se expresa en el corazón humano. Nos habla tanto en los escritos de los grandes filósofos como en los de los mediocres, a veces incluso en las conversaciones casuales de la persona de la calle, aunque muchas veces es reprimido y forzado a silenciar su mensaje desafiante. Porque no es fácil renunciar a la comodidad de nuestra caverna y cambiar el modo de vida seguro al que estamos acostumbrados por la inercia.

Este anhelo nos habla en diversas lenguas. Los diferentes filósofos lo articulan a través de diferentes conceptos y terminologías y metáforas, y sin embargo todos expresan la misma constatación: que los horizontes de la vida son mucho más amplios de lo que normalmente somos conscientes. Y nos llaman a embarcarnos en una misma empresa: una transformación interior que nos abra a horizontes más grandes de existencia.

Los detalles difieren bastante: ¿Qué es lo que restringe nuestra existencia? ¿Cuáles son los caminos de salida de esta prisión? ¿Qué es lo que deberíamos esperar encontrar afuera? Estas preguntas son respondidas de diferentes maneras por los diferentes pensadores. Y, sin embargo, más allá de estas diferencias todos expresan el mismo anhelo básico, la misma constatación, el mismo llamado primordial.

No es sorprendente que este anhelo se manifieste de modos tan diversos. Naturalmente en diferentes situaciones sociales encuentra diferentes maneras de expresarse: En la Grecia antigua se expresaba a través de conceptos y valores griegos; en la Europa del siglo XIX fue escuchado en las frases en alemán de Nietzsche y en el danés de Kierkegaard y en los términos de las preocupaciones y preferencias de su tiempo; hoy en día nos habla en las metáforas científicas y tecnológicas contemporáneas. Es más, se articula de acuerdo con la personalidad y sensibilidad del pensador individual. Después de todo es a través de la mente y el corazón del individuo que nos habla.

Creo que virtualmente toda persona reflexiva conoce este anhelo, a pesar de que en la vida cotidiana normalmente estamos demasiado ocupados como para apreciarlo. Normalmente estamos preocupados por nuestros ingresos y nuestras compras, tratando de agradar al jefe, escenificando el juego de las convenciones sociales, soñando con el nuevo carro que deseamos tener; y luego empleamos el poco tiempo que nos queda en enviar mensajes por internet o mirando televisión. Pero ocasionalmente, en momentos especiales de autorreflexión, podemos escuchar este anhelo dentro de nosotros preguntándonos: "¿De esto se trata toda mi vida? ¿No debería haber algo más? ¿No puede mi vida acaso ser más rica, más grande, más profunda de lo que en realidad es?"

Clara no logra dormirse. Está echada en la cama, pensamientos frenéticos recorren su mente. Primero se dice a sí misma que está preocupada por el proyecto en el que está trabajando —está encargada del diseño profesional de un nuevo tríptico para un cliente importante. Su jefe le dijo que era parte de un trabajo importante y ella está ansiosa por lograrlo. Pero luego se da cuenta que sus preocupaciones en realidad no tienen que ver con su éxito en el trabajo. Tiene demasiada experiencia como para estar preocupada por eso. Reflexiona sobre que, en los últimos quince años, desde que empezó a trabajar como diseñadora ha estado superando un reto tras el otro. Una y otra vez se ha entregado de todo corazón al proyecto que le han asignado, trabajando frenéticamente, quedándose en su oficina hasta altas horas de la noche, y finalmente terminándolo de manera exitosa, solo para que se le asigne el siguiente proyecto, y luego el siguiente proyecto, y siguiente…

"¿Por cuánto tiempo voy a hacer esto?" se pregunta a sí misma. "¿Es así como va a ser el resto de mi vida? Mi trabajo es fabuloso, no me puedo quejar. Soy buena en lo que hago. Y sin embargo… Veinte o treinta años más de este tipo de trabajo, luego la jubilación ¿y entonces…, eso es todo?"

Recuerda su adolescencia cuando la vida parecía prometer una infinita gama de posibilidades, cuando el horizonte de posibilidades parecía abierto, y el mundo parecía invitarla a hacer cualquier cosa que quisiese —cualquier cosa... Ahora, por el contrario, siente que es muy diferente, más madura, más experimentada, exitosa y establecida, y sin embargo encajonada en un rumbo bastante estrecho: la misma una rutina en el modo de estar haciendo su trabajo, los mismos patrones de pensamiento, de comunicación, comportamiento e incluso de sentimientos. "Me he quedado estancada en... en..."

Se queda sopesando, tratando de encontrar una metáfora apropiada. Un recuerdo vago de la Alegoría de la Caverna de Platón se le viene a la mente — la mencionaban en el artículo de una revista que leyó unos días atrás.

Prende la luz y el computador. Una rápida búsqueda en internet la lleva al texto de Platón y lo lee con detenimiento. La alegoría resuena en ella profundamente, pero un punto la toca con fuerza: que los prisioneros mismos no saben que están cautivos. Ni siquiera sospechan que haya algo más en la vida que las sombras en las paredes de la caverna.

Ella se toma una pausa para pensar. "¿Soy acaso una prisionera de mi rutina? De seguro que hay más en la vida que hacer diseñar trípticos. ¿Pero qué sería este algo 'más'? ¿Y qué podría hacer al respecto? ¿Buscar un trabajo nuevo? Pero eso solo me llevaría de una caverna a otra. No, esto no es cuestión de cambiar de trabajo sino de cambiar algo más, algo mucho más grande — tal vez incluso cambiar yo misma."

Una sensación de urgencia la embarga. Siente un anhelo por cambiar su vida lo más pronto posible, pero no tiene idea de cómo. Algo dentro de ella parece llamarla para despertarla de su rutina cotidiana en búsqueda de nuevas energías y de una nueva vida, y se siente a sí misma tratando de captar este llamado interno y entender qué es lo que le está diciendo. Se siente desorientada, pero la alegoría de Platón empieza a calar dentro de ella. El imaginario de la caverna le ha proporcionado una semilla de una nueva inspiración.

Podemos escuchar este anhelo hablándonos en momentos de descuido. Sin embargo, de alguna manera lo solemos dejar en el olvido y nos comportamos como si nuestra pequeña "caverna" fuera todo lo que hay en la vida, como si lo que falta pudiera ser satisfecho modificando nuestra pequeña caverna: un aumento de salario, un nuevo dispositivo electrónico, un viaje al extranjero. En efecto, son estas las cosas de las que suelen estar hechos nuestros sueños: "Si tan solo pudiera conseguir un trabajo estable.", "Si tan solo pudiera comprar una casa más grande con un garaje para dos carros." Pero claro, cuando estos sueños se vuelven realidad (si es que eso llegara a suceder un día), nos damos cuenta de que no nos aportan la plenitud de vida que añoramos.

Muchos importantes textos filosóficos sirven para hacernos acordar de este anhelo y despertarlo dentro de nosotros, a pesar de que éste también habla a través de la literatura y la poesía, la religión y los mitos, e incluso en las conversaciones de la calle. Sin embargo, es en los escritos filosóficos que este anhelo se articula de manera más clara. A pesar de que las creaciones literarias y poéticas pueden expresarlo de manera bella, la filosofía puede expresarlo con mayor claridad. Una de las principales tareas de la filosofía es clarificar, articular y poner al descubierto las visiones que nos mueven.

Los pensadores transformacionales

Muchas personas llegaron a la misma constatación que Platón expone en su alegoría de la caverna, esto es, que solemos estar presos en un mundo limitado, y que necesitamos desarrollar una manera de ser más profunda. Entre estas figuras se incluyen personalidades muy prominentes tales como Epicuro, Marco Aurelio, Plotino, Espinoza, Jean-Jacques Rousseau, Ralph Waldo Emerson, Friedrich Nietzsche, Henri Bergson, Martin Buber, Karl Jaspers, Gabriel Marcel, Krishnamurti, Erich Fromm y otros. Se trata de un grupo muy variado. Curiosamente no conozco ningún libro de filosofía que los agrupe. Pertenecen a diferentes periodos históricos y a diferentes escuelas de pensamiento, y emplean una serie de visiones, conceptos y metodologías diferentes. Sin embargo, comparten muchos temas decisivos.

Primero, todos estos pensadores sugieren que nuestras vidas cotidianas suelen mantenerse en un nivel superficial que no representa la existencia humana en toda su magnitud. Nos enfrascamos en actividades mundanas —trabajar, comprar, conversar, viajar, relajarnos, socializar— creyendo que por este camino llegaremos a una buena vida. Pero estamos equivocados. Nuestra vida se rige por una rutina insípida, por momentos vacíos en los que casi no somos conscientes de nada, por la fuerza del impulso ciego, por distracciones y entretenimientos vanos, juegos sociales, el impulso contraproducente de controlar y adquirir y poseer. Todas estas cosas nos mantienen distanciados de nosotros mismos, pobres de espíritu, aislados de los demás, desconectados de la vida.

Segundo, de acuerdo a estos pensadores hay un modo alternativo de ser, que responde más a la potencial plenitud de la realidad humana. Implica no solo *hacer* algo diferente, sino *ser* diferente —ser diferente con respecto a nosotros mismos, con otros, con la vida.

Tercero, no es fácil pasar de nuestro estado superficial a un estado de plenitud. Nuestras tendencias naturales no nos conducen automáticamente en esa dirección, y superar estas tendencias es un gran reto. No basta con hacer un taller dos veces a la semana, leer una nueva teoría sobre la vida, hacer un ejercicio de seis a seis y media de la mañana. Se necesita mucho más: una transformación total que le de color a todos los aspectos de nuestro ser —nuestras emociones, comportamientos, pensamientos y actitudes, desde los momentos más pequeños hasta los máximos logros.

A los pensadores que promocionan estos temas, los llamo *pensadores transformacionales*. Claro que expresan estos temas de manera diferente. Por ejemplo, el filósofo del siglo XX Martin Buber[1] los desarrolla en términos de nuestras relaciones con los demás. Arguye que el modo usual de relacionarnos con las personas alrededor de nosotros es distante y parcial. Y como considera que las relaciones son lo central de la existencia humana, concluye que por lo general no somos del todo auténticos con respecto a nuestra realidad. Es posible un tipo de relación más pleno, uno que comprenda un compartir verdadero al estar juntos y que sea una fuente de autenticidad y de vida.

Otro pensador reciente, Erich Fromm[2], se centra en el amor, ya que, de acuerdo a él, el amor es nuestra principal manera de superar nuestra preocupación fundamental, esto es, el aislamiento. Él sugiere que lo que solemos llamar amor no es amor verdadero, porque es posesivo, enfocado en nosotros mismos, ilusorio o está distorsionado de alguna otra manera porque conserva nuestra soledad. En cambio, el verdadero amor es una actitud en la que compartimos nuestra plenitud en el mundo que nos rodea. Implica un desborde hacia la vida

---

1. *I and Thou* [*Yo y Tú*], New York: Scribner, 1970.
2. *The Art of Loving*, [*El arte de amar*], Harper & Row, 1956.

—no solo hacia un objeto específico del amor, y obviamente no con con el propósito de poseerlo, sino más bien hacia el mundo entero. Henri Bergson[3], un influyente filósofo francés de la primera mitad del siglo XX se centra en nuestra conciencia y en el modo como fluye a través del tiempo. Para él nuestra conciencia habitual solo expresa la superficie mecánica de nuestra vida mental. Esta superficie está compuesta por ideas fijas y fragmentadas que ya no están vivas en nosotros, como hojas muertas flotando en el agua de una laguna. Para ser realmente libres y estar vivos necesitamos actuar desde la laguna misma, desde el flujo holístico de nuestra vida, desde la totalidad de nuestro ser.

En el siglo XIX encontramos al pensador Ralph Waldo Emerson[4] sosteniendo que solemos obtener nuestras ideas y motivaciones de un yo superficial y restringido. Nos insta a abrirnos a un yo más grande, al "alma suprema", una fuente metafísica de plenitud y sabiduría que solemos ignorar pero que puede inspirar en nosotros una vida más excelsa.

Más o menos en la misma época Friedrich Nietzsche[5] se mofa de la mentalidad de rebaño de aquellos que viven una vida insignificante de preocupaciones mezquinas, resentimientos, debilidad, sumisión e imitación. Nos insta a "superar" nuestro pequeño yo y a crear un yo superior y una vida más grande, dando vida a una visión nuestra propia y a nuestros propios valores y, luchando apasionadamente, vivir de manera creativa a la luz de estos.

Antes de esto aún, en el siglo XVIII, Jean Jacques Rousseau[6] se centra en nuestra dependencia de las normas sociales. Según él, casi siempre estamos controlados por una máscara social —un yo social que adquirimos como resultado de las presiones sociales externas. Jugamos juegos sociales —mimetizándonos, manipulando, comparándonos con los demás— sin darnos cuenta de que vivimos

3. *Time and Free Will: An Essay on the Immediate Data of Consciousness* [*Ensayo sobre los datos inmediatos de la conciencia*], New York: Dover Publications, 2001. Ver en particular la sección sobre "El acto libre".
4. Ver especialmente en ensayo de Emerson "The Oversoul," *Selected Writings of Ralph Waldo Emerson*, New York: New American Library, 1965, pp. 280-295.
5. *Thus Spoke Zarathustra* [*Así habló Zaratustra*], en *The Portable Nietzsche*, New York: Penguin Books, 1978, pp. 103-442. Ver por ejemplo las secciones 4 y 5 en el prólogo, pp. 126-131; y "On the Three Metamorphoses," Part 1, pp. 137-140.
6. *Emile* [*Emilio*], New York: Basic Books, 1979.

una vida alienada que no está conectada con nuestra naturaleza real. Para vivir auténticamente necesitamos conectarnos con nuestro yo natural, que es la verdadera fuente de una vida con sentido.

En la antigüedad, el emperador romano y filósofo Marco Aurelio[7], nos dice que solemos ser manipulados por nuestras reacciones emocionales automáticas, que están ligadas a objetos de deseo. Somos esclavos de nuestros deseos de poseer y de sentirnos bien, y terminamos estando ansiosos y frustrados. Sin embargo, podemos sobreponernos a esta prisión cuando nos desprendemos de estos deseos y nos dejamos guiar por nuestra naturaleza interna, nuestro yo racional, que sigue incondicionalmente los caminos del cosmos.

Se podrían dar muchos ejemplos más aquí: Krishnamurti[8] que nos convoca a liberarnos del pasado y a estar abiertos al presente, Gabriel Marcel[9] que nos insta a abandonar nuestro estado de "observar", remoto y alienado, y pasar a ser "testigos" involucrados en la vida, y así sucesivamente otros más.

Evidentemente estos pensadores transformacionales desarrollan ideas diferentes, conciben la condición humana de diferentes maneras, se centran en diferentes aspectos de la existencia humana, e incluso hacen afirmaciones que se contradicen mutuamente. Y, sin embargo, a partir de estas diversas ideas expresan los mismos tres temas fundamentales: nuestra tendencia habitual a estar en un estado superficial, la posibilidad de un estado más pleno o profundo, y el reto de una transformación que nos puede llevar del primer estado al segundo. Estos diferentes enfoques variaciones musicales de un mismo tema.

Es más, estos enfoques transformacionales comparten dos temas comunes más. Primero, todos ellos describen nuestro estado superficial como un estado gobernado por patrones rígidos (aunque no suelen usar la palabra "patrón") —patrones de comportamiento, de pensamiento, de deseos, de emociones. Estos patrones son el resultado de poderosos mecanismos psicológicos o sociales que operan dentro de nosotros, conduciéndonos a modos de ser limitados

---

7. *Meditations* [*Meditaciones*], Amherst: Prometheus Books, 1991.
8. Ver por ejemplo a Krishnamurti's *The Flight of the Eagle*, New York: Harper & Row, 1971; *The Urgency of Change*, New York: Harper & Row, 1977.
9. Gabriel Marcel, "Testimony and Existentialism" en *The Philosophy of Existentialism*, New Jersey: Citadel Press, 1995, pp. 91-103.

y superficiales, que están desligados de la plenitud de nuestra verdadera realidad. En términos de los símiles de Platón, estamos presos en una pequeña caverna, encadenados a nuestros asientos.

Segundo, todos estos enfoques transformacionales sugieren que el estado de plenitud está más allá de estos patrones, y que no puede ser encajado en ninguna estructura fija. Comparan este estado con un movimiento liberado y con final abierto usando términos como: libertad, espontaneidad, flujo, creatividad, singularidad, autenticidad, individualidad, apertura, amplitud. Lo interesante es que describen este movimiento libre solo de manera indirecta, sin ningún análisis preciso. Muchas veces usan metáforas poéticas o apelan a la experiencia personal, y en general emplean medios indirectos para darle a entender al lector lo que tienen en mente. Esto no llama en realidad la atención. Los patrones y los mecanismos tienen una estructura fija y pueden ser analizados de manera precisa, sin mayores complicaciones. En cambio, lo que está más allá de los patrones se resiste el análisis, porque sobrepasa toda fórmula fija.

El llamado

Podemos concluir, por ello, que los diferentes pensadores transformacionales se han inspirado en la misma comprensión fundamental de la existencia humana. No es una mera coincidencia que sus ideas se parezcan tanto entre ellas. La visión que todos ellos expresan se basa en una experiencia humana común, un tema fundamental que atraviesa el tejido de la vida humana. Podríamos decir que es una de las dimensiones básicas de ser humano.

Sin embargo, la palabra "dimensión" puede resultar equívoca aquí por las connotaciones científicas que conlleva. En ciencia y geometría este término es usado para referirse a aspectos objetivos de nuestro mundo. Por ejemplo, el espacio visible tiene tres dimensiones, y éste es un hecho objetivo neutral. En cambio, los pensadores transformacionales no presentan sus teorías como meras descripciones de hechos neutrales sobre el ser humano. Cuando hablan del yo limitado versus el yo transformado no nos están presentando un recuento desinteresado sobre dos formas de ser igualmente válidas. Más bien nos están diciendo que la transformación es algo preciado y valioso, que *deberíamos* anhelarla. En otras palabras, sus teorías contienen un "llamado" —un llamado que pretende captar nuestra atención, que nos invita, nos insta a salir hacia la plenitud de la vida.

Uno podría decir que los pensadores transformacionales no solo tratan de *describir* sino de *prescribir*; no solo de reproducir el modo como *son* los seres humanos, sino también el modo como *deberían* ser. Esto no significa, sin embargo, que sólo estén expresando sus preferencias personales. Se conciben a sí mismos como dándole voz a un llamado que los antecedía a ellos mismos y a sus escritos, un llamado que ellos no han inventado, sino que más bien lo han expuesto y desarrollado. No no escriben en nombre de sus preferencias personales, sino en nombre de la vida. Desde su punto de vista, el llamado a vivir plenamente proviene de la naturaleza misma de nuestra realidad humana. Este llamado los ha inspirado a escribir su filosofía, y en cierto sentido, es su verdadero autor.

Acá llegamos al corazón de todo enfoque filosófico que pueda llamarse *transformacional*: En el centro de cada uno de estos enfoques hay un *llamado*. Es un llamado porque nos increpa, nos remueve, nos arranca de nuestra rutina cómoda y complaciente. Nos invita, incluso nos exige, que tratemos de salir de nuestra caverna y que nos transformemos.

Deberíamos remarcar, no obstante, que a pesar de que la filosofía transformacional contiene un llamado tal, también contiene materiales adicionales —conceptos, proposiciones, análisis, ejemplos, explicaciones, definiciones, etc. y éstos se juntan formando una teoría. Ejemplos de estos materiales adicionales son la teoría de Platón del mundo de las ideas, la teoría de las emociones de Marco Aurelio y la teoría de la educación de Rousseau. Podríamos decir que en una filosofía transformacional el llamado central está "vestido" con el ropaje de una determinada teoría; o que el llamado "habla a través" del médium de una teoría.

Estas teorías son de interés para los filósofos académicos, pero para la presente investigación son de un interés menor. Para nosotros, lo que importa no son los detalles del "ropaje" teórico, sino el "cuerpo" esencial que estas ropas esconden —y a la vez desvelan. En este libro trataremos de entender el llamado que expresa nuestro anhelo, y que habla a través de las diferentes teorías transformacionales, y buscaremos formas de incorporarlo en nuestras vidas.

Capítulo 2

El movimiento de la práctica filosófica

La visión de la autotransformación es noble y atractiva, pero la pregunta es cómo plasmarla en la práctica. ¿Qué deberíamos hacer si quisiéramos salir de nuestra caverna platónica?

La respuesta que la mayoría de los filósofos transformacionales han dado a esta pregunta a lo largo de la historia es: Filosofía, o, mejor dicho, filosofar, en otras palabras, la actividad de la reflexión filosófica. La reflexión filosófica puede ayudarnos a entender el sentido de nuestro anhelo, puede ayudarnos a examinar nuestras vidas y ver su estrechez, puede inspirarnos a vislumbrar un tipo de vida más profundo; nos puede mostrar qué es lo que tal vida requeriría y darnos algunas herramientas para la autotransformación.

Esto puede sonar extraño. La filosofía hoy en día está mayoritariamente limitada a las clases universitarias y a los artículos académicos, y, por lo general, se centra en ideas abstractas, impersonales. ¿Cómo podrían ideas de este tipo marcar alguna diferencia en la práctica de nuestra vida cotidiana?

La respuesta es que las ideas no carecen de poder, aunque parezcan abstractas. Las ideas —las ideas en general, no sólo las filosóficas— tienen un poder tremendo para cambiarnos. Nociones nuevas pueden despertar en nosotros motivaciones nuevas, inspirarnos a sentir y a comportarnos de maneras nuevas, y cultivar en nosotros actitudes y energías nuevas. Por ejemplo, una visión social sobre el sufrimiento de los pobres puede inspirar a una persona a empezar a dedicar tiempo y energías a ayudar a los necesitados; una conciencia ecológica sobre la fragilidad del medio ambiente puede hacer que una persona empiece a comportarse de manera respetuosa con respecto a la naturaleza y los recursos naturales; una constatación existencial de la inevitabilidad de la muerte puede motivar a un individuo a empezar a apreciar lo precioso del momento presente; una intuición religiosa puede inspirar a una persona a ser dulce y amorosa.

No sólo somos influenciados por grandes visiones de la vida. Nuestro comportamiento cotidiano se ajusta constantemente a idea que tenemos de los que el jefe espera que hagamos, a la idea que tenemos sobre nuestra situación financiera, nuestras obligaciones morales, sobre qué es lo mejor para nuestros hijos, o sobre qué es lo que los demás piensan de nosotros.

Sin embargo, a pesar de que son muchas nuestras ideas sobre las cosas que influencian nuestra vida, para la tarea de la autotransformación, la reflexión filosófica es especialmente prometedora. La reflexión filosófica examina los fundamentos de nuestra vida, los conceptos que subyacen a las bases mismas de nuestras actitudes cotidianas. Por ello, puede influencias no sólo un comportamiento específico, sino toda nuestra orientación hacia la vida. Es más, la reflexión filosófica es por su naturaleza misma, una investigación crítica con final abierto, y, por ello, puede mostrarnos nuestras trabas y limitaciones —los muros de nuestra "caverna"— y cuestionarlos. A diferencia de los dogmas y las doctrinas que quieren que se les siga ciegamente, el filosofar nos alienta a cuestionar todo presupuesto, a no tomar nada por sentado, a explorar nuevas formas de entender las cosas y a penetrar en terrenos inexplorados. Los dogmas y las doctrinas son como las "cavernas" platónicas que nos encierran en una actitud rígida, mientras que una investigación filosófica es un viaje que nos puede conducir hacia fuera de nuestra prisión, hacia una visión del mundo más amplia, hacia una vida de mayor alcance.

Muchos pensadores transformacionales a lo largo de la historia pensaban que la reflexión filosófica puede ayudar en la búsqueda de una vida más plena, pero en los tiempos contemporáneos la realización de este hecho se ha dejado de lado en gran medida. La mayoría de los filósofos profesionales hoy en día prefiere las discusiones teóricas a la filosofía práctica. Suelen tratar la visión transformacional ancestral como ideas de interés meramente intelectual, sin el menor intento serio de plasmarla en la práctica. Casi nunca han tratado de plasmarlos, por ejemplo, en ejercicios diarios o en talleres de autodesarrollo para sus estudiantes.

La filosofía no siempre ha sido un quehacer puramente intelectual. Se puede encontrar enfoques prácticos de la filosofía en la Grecia antigua y en las escuelas helenísticas (más o menos desde el siglo VI a.C. hasta el siglo IV d.C.) que vieron a la filosofía como un modo de vida[10]. Pero desde una perspectiva contemporánea tienen sus limitaciones. A pesar de que tradujeron sus ideas a pautas concretas a seguir para las emociones y comportamientos cotidianos, sus enfoques fueron más bien eran dogmáticos. Cada escuela filosófica tenía una doctrina específica sobre la vida, y trataba de inducir a sus discípulos a aceptar sus dogmas y a seguirlos. Sin lugar a dudas, los fundadores de estas escuelas fueron filósofos profundos y creativos, pero a sus discípulos le deban un sistema filosófico ya terminado para que los sigan. Se alentaba a los discípulos a que reflexionasen solo dentro de los límites de este sistema, que no se desviasen, que no cuestionasen de manera seria sus principios, que no se embarcasen en una indagación filosófica libre y abierta.

Este tipo de dogmatismo en la actualidad es demasiado restrictivo, y es en realidad prácticamente igual que cualquier otra caverna platónica. Para nosotros hoy en día, es difícil aceptar que una sola doctrina pueda captar la totalidad de la realidad. Si queremos usar la filosofía en el viaje de autotransformación, necesitamos un enfoque filosófico más amplio, más plural y abierto, sin respuestas definitivas ni doctrinas rígidas.

También se puede encontrar enfoques prácticos de filosofía en Oriente, en muchas escuelas del hinduismo, budismo, confucionismo, taoísmo, entre otras. Pero estas escuelas espirituales y psicológicas habitualmente están ligadas también a determinadas doctrinas religiosas o metafísicas y, por lo tanto, son menos relevantes a la idea de una filosofía como un viaje personal abierto de autotransformación, que no toma nada por sentado y que está dispuesta a cuestionar cualquier presupuesto.

---

10. Pierre Hadot, *Philosophy as a Way of Life: Spiritual Exercises from Socrates to Foucault* [*Filosofía como un modo de vida: Ejercicios espirituales de Sócrates a Foucault*], Malden, MA: Blackwell, 1995.

Filosofar versus teorías filosóficas

Llegamos acá a una importante distinción entre dos nociones diferentes que muchas veces se confunden: la *reflexión filosófica* o el *filosofar*, por una parte, y *una filosofía*, por otra, (nótese el artículo "una" precediendo la palabra "filosofía"). La *reflexión filosófica* o el *filosofar* es una actividad. Es una investigación abierta que indaga sin partir de concepciones previas, sin asumir como evidente ningún presupuesto o principio. Es lo que los verdaderos filósofos hacen.

Por el contrario, *una filosofía* es una teoría finalizada. Establece ciertos principios e ideas y declara que son verdaderos. Una filosofía es un producto de la reflexión filosófica de un filósofo. Por ejemplo, la teoría del conocimiento de Platón es una filosofía —es el producto de la reflexión filosófica que éste ha llevado a cabo. La teoría del conocimiento de Kant es otra filosofía —es el producto de la reflexión filosófica llevada a cabo por Kant.

Las teorías filosóficas pueden ayudarnos a ver cómo piensan las grandes mentes, y vale la pena estudiarlas detalladamente. Nos pueden enseñar cómo pensar de manera profunda, nos ofrecen conceptos e ideas, que podemos adoptar e integrar en nuestro propio pensar, y pueden inspirarnos a desarrollar nuestras propias reflexiones filosóficas. Tienen un gran poder como materias primas que podemos examinar, modificar, adoptar o rechazar.

Pero si las tomamos como verdades definitivas, como un evangelio que debemos aceptar y reverenciar, entonces estamos siendo dogmáticos. Mientras que el filosofar nos abre, aceptar una filosofía como una autoridad cierra nuestro pensar.

Toda filosofía tomada como un dogma probablemente no nos conduzca fuera de nuestra caverna, ya que establece presupuestos y limitaciones fijos. Por el contrario, una reflexión filosófica —el proceso de filosofar, o de explorar filosóficamente de manera libre y abierta —tiene el potencial de llevarnos más allá de nuestros límites.

¿Qué es filosofar?

No podemos esperar que haya una definición exacta de una actividad tan compleja como el filosofar, mucho menos una definición con la que todos estén de acuerdo. En la historia de la filosofía encontramos muchas maneras diferentes de filosofar. No obstante, es posible identificar varios temas centrales que son comunes a la mayoría de las formas de filosofar, por lo menos en occidente.

Filosofar es lo que los filósofos han estado haciendo a lo largo de los años. ¿Qué es lo que han estado haciendo?

Si vemos a los filósofos importantes a lo largo de los años, podemos encontrar por lo menos cinco temas que sin lugar a duda son virtualmente comunes a todos ellos.

Primero, todos los filósofos tratan asuntos fundamentales de la realidad, especialmente asuntos de la vida. Todos investigan asuntos que subyacen al fundamento mismo de nuestra comprensión de nosotros mismos, nuestra vida y el mundo: ¿Qué es el conocimiento? ¿Qué es la materia? ¿Qué es el amor? ¿Qué es una buena vida? ¿Qué es lo que es moralmente correcto y moralmente incorrecto? Y así sucesivamente. Afirmar que estos asuntos son fundamentales implica, entre otras cosas que son temas generales de la existencia, que no se limitan a la condición específica de Juan o de María. Si solo discutimos la historia de amor específica de Juan o el problema familiar específico de María, entonces no estás todavía filosofando.

Segundo, todos los filósofos tratan de tratar estos asuntos fundamentales, desarrollando teorías, o más generalmente redes de ideas. No se dan por satisfechos escribiendo lemas de una sola frase, o una lista arbitraria de proposiciones que no se relacionan entre sí, o una historia sobre Juan o María. Más bien desarrollan una red de ideas que se conectan entre ellas de maneras complejas constituyendo una totalidad coherente, con el fin de ofrecer una determinada comprensión del asunto. Esta no es la única manera de tratar los asuntos básicos de la existencia. También se los puede tratar a través de la poesía, la literatura, la pintura, la fe religiosa o la acción política. Pero los filósofos filosofan para obtener una comprensión de estos temas, articulando cuerpos de ideas coherentes.

Tercero, los filósofos no construyen estas redes de ideas en base a la fe o a la convicción personal (como en la religión), no lo hacen en base a experimentos científicos (como en la psicología, por ejemplo, o en la biología), sino en base al pensamiento o al razonamiento. Razonar no necesariamente significa pensar lógicamente en sentido estricto, ya que algunos filósofos han usado lo que se se llama un razonamiento poético o pensamiento intuitivo. Además, razonar no significa pruebas concluyentes —no es posible ninguna prueba última en asuntos filosóficos. Sin embargo, todos los verdaderos filósofos tratan de fundamentar sus ideas con consideraciones que las hagan lo más coherentes, sostenibles y persuasivas posible. Una vez que un pensador lanza aseveraciones de manera dogmática, arbitraria, sin tratar de fundamentarlas con algún tipo de razonamiento, él o ella se encuentran fuera del ámbito de la filosofía.

Cuarto, todos los filósofos construyen sus ideas en un proceso creativo. No copian simplemente sus ideas de algún evangelio o de otro filósofo. Crean sus propias ideas nuevas, originales. Esto significa que solo leer un libro filosófico o analizar las ideas de otro, no constituye todavía en sí mismo un filosofar.

Pero quinto, los filósofos no están aislados de otros pensadores. Casi sin excepciones desarrollan sus ideas en diálogo con otros pensadores, ya sea en encuentros cara a cara, correspondencia escrita, o diálogos interiores con los escritos de pensadores del pasado. La reflexión filosófica no nace del vacío, sino siempre en el contexto de un discurso histórico. No es una coincidencia que Aristóteles haya desarrollado su filosofía en respuesta a la filosofía de su maestro Platón, y que Kant haya desarrollado sus ideas filosóficas en respuesta a las del filósofo británico David Hume.

Resumiendo, como una primera aproximación, filosofar es, investigar asuntos básicos de nuestra existencia creando redes de ideas de una manera razonada, creativa y dialógica. Por ello, cuando decimos que el filosofar nos puede ayudar a salir de la caverna platónica, estamos diciendo concretamente que reflexionar filosóficamente sobre asuntos básicos de la vida puede ser un camino de crecimiento personal y de autotransformación.

Tómese en cuenta que es este *proceso* del filosofar el que se dice aquí que nos transforma, no una doctrina filosófica fija. El punto no es que determinada teoría filosófica de Platón o de Nietzsche pueda decirnos cómo es debemos transformarnos. El filosofar, en su esencia misma, rechaza todo tipo de gurús, toda doctrina, toda autoridad última. Para salir de nuestra caverna platónica, necesitamos comprometernos con emprender nuestra propia exploración filosófica personal, no aceptar simplemente unos lineamientos filosóficos existentes y seguirlos ciegamente. Es la indagación filosófica, la que tiene el poder de conducirnos a descubrir nuestros límites personales y a expandirnos más allá de estas en nuevas profundidades y nuevos horizontes.

El movimiento de práctica filosófica

La visión que estoy proponiendo, de filosofar como un camino hacia la autotransformación, es el resultado de un largo proceso. Lo he estado desarrollando y he estado experimentando con él a lo largo de las últimas dos décadas y media, en las que he estado activamente involucrado en el *movimiento de práctica filosófica*. La práctica filosófica es un movimiento contemporáneo inspirado en la visión de que la reflexión filosófica es relevante en nuestra vida cotidiana. Puede ser considerado una tentativa contemporánea de revivir la misión de las antiguas escuelas de filosofía de la vida, evitando su dogmatismo. Aspira a ayudar a los individuos a reflexionar sobre sí mismos, examinar sus preocupaciones, desarrollar una mejor comprensión de sí mismos y manejar de manera más profunda los asuntos fundamentales de su vida.

La filosofía en este sentido no aspira a teorizar en abstracto sobre la vida, sino a ser entretejida en la vida. Por ello es fundamentalmente distinta a la tendencia predominante en la filosofía académica. El filósofo académico es alguien que teoriza —es alguien que escribe artículos y libros, discute, da clases y produce teorías abstractas. En cambio, los filósofos prácticos buscan impregnar la vida —sus propias vidas y las vidas de otros— con reflexión filosófica. Por ello tiene un gran interés en la situación concreta y las preocupaciones concretas de las personas individuales. Aunque ocasionalmente teoricen en abstracto, lo hace solo como medio para otra cosa: ayudar a la gente a encontrar el camino para vivir la vida más plena, profunda y sabiamente.

Al mismo tiempo la práctica filosófica también es diferente a la así llamada "filosofía aplicada", que tuvo gran acogida en las universidades en las décadas pasadas. La Filosofía Aplicada suele tomar la forma de Ética Aplicada (cómo aplicar consideraciones éticas generales a dilemas éticos específicos), Ética de Negocios (cómo aplicar consideraciones éticas generales a situaciones de negocios específicas), y otras subáreas por el estilo. Trata de *aplicar* ideas abstractas a situaciones concretas. Por ejemplo, desarrolla principios éticos abstractos, y luego los aplica en dilemas médicos específicos. La práctica filosófica, en cambio, no se interesa en imponer ideas a la vida. Quiere que nuestras comprensiones de las cosas crezcan desde la vida misma.

El movimiento de práctica filosófica nació a inicios de 1980, cuando Gerd Achenbach abrió su consultorio filosófico en Alemania. Empezó dando sesiones de consultoría a individuos, y también fundó un grupo de reflexión filosófica. Esto en sí, no fue ninguna innovación —muchos filósofos a lo largo de la historia habían usado la filosofía para ayudar a individuos a reflexionar sobre los asuntos de la vida. Pero fue el primero en fundar una asociación profesional dedicada a esta labor. Un año después, un segundo grupo se formó en Holanda por estudiantes de filosofía de la Universidad de Amsterdam. Inspirados por el ejemplo de Achenbach, pero trabajando de manera bastante independiente de él, experimentaron con la consultoría filosófica a individuos y con grupos de discusión. Poco después, formaron su propia asociación.

Por más de una década, el nuevo campo de la práctica filosófica se limitó principalmente a aquellos pequeños grupos en Alemania y en Holanda. Solo un puñado de otros individuos estuvieron experimentando en otros países. En 1992, cuando escuché sobre este nuevo movimiento en ciernes —entonces yo era un joven profesor de filosofía en una Universidad en los EEUU— mi reacción fue como la de muchos otros filósofos cuando escucharon sobre esto por primera vez: "¡Claro! ¿¡Qué puede ser una mejor guía para la vida que la filosofía!?" La idea resonaba con muchos de los pensamientos que había tenido años atrás durante mis estudios de filosofía y psicología, cuando siendo un estudiante deploraba el excesivo intelectualismo de la filosofía académica y su lejanía de la vida cotidiana.

Empecé experimentando yo mismo con la consultoría filosófica, primero con consultorías a voluntarios y luego a clientes que pagaban. Asimismo', me comunicaba con los dos grupos europeos, leía sus escritos, y viajé algunas veces a Europa para encontrarme con ellos. Pronto me estuvo claro, que la práctica filosófica estaba recién en una fase inicial, estaba recién tratando de aclarar qué cosa era este asunto de la práctica filosófica. Decidí que este nuevo movimiento necesitaba un diálogo internacional serio, y vislumbré la organización de una conferencia internacional que involucrara filósofos de una variedad de contextos y enfoques. Traté de interesar a varias universidades para que fuesen la sede de una conferencia así, pero inicialmente nadie quería invertir en este campo desconocido. También empecé a escribir artículos en revistas especializadas sobre práctica filosófica y empecé a editar una antología —una colección de artículos de filósofos prácticos notables, sobre todo alemanes y holandeses, la cual pronto fue publicada en forma de libro[11].

Poco tiempo después, uno de los colaboradores de la antología, Lou Marinoff, quien en ese entonces era un joven profesor de la Universidad de British Columbia en Canadá, sugirió que probáramos con su universidad. Y efectivamente los dos logramos convencer a su jefe, el director del centro de Ética Aplicada, y en 1994 lanzamos el Primer Congreso Internacional de Consultoría Filosófica. Más de cien filósofos de unos diez países vinieron a participar, y se discutieron muchas ideas nuevas. Desde entonces se realizaron congresos internacionales en diferentes países, por lo general, una vez cada dos años.

Como resultado de este congreso, y probablemente otros factores más, la idea empezó a difundirse. Los filósofos en otros países empezaron a experimentar con la práctica filosófica, muchas veces incluso sin saber cómo es que exactamente se estaba practicando en Alemania y Holanda, debido a limitaciones del idioma y a la distancia geográfica. Exploraron la idea de manera individual o en grupos, en América del Norte, en Israel, y poco tiempo después en la mayoría de los países del occidente de Europa, así como también en muchos países de América Latina. Como consecuencia se empezó a desarrollar una gran variedad de enfoques en diferentes partes del mundo.

Todo esto tuvo como resultado el surgimiento de una red de grupos y de individuos conectados de manera bastante libre que tienen diferentes objetivos y métodos, que hablan diferentes idiomas, que tienen diferentes publicaciones, y, sin embargo, se consideran a sí mismos como parte de un mismo movimiento internacional y parte de una misma visión: hacer que la reflexión filosófica sea relevante en la vida del individuo. Por eso, este campo es variado y pluralista. Muchos grupos y asociaciones locales operan hoy en muchísimos

---

11. *Essays on Philosophical Counseling*, editado por Ran Lahav and Maria Tillmanns, Lanham: University Press of America, 1995.

países. Se dedican a la consultoría filosófica a individuos y a organizaciones, dando talleres y cursos de capacitación, organizando cafés filosóficos y publicando boletines y revistas. En la última década varias universidades han empezado a ofrecer cursos y programas consagrados a este campo[12].

Para añadir aún más a la complejidad del campo, la práctica filosófica, éste funciona en diferentes formatos. Por ejemplo, algunas veces se practica como un *taller filosófico* que se ofrece al público en general, en el que, bajo la conducción de un filósofo práctico, los participantes reflexionan sobre sus experiencias personales y sus preocupaciones. Por otra parte, la práctica filosófica se practica también en forma de *grupos de discusión filosófica* de diferentes tipos, especialmente de *cafés filosóficos* y *grupos de Diálogo Socrático*, en los que los participantes desarrollan su pensamiento personal sobre diferentes asuntos de la vida. También se la puede practicar en forma de grupos de acompañamiento filosófico: un grupo de compañeros, que se van reuniendo a lo largo de un período de tiempo, ya sea en línea, o cara a cara, y se acompañan en reflexión contemplativa sobre un texto filosófico, tratando de hacerlo desde lo profundo de su interior. Otro formato *formato* es el de la *travesía filosófica personal*, realizada por un filósofo en su búsqueda individual. Sin embargo, el formato más popular hoy en día probablemente sea el de la *consultoría filosófica*.

Como su nombre lo implica, la consultoría filosófica involucra a un filósofo que sirve de consejero y a un consultante. Los dos se encuentran periódicamente y conversan sobre las preocupaciones, dilemas y la vida del consultante. Las sesiones de consultoría suelen durar más o menos una hora, se realizan una o dos veces por semana, y pueden limitarse a una sola sesión o continuar muchos meses, dependiendo del enfoque del consejero y de las necesidades del consultante.

En todos estos formatos, la práctica filosófica se centra en filosofar con personas sobre los temas básicos de la vida, y sobre cómo estos temas de la vida se expresan en sus vidas personales.

---

12. Hasta donde yo tengo conocimiento, el primer curso universitario sobre este tema se dictó en la Universidad de Haifa. Fue un curso que yo dicté un semestre por año desde 1993 hasta el 2006. También se dictaron cursos de práctica filosófica en la Universidad de Venecia, la Universidad de Barcelona y otras.

Hasta acá la consultoría pareciera ser algo similar a la consultoría psicológica y a la terapia. Si embargo, a pesar de la similitud en lo superficial, hay también diferencias fundamentales: En la consultoría filosófica la conversación no se centra en el material psicológico del consultante —mecanismos de defensa, traumas infantiles, represiones, material del inconsciente, y cosas por el estilo— sino más bien en las ideas, o la comprensión de las ideas. La consultoría filosófica no pretende entrar en los ámbitos de los mecanismos y procesos psicológicos, sino más bien pretende filosofar sobre la comprensión del mundo del consultante. Por eso es una forma de filosofía y no de psicología. La filosofía después de todo se dedica a las ideas. El filosófico práctico ayuda a las personas a explorar sus presupuestos ocultos, a develar los valores que los hacen motivarse, a examinar sus concepciones de la vida, y a reflexionar sobre la coherencia de su visión del mundo y qué tan factible sea. Durante la sesión, muchas veces examinan juntos las ideas de pensadores relevantes de la historia, o leen juntos un texto filosófico para enriquecer la discusión y profundizar en las ideas que van surgiendo. Los filosóficos prácticos deben tener, por ello, una amplia formación filosófica y se espera en general que tengan por lo menos un grado de Magister en Filosofía.

Diferentes enfoques de práctica filosófica

¿Qué es exactamente lo que los filósofos prácticos hacen en sus sesiones? ¿Y cuál es su objetivo?

Como se mencionó antes, en la práctica filosófica —al igual que muchos otros campos— no se trata de un solo enfoque unificado. Existen en la actualidad diferentes enfoques representando diferentes perspectivas sobre lo que la filosofía puede hacer para contribuir en nuestras vidas. A pesar de esta variedad, pienso que la mayoría de las prácticas filosóficas pueden ser divididas en una serie de grupos principales, según sus propósitos y según a sus métodos.

En lo referente a sus propósitos, las diferentes formas de práctica filosófica pueden dividirse en tres grupos principales. Primero están aquellas prácticas que podrían etiquetarse como *Enfoques dirigidos a resolver problemas*. Estas prácticas ayudan a las personas a abordar determinados problemas en sus vidas y a superarlos: insatisfacción en el trabajo, problemas conyugales, baja autoestima, etc.[13]. Un enfoque relacionado a éstas intenta ayudar a las personas a desarrollar habilidades del pensamiento con las que en el futuro puedan enfrentar problemas y retos personales. El énfasis en este *enfoque de habilidades del pensamiento* está puesto en desarrollar las herramientas del pensamiento, en vez de resolver asuntos específicos. Pero el énfasis sigue estando en medios prácticos de manejar las preocupaciones cotidianas. Un tercer grupo de prácticas filosóficas, que puede ser etiquetado el enfoque de autotransformación, aspira a enriquecer la vida con mayor sentido y sabiduría, haciendo la vida más plena, o resumiendo, edificando la vida[14].

Yo ya había sugerido que simpatizo con el enfoque autodesarrollo, cuando sugerí que la filosofía puede ser utilizada para facilitar la autotransformación. La filosofía trata sobre los asuntos fundamentales de la vida y lo mejor que puede hacer es ayudar a las personas a lidiar con los asuntos básicos de la vida. En vez de bajar el nivel de la filosofía al nivel de los asuntos cotidianos, la práctica filosófica debería aspirar a elevar la vida al máximo de sus potencialidades.

Claro que la filosofía también puede resultar siendo útil también para abordar problemas personales, como problemas conyugales o tensiones en el lugar de trabajo, pero éste parece desentonar con el espíritu de la tradición filosófica. Una filosofía orientada a resolver problemas es básicamente una proveedora de satisfacciones. Tiene como propósito contentar a la gente para que pueda retornar a sus vidas normales. Este tipo de práctica obviamente es muy distinta a la visión que inspiró a los grandes filósofos a lo largo de la historia, quienes más bien buscaron cuestionar la vida "normal", en vez de promocionarla. Sócrates, Rousseau o Nietzsche trataron de despertar a la gente de su letargo, de poner en tela de juicio sus cómodos

---

13. Ver por ejemplo a Lou Marinoff, *Plato, Not Prozac*, New York: HarperCollins, 1999; Elliot Cohen, *What Would Aristotle Do?*, Amherst, NY: Prometheus, 2003.
14. Ver a Gerd Achenbach, "Philosophy, Philosophical Practice, and Psychotherapy," en Ran Lahav and Maria Tillmanns (eds.*), Essays on Philosophical Counseling*, Lanham: University Press of American, 1995, pp. 61-74; Ran Lahav, "Philosophical Counseling as a Quest for Wisdom," *Practical Philosophy*, 1: 2001; Neri Pollastri, "Philosophy, and Nothing Else," *Philosophical Practice in Italy*, Trapani: Di Girolamo, Italy, 2008, pp. 21-32.

presupuestos, removerlos con nuevas ideas, no normalizarlos de vuelta a su letargo diario. Es de esperarse que la filosofía pueda hacer cosas muy superiores a tener contenta a la gente.

A estas prácticas filosóficas que están dirigidas hacia problemas personales, se le podría *llamar pequeña práctica filosófica* porque le asignan a la filosofía una tarea limitada —esto es, abordar determinados elementos dentro de la vida, en vez de examinar los fundamentos de la vida. El nombre también indica que las aspiraciones de una práctica así son limitadas: producir satisfacción. En cambio, el objetivo de la práctica filosófica, como yo lo veo, no es resolver ni satisfacer nada, sino más bien despertar insatisfacciones y anhelos olvidados, trascender nuestras necesidades cotidianas, suscitar asombro, maravilla e incluso confusión, y de esta manera nos abre nuevas puertas hacia horizontes más grandes de comprensión y de vida.

Esto no quiere decir que las pequeñas prácticas filosóficas deberían ser rechazadas. Si la filosofía puede ser utilizada para que la gente esté más satisfecha, no hay nada de malo en ello. Pero ese tipo de práctica no tiene mucho que ver con la filosofía en su sentido tradicional y más profundo, esto es, el de la búsqueda de una vida de sabiduría.

Hasta aquí he dividido las prácticas filosóficas de acuerdo con sus fines. No obstante, también pueden ser divididas de acuerdo con su método, y desde esta perspectiva puede discernirse entre dos grupos principales. Primero están aquellas prácticas filosóficas que enfatizan el análisis racional y, más generalmente, el pensamiento crítico[15]. Los que proponen el *Enfoque del Pensamiento Crítico* piensan que la filosofía es esencialmente un quehacer de análisis racional. Por eso los métodos de la consultoría filosófica deben basarse en herramientas lógicas del pensar, como por ejemplo formular argumentos, detectar la validez lógica y las falacias, analizando conceptos, develando los presupuestos ocultos, o lo que de manera colectiva se denomina "pensamiento crítico". El pensamiento crítico aparentemente puede ser utilizado para ayudar a los consultantes a analizar sus problemas personales, su comportamiento, sus creencias e incluso sus emociones.

---

15. Ver especialmente a Elliot Cohen, *Ibid.*

Desde mi punto de vista, este enfoque adolece de varias serias desventajas. Primero, este enfoque solo toma de los veintiséis siglos de filosofía las herramientas de pensamiento lógico, ignorando todos los demás tesoros filosóficos. No utiliza la riqueza de las ideas filosóficas que se han desarrollado a lo largo de la historia, sino que se conforma sólo con las herramientas de pensar analítico. Esto me parece un desafortunado empobrecimiento de la potencial contribución de la filosofía a la vida. El excesivo enfoque en la técnica del "cómo" está ligado a que se deje de lado el más importante "qué" de las grandes filosofías.

Segundo, la idea de que el pensamiento crítico sea un componente central en las filosofías de los grandes pensadores es muy cuestionable. Prácticamente todos los filósofos a lo largo de la historia hicieron mucho más que aplicar habilidades lógicas para analizar ideas: Ellos *crearon* ideas, construyendo teorías complejas y magníficas para echar luces a asuntos de la vida. Su trabajo se inspiró en visiones del mundo, y se nutrió de creatividad e imaginación, y no se limitó a unas habilidades lógicas áridas, técnicas.

Tercero, el pensamiento crítico no parece ser exclusivo de la filosofía —cualquier disciplina académica seria hace uso de éste. Abogados, economistas, políticos y psicólogos no usan el pensamiento crítico en menor grado que los filósofos. El hecho de que una determinada práctica use el pensamiento crítico no la convierte en filosófica.

La alternativa al enfoque del pensamiento crítico es lo que podemos llamar el *Enfoque de la Sabiduría*. Aquí lo central no es sólo el análisis racional y el pensamiento crítico (aunque estos también jueguen un papel importante) sino más bien lo son las ideas filosóficas profundas. Su tarea principal no es analizar ideas, sino crear y construir ideas, porque busca desarrollar comprensiones ricas de la vida. Este enfoque utiliza los tesoros de la sabiduría de la historia de la filosofía, aunque no en tanto autoridades que deban ser seguidas, sino como fuentes de inspiración para la exploración y el crecimiento personal.

Es evidente por lo que he dicho, que mi propio enfoque está dirigido al autodesarrollo (en la forma de autotransformación), y que busca la sabiduría, lo cual va mucho más allá del pensamiento crítico.

Este es el enfoque que voy a presentar en este libro, y que surgió a partir de mi actividad como filósofo práctico.

La práctica filosófica versus la psicología

La idea de que la filosofía puede ayudarnos a entendernos a nosotros mismos y a vivir una vida más plena pareciera ser una injerencia en los ámbitos de la psicología. ¿Acaso no es un asunto de los psicólogos el tratar nuestras preocupaciones personales?

No puedo hablar en nombre de todos los filósofos prácticos. Desde mi punto de vista, efectivamente hay muchos filósofos prácticos que usan ideas y métodos psicológicos en su práctica. Lo que hacen, en mi opinión, no es realmente una práctica de tipo filosófico sino más bien es consultoría psicológica mezclada con algunos elementos filosóficos. En este sentido, lo que hacen no es muy diferente de la psicoterapia cognitiva, psicoterapia existencial u otros tipos de psicologías con orientación filosófica que son bastante comunes hoy en día. Eso me parece una pena porque diluye el gran potencial del filosofar, que es muy diferente del psicologizar.

En todo caso, como sólo puedo hablar aquí por mí mismo, discutiré de aquí en adelante solo mi propia visión filosófica y mi propio enfoque a practicar filosofía. Permítanme empezar con una perspectiva histórica.

La psicología es un campo muy reciente comparado a la larga historia de la filosofía. La filosofía en occidente tiene 2600 años, mientras que la psicología en tanto campo separado con aspiraciones científicas surgió recién a fines del siglo XIX e inicios del siglo XX. Antes del nacimiento de la psicología, el estudio de las emociones humanas, la cognición y el comportamiento habían sido parte de la filosofía. Muchos grandes filósofos a lo largo de los tiempos investigaron la psyche humana, clasificaron estados mentales, explicaron procesos psicológicos, explorando los orígenes de las emociones y los pensamientos, sus funciones y sus interrelaciones.

Más o menos al mismo tiempo que la psicología se separó de la filosofía para devenir en ciencia, alrededor de finales del siglo XIX, hizo su aparición en escena una forma de psicología aplicada: la psicoterapia, o "la cura del habla". Ésta rápidamente se desarrolló convirtiéndose en una sólida profesión muy extendida en nuestro mundo contemporáneo, ganándose casi el monopolio completo del tratamiento de los problemas personales. Sigmund Freud fue uno de los principales pioneros que contribuyeron a la consolidación de la psicología como una terapia del alma. El nuevo campo rápidamente empezó a dividirse en áreas y sub-aéreas ("psicoanálisis", "psicoterapia cognitiva", "psicoterapia humanística", etc.), pero en aras de la simplificación voy a considerar a todas ellas como formas de "psicoterapia".

Hoy en día los psicoterapeutas son considerados como profesionales: Están munidos de teorías sobre cómo funcionan las emociones y el comportamiento humanos, con métodos de intervención; han sido entrenados para desarrollar la sensibilidad necesaria para interactuar con los clientes y con las destrezas para analizar problemas personales y ayudar a resolverlos. En ese sentido, el crecimiento de la psicoterapia en el último siglo puede ser visto como una transición de un quehacer basado en la sabiduría a un nuevo quehacer basado en habilidades y la ciencia, de la persona sabia al profesional, de la experiencia de vida a las teorías y técnicas profesionales. En el mundo tecnologizado de hoy, en el que hay más aprecio por las habilidades y el profesionalismo que por la sabiduría, no es ningún milagro que el psicoterapeuta sea reconocido como una autoridad en tratar problemas personales. El movimiento contemporáneo de práctica filosófica puede ser considerado como un llamado a volver a los caminos de la sabiduría.

Todo este, es sin embargo una sobresimplificación. La Psicoterapia hoy en día no es una sola cosa, sino que está compuesta por cientos de enfoques diferentes, y toda generalización termina por hacerle injusticia a alguna de ellas. Por cierto, algunas de los enfoques psicológicos contienen elementos filosóficos, y en tanto esto es así, no se encuentran completamente fuera de los límites de la filosofía, sino que parcialmente se entrecruzan con determinadas formas de práctica filosófica. Esto no sorprende realmente, porque hoy en día la mayoría de las áreas se entrecruzan con otras áreas: los físicos frecuentemente entran al ámbito de la química, los químicos al de la biología, los sicólogos sociales a la sociología. No resulta razonable pretender trazar una línea divisoria clara entre la práctica de los filósofos y la de los psicólogos. Sería mejor, por ello, no tanto establecer una distinción entre lo que hacen los psicólogos y lo que hacen los filósofos prácticos, sino más bien entre maneras de pensar psicológicas y maneras de pensar psicológicas, independientemente de si se realizan en la oficina del psicólogo o en la oficina del filósofo.

Desde la perspectiva de mi propio enfoque hay varias diferencias fundamentales entre estas dos:

Primero, tal como el nombre lo indica, la psicología trabaja con la psique. Trata con los procesos y mecanismos en la vida del individuo, que moldean sus emociones, pensamientos, comportamientos y actitudes. Por el contrario, la filosofía trabaja antes que nada con ideas. La práctica filosófica, en tanto que es una forma de filosofar, está basada en la realización de que las ideas tienen un tremendo poder de movilizarnos y de transformar nuestras vidas.

La evidencia de este poder puede ser vista, como remarqué previamente, cuando una persona pasa por una transformación profunda bajo la inspiración de una visión social, una constatación sobre ellos mismos, o una nueva consciencia existencial de la muerte. El problema es que las ideas que tienen gran influencia no necesariamente son profundas o beneficiosas. De hecho, a veces son dogmáticas y superficiales, haciendo nuestra vida más estrecha en vez de ampliarla. Como ejemplos tenemos las doctrinas religiosas rígidas o ideologías racistas utilizadas para lavarle el cerebro a las personas. El reto por eso es, encontrar modos de inspirar a las personas con ideas que pueden abrir y profundizar y enriquecer. La filosofía, que es una exploración crítica y de final abierto sobre los asuntos fundamentales de la vida, es el medio natural para lograr este objetivo.

La filosofía no está interesada en cualquier idea que la gente pueda tener. No se interesa en las opiniones promedio o en las maneras más populares de pensar —éstas interesan a los psicólogos o a los sociólogos. No le interesa cómo es que la gente piensa normalmente, más bien se interesa en modos potenciales de pensar que expresen coherencia, profundidad, sentido, sabiduría.

Esto implica una segunda diferencia básica entre las dos prácticas. La psicología, en tanto estudio de cómo es que la gente piensa, siente y se comporta, se enfoca en el rango de funciones humanas concretas. Por el contrario, la práctica filosófica se interesa primordialmente en las dimensiones superiores de la existencia, aquellas dimensiones de la existencia que son escasas y muchas veces están ocultas. La mayor tarea de la psicoterapia es hacer que la vida humana sea funcional y satisfactoria en relación a una vida humana normal, mientras que la misión de la práctica filosófica (tal como lo veo yo) es elevarse por encima de lo normal, por encima de lo funcional, buscando lo que es precioso e incluso profundo.

En este sentido, la práctica filosófica, tal como yo la veo, es similar a las escuelas de filosofía occidental de la antigüedad, tales como el estoicismo y el neoplatonismo. También ellas no estaban interesadas en resolver problemas personales y en restaurar las funciones humanas normales, sino en dirigir a las personas a ir más allá de su estado habitual y lograr formas de ser más elevadas.

Se desprende de ello que las calificaciones para ejercer la práctica en ambos casos también son muy diferentes. Los psicólogos necesitan tener la capacidad de tratar con condiciones humanas normales y anormales. Esto incluye un conocimiento de las preocupaciones y funciones humanas normales y anormales, ser sensible frente a las personas, y tener la habilidad de analizar situaciones humanas y usar técnicas de intervención. Filósofos prácticos, por el contrario, necesitan ser viajeros experimentados en el ámbito de las ideas. Necesitan tener un amplio conocimiento de concepciones históricas de los asuntos básicos de la vida, una buena capacidad de desarrollo creativo de ideas, y la sabiduría y experiencia de vida para relacionarse con dimensiones más altas de la existencia humana. En resumen, se podría decir grosso modo que la psicología trata de la vida tal como la vemos alrededor de nosotros, mientras que la práctica filosófica busca viajar hacia los horizontes más lejanos y más profundos de la existencia humana.

Juana parece tenerlo todo —un trabajo bien pagado, un esposo cariñoso, un modo de vida de clase media alta, dos niños bien formados y muchos amigos. Durante diez años había estado trabajando arduamente como periodista free-lance, hasta que hace unos meses finalmente encontró un trabajo estable en una revista de renombre. Y, sin embargo, ahora ha empezado a sentir que le falta algo en su vida, no sabe bien qué. Por ratos le sobrecoge una vaga ansiedad y un sentido de que está desperdiciando su vida. El discutir su infancia con su psicoterapeuta no lleva a ningún avance.

—Me parece —le dice la psicoterapeuta en determinado momento—, que no quieres que te "cure" de tu insatisfacción. Es más, en realidad no necesitas de ninguna cura.

—*¿Qué quieres decir? Siento un vacío y lo llevo como una carga todo el día."*

—*Supongamos, Juana, que yo pudiese darte una poción mágica que hiciera desaparecer tu insatisfacción. Te llevaría de vuelta a tu vida normal y te sentirías satisfecha tal como solías hacerlo hace dos o tres años. ¿Tomarías esa poción?*

—*No —admite Juana—. No quiero volver a lo que llamas mi vida "normal". Francamente ya no me atrae en absoluto mi vida "normal". Mi vida necesita un gran cambio.*

—*Exactamente —concluye el terapeuta—, estás insatisfecha no por causa de algún problema psicológico, sino porque anhelas crecer, expandir tu vida. ¿Por qué no cambias de carrera? O te tomas un año sabático y viajas por el mundo. O mejor aún, vas a ver a un consejero filosófico.*

Juana empieza a ver a una consejera filosófico. A través de sus conversaciones descubre que al igual que todos los demás, ella está presa de ciertas ideas sobre cómo es que se supone que sean las cosas. Su "caverna" platónica personal es el presupuesto implícito de que la meta de la vida es tener una familia y una carrera profesional. Se supone que una vez que tengas una familia que funciona bien y un trabajo bien pagado, tu vida tendrá sentido. Esta idea que ella siempre ha tomado por sentada sin ni siquiera formularla en palabras, había estado motivándola a trabajar duramente y ha estado direccionando su comportamiento. Actitudes, esperanzas y planes. Ahora que ha logrado su objetivo de tener un trabajo estable, se ha dado cuenta que esto no es suficiente para ella.

—*Está bien —dice Juana—, estoy empezando a ver mis límites —en teoría. Pero en cuanto a la práctica ¿cómo hago para salirme de ellos?"*

—*No tan rápido —le contesta la consejera filosófica—. Antes de salir necesitas entender de manera más profunda de qué es que estas saliendo.*

—*Te refieres a mis experiencias de la niñez, los mecanismos de defensa, ¿y todo eso?*

—*No, Juana, no estamos haciendo psicoterapia aquí. En filosofía reflexionamos sobre las ideas, y trabajamos tratando de entender su significado más profundo. Hasta cierto punto puedo ayudarte a hacerlo. Pero aparte de ello, tenemos el valor de los 2500 años de escritos de las grandes mentes que ya han desarrollado muchas ideas sobre los asuntos básicos de la vida, y alguno de ellos te pueden echar luces y dar inspiración para desarrollar tu comprensión de ti mismo.*

La consejera filosófica ahora introduce a la discusión varios pasajes del filósofo de la antigüedad Epicuro, con la esperanza de que le dé a Juana una nueva perspectiva sobre sí misma. Juana se siente intrigada por la distinción de Epicuro entre necesidades verdaderas (deseos verdaderos) y necesidades falsas (deseos falsos) y su afirmación de que la mayoría de las cosas que pensamos que necesitamos no son verdaderas necesidades.

—¿*Pero entonces qué son las verdaderas necesidades?* —*objeta Juana.*

—*Esa es una excelente pregunta, Juana. Pensemos juntos en eso.*

—*Bueno, parece que Epicuro tiene una respuesta clara sobre ese asunto*

—*Efectivamente, la tiene.*

—*Me parece que está diciendo que los pequeños gustos, más allá de la existencia básicano son verdaderas necesidades. Para él, no necesitamos realmente mucho dinero más allá de lo que es necesario para una supervivencia sin dolor. No necesitamos ropa cara o hogares más grandes. Y si aplico esto a la vida moderna, no necesitamos realmente artefactos electrónicos novedosos o automóviles sofisticados.*

Linda, la consejera filosófica, asienta con la cabeza en señal de aprobación. Juana añade:

» ¿*Pero por qué querías que leyera esto? Yo no compro cosas lujosas. No me interesa mucho el lujo. ¡Ese puede ser un problema para otras personas, pero no para mí!*

—*Entiendo Juana. Pero profundicemos más. Más allá de los detalles específicos de su filosofía, Epicuro nos ofrece un test general para decidir cuál de nuestros deseos está basado en una verdadera necesidad y cuál de nuestras necesidades se basa en una necesidad falsa.*

—¿*Un test general?*

—*Sí. Un criterio general para evaluar nuestros deseos, o nuestras carencias.*

—*Quieres decir que nuestros verdaderos deseos son aquellos que nos hacen felices*

—*Exactamente. Una necesidad, o una carencia, es verdadera, si se puede asumir que su satisfacción nos dará la felicidad, o lo que él llama, placer. Epicuro quiere decir un estado mental tranquilo, sin dolor, sin ansiedad ni malestar.*

Jenny piensa.

—*No, no me parece que me gusta esto. Yo no busco estar contenta, ni siquiera feliz. Yo quiero sentir que estoy haciendo algo…no sé, algo significativo.*

—*Excelente. Al estar de acuerdo con Epicuro, ahora estás empezando a desarrollar tu propia comprensión de tus verdaderas necesidades. Esa es lo bueno con los filósofos profundos: Te inspiran a pensar por tu cuenta, incluso cuando estás en desacuerdo con ellos. Es más, estar en acuerdo o en desacuerdo con ellos no es el punto en absoluto.*

—*Está bien, y entonces, ¿de aquí cómo continuamos?*

—*Dices, Juana, que lo que necesitas realmente, lo que realmente buscas conseguir, no es un sentimiento de felicidad, sino hacer algo significativo. Ahora, ¿qué tipo de cosas te parecen significativas?*

Se desata una conversación. No hurgan en la psicología de Juana —en sus deseos ocultos o ansiedades inconscientes o experiencias de la infancia, como harían los psicólogos. Los dos se no se enfocan en lo que Juana quiere en ese momento, sino en lo que potencialmente querría, es decir, en esos deseos que todavía no tiene, pero que tal vez valga la pena que los tenga. El punto es que aquello que es significativo no tiene casi nada que ver con la psicología de Juana.

En las siguientes dos sesiones, la consejera y la consultante continúan discutiendo este asunto y también lo relacionan a las actitudes frente a la vida que Juana ha tenido en el pasado y lo que ha estado tratando de lograr en los años recientes. Juana se da cuenta de que siempre ha tenido deseos y objetivos muy definidos —una carrera "sólida" un hogar "sólido", como dice ella, —y ha estado tratando de conseguirlos con gran devoción, sin ponerlos en duda jamás. Nunca se preguntó a sí misma si esos objetivos eran dignos de ser logrados y cómo es que probablemente afectarían su vida. Nunca había considerado la posibilidad de proponerse objetivos alternativos que pudiesen valer la pena.

Cada tanto, Linda introduce en la conversación filosofías adicionales relevantes sobre lo que realmente queremos y sobre lo que pueda tener sentido. Menciona la visión de Herbert Marcuse de las necesidades verdaderas como liberadoras de las estructuras sociales represivas de las cuales el individuo no suele estar consciente.

—*No todo lo que dice resuena en mi —cavila Juana después de una larga conversación que combina experiencias personales con ideas abstractas—. Pero lo que me llevo conmigo de esto es la idea clara de que mis objetivos impactan mi vida interior. Los objetivos que persigo moldean el tipo de persona que soy. Debería pensar más sobre mi vida interior, no solo sobre las cosas que hago y logro.*

—*Está bien Juana, que no tomes a ninguno de estos pensadores como si fueran un evangelio. Sólo son voces específicas en un rico coro de la vida. ¿Pero a dónde nos lleva tu conclusión? Quieres desarrollar tu vida interior, pero ¿cómo? Si pudieras elegir libremente ¿qué tipo de vida interior querrías?*

—*Pues..., no lo sé, no se me ocurre ninguna manera de contestar a esta pregunta.*

En la siguiente sesión, Linda presenta tres textos filosóficos breves, y explica cada uno de ellos en pocas palabras. Primero explica la apasionada auto-creación del "superhombre" de Nietzsche; luego, la apertura de Emerson a una fuente interior de inspiración; y finalmente la sinfonía de experiencias holística y creativa de Henri Bergson. En las siguientes sesiones, Linda ayuda a Juana a reflexionar sobre cómo pudiera ser que estas filosofías se relacionan con su vida cotidiana, pero también la alienta a modificarlas en la manera que más le plazca.

Cuando Juana se examina a sí misma a través del lente de estas ideas, se da cuenta de una serie de detalles sobre sí misma. Ahora comprende que se ha estado asfixiando en su estrecha concepción de qué es de lo que se trata la vida y que ansía expandirse. Nuevas perspectivas de las experiencias humanas empiezan a revelarse ante ella y a inspirarla. A pesar de que continúa con su trabajo, empieza a estar más consciente de su vida interior.

—*Me he dado cuenta de que interiormente puedo ser mucho más amplia —sí, "amplia" es la palabra que resuena en mí, a pesar de que todavía no puedo definirla con precisión. Pero incluso sin una definición, siento que algo dentro de mí ha estado reprimido dentro de mí por bastante tiempo. Y sé que no tiene por qué ser de esa manera.*

No le preocupa que no pueda definir las palabras que ha empezado a usar a su manera muy particular: "amplio", "estrecho", "expandirse", "encogerse". Como dice Linda, ella está en el proceso de desarrollo de su propia visión de la vida, y tomará tiempo y mucha autorreflexión y auto experimentación para que ella logre aclarar su visión a sí misma.

El caso de Juana muestra lo distinto que trabajan el filósofo práctico y el psicoterapeuta. En la práctica filosófica, el filósofo y el consultante trabajan primariamente con ideas sobre la existencia humana, especialmente aquellas que se relacionan a las dimensiones superiores de la vida —algo que la mayoría de los psicólogos considerarían como una desviación de las cuestiones reales.

Para muchas formas de psicoterapia, los asuntos reales son los factores que influyen en el bienestar del individuo: las experiencias de la infancia y los mecanismos de defensa (en la psicología profunda), los sistemas de creencias (en la terapia cognitiva), el apoyo incondicional (en la terapia centrada en la persona) y así sucesivamente. En cambio, para el filósofo los materiales que están en la psyche de una persona no son de interés primordial.

Sin duda que los psicólogos utilizan teorías en su trabajo, pero por lo general las usan como guías para trabajo, más que como materiales para discutir con sus clientes. Por ejemplo, el analista freudiano utiliza la teoría que la gente reprime experiencias y emociones estresantes y el psicoterapeuta cognitivo utiliza la teoría que las creencias son más fáciles de modificar que las emociones, pero no analizan estas teorías con sus clientes. De igual manera los terapeutas centrados en las personas hacen uso de la idea que la aceptación incondicional promueve el crecimiento, pero la terapia no consiste en explicar esta idea al cliente y discutirla juntos. Para el psicoterapeuta las teorías psicológicas son instrumentos de trabajo, no son temas de discusión en la sesión de psicoterapia.

En cambio, en la práctica filosófica la discusión de las ideas (conceptos, teorías, presupuestos, argumentos, etc.) es lo central del proceso. Las teorías no se asumen sin más, sino que son siempre material de investigación abierto a discusión, modificación o rechazo.

Se podrá objetar que algunas formas de psicoterapia incorporan discusiones de ideas en su trabajo. Pero esto es cierto sólo en un sentido limitado. Los terapeutas cognitivos, por ejemplo, discuten muchos temas con sus clientes, pero normalmente sólo como una mera técnica para influenciar a los clientes hacia pensamientos "positivos" o comportamientos "funcionales". Las discusiones no pretenden enriquecer la visión del mundo de los clientes, sino más bien convencerlos y encaminarlos en una dirección pre-determinada. En este proceso, los clientes son empujados a asumir visiones simplistas y soluciones prácticas, más que a asumir horizontes de comprensión complejos o hasta confusos. Por el contrario, la discusión filosófica es una investigación que realmente no tiene final, y está guiada por un intento genuino de desarrollar concepciones de la vida más ricas y profundas.

Tal vez la forma de psicología más orientada hacia la filosofía sea la terapia existencial (y la consejería existencial). La psicoterapia existencial se basa en las perspectivas de importantes filósofos existencialistas —Friedrich Nietzsche, Karl Jaspers, Martin Heidegger, Jean-Paul Sartre y otros— que presentan la condición humana como una tarea abierta y continua. De acuerdo a ellos, ser humano es luchar por lo que ellos consideran las cuestiones básicas de la vida, especialmente la búsqueda de sentido, la necesidad de ser plenamente conscientes de nuestra libertad y responsabilidad, nuestra fundamental soledad y nuestra próxima muerte. Las psicologías existencialistas se basan en el presupuesto de que estos son los retos fundamentales de vida. Un ejemplo importante es Irvin Yalom, un connotado psiquiatra existencialista norteamericano, cuyo enfoque se basa en la visión de que las personas, por lo general, se enfrentan a cuatro cuestiones principales de los asuntos de la vida (o "hechos dados": libertad, aislamiento, sentido y muerte) que están en la raíz de la mayoría de las preocupaciones personales[16].

Hasta cierto punto este tipo de terapia es filosófico, ya que se refiere a cuestiones vitales que han sido el tema tratado en muchas discusiones filosóficas. Por otro lado, el trabajo de un psicólogo existencialista está comprometido a una teoría específica, esto es, el existencialismo, que sostiene que estos asuntos vitales son centrales en nuestra vida. Asume el existencialismo como una doctrina, como el fundamento de la terapia y no como una filosofía posible entre muchas a ser discutida. En el marco de la sesión no hay mucho lugar para poner en cuestión los presupuestos del existencialismo, o para considerar seriamente concepciones de vida alternativas, menos aún con el cliente. Por esta razón la psicoterapia existencialista, a pesar de que contiene elementos filosóficos no hace uso de un verdadero filosofar con sus clientes, como se hace en la práctica filosófica.

Así como una psicoterapia puede contener elementos filosóficos, una práctica filosófica puede contener elementos psicoterapéuticos, en tanto que toma en cuenta los mecanismos y procesos psicológicos. Efectivamente, el tomar consciencia de los aspectos tanto psicológicos como filosóficos de la vida es de ayuda, ya que estos son dos dimensiones de la vida importantes que no pueden ser ignorados.

---

16. *Love's Executioner*, New York: Basic Books, 1988. Ver especialmente el prólogo.

Capítulo 3

Nuestra caverna platónica – el perímetro

Hasta ahora he venido hablando de manera muy general de la "caverna platónica" en la que estamos encerrados, y de la reflexión filosófica que nos pudiera ayudar a salir de ella. Ahora es el momento de traducir esto a términos más concretos y prácticos.

El punto de partida del proceso filosófico siempre es el tomar conciencia de que soy limitado. Sólo si tomo conciencia de lo restringida que es mi vida, sólo si reconozco los estrechos límites de mi mundo puedo aspirar a traspasarlos. Solo si comprendo que estoy encerrado en mi caverna platónica, puedo tratar de salir de ella y ampliar mi vida.

Pero ¿qué exactamente es nuestra caverna platónica?

El perímetro

En la vida cotidiana constantemente confiamos en el modo en que entendemos lo que nos rodea —en el modo en que entendemos a la gente a nuestro alrededor, en el modo en el que entendemos las situaciones en las que nos encontramos, en nuestra noción de quienes somos, y en realidad en la vida en general. Es solo porque entendemos una situación de determinada manera que nos sentimos satisfechos o molestos, que estamos ansiosos o esperanzados, que asumimos una opinión u otra. Si por ejemplo tengo miedo, es porque asumo esta situación como amenazante. Si estoy molesto con mi vecina, es porque asumo que su comportamiento es desconsiderado. Análogamente, a menos de que entienda que estoy en un supermercado y que en el supermercado es donde se compra comida, no podría comportarme de una manera que fuese apropiada para la situación. No puedo funcionar y sentir que lo hago apropiadamente sin un abanico complejo de nociones sobre mi medio ambiente. A pesar de que no necesito pensar en estos asuntos de manera consciente, necesito entenderlos de alguna manera.

Algunas de mis comprensiones son sobre hechos específicos: sobre mi familia particular y mi vecindad, sobre mi automóvil o mi casa. Otras nociones son un poco más generales: sobre cómo comportarse en una tienda, o sobre cómo se puede usar el dinero. Pero hay un tipo especial de nociones que es más fundamental que todo el resto. Esto es porque tratan de los conceptos básicos y principios que son el fundamento de mi relación con la vida. Estas son mis respuestas personales a cuestiones básicas de la vida: ¿Qué tiene sentido en la vida? ¿Qué es el verdadero amor? ¿Qué significa ser libre? ¿Qué significa ser justo o responsable o culpable? ¿Qué es la verdad o la belleza?

En la vida diaria nos encontramos constantemente con estas preguntas básicas y las respondemos. Pero no hacemos esto sólo en nuestros pensamientos abstractos, sino sobre todo a través de las emociones, pensamientos y comportamientos. Nuestros planes, elecciones, celos, amarguras, esperanzas, deseos —estas son otras maneras de expresar nuestro modo específico de relacionarnos con nuestro mundo y nuestra comprensión de éste. Por ejemplo, si soy un adicto al trabajo, entonces mi necesidad de trabajar constantemente es una declaración sobre lo que es importante en la vida, aunque no esté consciente de ello. Mi impulso expresa en efecto: La productividad es un asunto de mayor importancia en la vida. Para dar otro ejemplo, cuando hago un esfuerzo especial para ayudar a una persona pobre, este comportamiento expresa mi noción de responsabilidad moral, esto es, que las personas son responsables las unas de las otras —a pesar de que puede ser que yo no sea capaz de articular esta comprensión en palabras. Análogamente, si me siento profundamente ofendido de que mi pareja no esté de acuerdo conmigo con respecto a un tema político, esta actitud expresa mi noción de que amar implica estar de acuerdo. De igual manera, mis elecciones —de ver una simple comedia o una película sofisticada, de charlar con amigos o hablar con mis hijos— expresan mis nociones de qué es valioso en la vida. En ese sentido nos interpretamos constantemente a nosotros y a los otros y construimos un mundo, habitualmente sin ser plenamente conscientes de ello.

Luisa y Emma son estudiantes universitarias que trabajan como meseras en el mismo restaurante local. Empezaron a trabajar allí hace unos meses, y apenas se encontraron, las dos empatizaron.

Rápidamente se hicieron amigas, y se encontraban fuera del trabajo para almorzar o para hacer caminatas a lo largo del río. Pero a pesar de la creciente amistad parece que surgieron ciertas tensiones.

—Nunca me cuentas nada sobre ti —se queja Luisa—. ¡Cuéntame algo!

—¿Como qué? No tengo nada interesante que contar.

—Como qué hiciste hoy día, por ejemplo. O cómo son tus padres.

—¡Vamos! Eso es aburrido —le dice Emma. Y al final Luisa termina copando la mayor parte de la conversación. Le cuenta a Emma en gran detalle qué es lo que hizo esta mañana hasta que Emma se cansó de escucharla.

A Emma no le parece que esté tratando de ocultarle historias personales a Luisa, simplemente le parecen poco interesantes como para hablar de ellas.

—¡Hagamos algo divertido juntas! —decía ella— ¿Qué te parece comprar un sombrero chistoso? O juguemos ping pong —me contaste que solías jugar eso cuando eras pequeña.

Un día Luisa se entera por un comentario a la ligera de que Emma y su enamorado terminaron hace dos semanas. Luisa está profundamente herida porque Emma no le contó nada al respecto.

—Dices que soy tu mejor amiga —exclama dolida—, pero no compartes nada conmigo. ¿Cómo puedo ser tu amiga si tú no te molestas en contarme sobre las cosas que te pasan?

Reflexionando sobre la actitud de estas jóvenes, podemos ver que tienen diferentes nociones de qué significa la amistad —incluso podríamos decir que son diferentes "teorías" de amistad. Para Luisa, amistad significa compartir mundos: compartir detalles grandes y pequeños de la vida cotidiana, penas y alegrías, preocupaciones y esperanzas. Por el contrario, para Emma la amistad significa hacer juntas cosas divertidas. Para ponerlo de otra manera, de acuerdo con la "teoría" de amistad de Luisa, el elemento de unión de la amistad es el compartir mutuo, mientras que de acuerdo a Emma el elemento de unión es la diversión.

Llama la atención que ninguna de las dos jamás ha articulado en palabras qué es la amistad. Si le pidiéramos que nos defina qué es la amistad, ninguna de las dos sabría qué decir. Y sin embargo sus emociones, sus expectativas, su comportamiento y sus palabras expresan una noción muy concreta de amistad.

Al igual que Luisa y Emma, nosotros constantemente interpretamos nuestro mundo y lo hacemos de manera automática y sin pensar. Estas interpretaciones nos sirven —es necesario interpretar tu mundo si quieres vivir en él, y es mejor hacerlo sin pensarlo demasiado, porque de lo contrario nunca empezarías a hacer lo tienes que hacer. Pero muchas veces son también una prisión, porque representan una perspectiva unilateral, estrecha, superficial. Este mundo cómodo pero restringido puede ser llamado mi perímetro.

Mi perímetro es el mundo tal como me relaciono con él, o más precisamente, tal como lo entiendo. Es mi modo de interpretar y categorizar mi mundo, que presenta ciertas cosas como interesantes y otras como aburridas, ciertas metas como significativas y otras como irrelevantes, ciertas acciones como correctas y otras como malas, ciertos estilos como bellos y otros como feos. Es, en resumen, la suma total de mis nociones de la vida, esas nociones que no se expresan principalmente por mis opiniones explícitas, sino más bien, por mi comportamiento, mis emociones y actitudes habituales.

La expresión "perímetro" indica el carácter dual de mi mundo. Por una parte, implica comodidad y seguridad. Un perímetro significa un área demarcada alrededor mío, mi zona de confort y de seguridad, mi hábitat familiar donde se conducirme. Por otra parte, la palabra también connota un encierro, una frontera, una delimitación. Mi perímetro determina el tipo de eventos que suelen ocurrir en mi mundo (intrigas y conspiraciones, por ejemplo, si soy una persona perspicaz), y el papel que yo pueda jugar en él (el payaso, por ejemplo, si ser visto por otros es importante para mí). Mi perímetro determina que sea bastante probable que ciertas situaciones ocurran en mi vida una y otra vez (conflictos, por ejemplo, si considero el mundo como un campo de batalla), y otras menos probables o incluso bastante improbables. Y es muy rígido a lo largo de la vida; no se modifica con facilidad. Mi perímetro marca los límites de lo que puede ser encontrado en mi mundo y que no se puede encontrar en él. Es, como diría Platón, mi caverna.

Claro que esto es una simplificación. Un perímetro no es una línea simple y nítida. Muchas veces es compleja, con muchas áreas de vaguedad, graduaciones y ambigüedad. Pero dejando de lado estas complicaciones, podemos decir, que el perímetro marca el repertorio de mis actitudes habituales hacia mi mundo —mis experiencias habituales, mis reacciones y comportamientos habituales, mis emociones y preferencias. Demarca el ámbito de mis posibilidades: el tipo de relaciones que yo pueda tener con otros, el tipo de cosas que yo pueda hacer o decir, las cosas que yo pueda considerar interesantes o placenteras o temibles, el sentido que yo pueda encontrar en el amor o en Dios o en la libertad. Son los límites generales de mi mundo.

¿De dónde viene mi perímetro? Podemos plantear hipótesis de que en parte se origina en mi psicología particular, en mi formación, educación o incluso mis genes. Otros aspectos pueden originarse en la influencia de mi cultura en mi modo de pensar y sentir. Incluso otros aspectos pueden provenir de factores generales psicológicos o biológicos compartidos por todos los seres humanos. Hablando en general, podemos conjeturar que el perímetro de una persona es el resultado de varios mecanismos y procesos dentro y fuera de esta persona. Pero la naturaleza de estos mecanismos y procesos no nos debería interesar acá. No son el tema que ocupa a la práctica filosófica, sino a la psicología, sociología, antropología, neurociencia, o resumiendo, a la ciencia. En tanto filósofos, lo que nos interesa aquí es el perímetro mismo. Mi perímetro —independientemente de los mecanismos y procesos que supuestamente lo han producido— limita mi vida a una delgada tajada de posibilidades, a una diminuta región dentro del vasto horizonte de la realidad humana.

Javier está en una fiesta. Se apoya contra la pared, mirando a toda la gente alrededor suyo que conversa, se ríe, flirtean los unos con los otros. Se siente tan diferente de esta gente alegre, y tan superior a ellos. Cuando alguien le habla murmura torpemente. Sus palabras resultan demasiado intelectuales, demasiado sombrías.

Se mofa de esa gente que habla tonterías y en voz alta, como si no hubiese nada más importante de qué hablar. No es como ellos, se dice a sí mismos, él es un hombre serio. Se para erecto e inmóvil, mirándolos en silencio.

Una pared invisible lo separa de los demás y separa su modo de ser de otras maneras posibles de ser que están más allá de sus horizontes, más allá de su perímetro. Su repertorio está limitado a una actitud intelectual hacia la vida.

No tiene nada de malo, por supuesto, tener una actitud intelectual de vez en cuando. Pero en el caso de Javier no se trata de una elección. Es la única manera en la que sabe relacionarse con los demás, y con la vida en general, por cierto. Su actitud intelectual está diciendo en efecto: "Toda situación y todo asunto es algo sobre lo que se debe pensar seriamente." Se podría decir que esta es la teoría de la vida de Javier, su noción básica de la vida. Y Javier sigue esta noción de vida de manera automática y sin pensar.

Esta es entonces la caverna de Javier, o su perímetro: Esta preso en la noción de que pensar seria e intelectualmente es bueno, mientras que los comportamientos desenfadados y las emociones espontáneas son malos y deben ser evitados. Seguramente él no es plenamente consciente de esta noción, y probablemente no puede articularla en palabras, y sin embargo lo influencia de manera profunda. Lo controla a tal punto que no sabe cómo deshacerse de ella.

Un psicólogo se preguntará sobre las causas psicológicas de la actitud de Javier: ¿Es el resultado de ciertas experiencias de la niñez? ¿O representa un trauma? ¿Se trata de la estricta educación de sus padres? ¿o alguna otra causa psicológica? Pero para nosotros como filósofos este tema no es un tema relevante. Lo que importa no es el origen de esta noción de Javier, sino el hecho de que la tenga ahora.

Independientemente de por qué y cómo ha llegado a pensar de esta manera, independientemente de los mecanismos psicológicos que lo han llevado a pensar así, esta noción está funcionando ahora en la vida de Javier como un perímetro, y limita su repertorio de actitudes frente a la vida.

El problema de esta noción perimétrica es que no le permite emplear actitudes alternativas y de hacer uso de otros recursos interiores que pueda tener. Javier obviamente es mucho más que una actitud intelectual, pero se siente incapaz de conectarse a ese "más". Su problema no es que su comportamiento sea "disfuncional" o "insatisfactorio" como dirían algunos psicólogos, sino que está limitado a una parte de su ser superficial y automático. Incluso si su comportamiento perimetral fuese funcional y placentero — empujándolo a lograr grandes proezas ante el aplauso generalizado— su vida interior seguiría estando limitada a una superficie automática y a una falta de plenitud.

Así como muestran los ejemplos de Javier, Luisa y Emma, nuestras actitudes, emociones y comportamientos cotidianos expresan nuestras respuestas personales a pregunta básicas de la vida, tales como: ¿Qué es lo que importa en la vida? ¿Qué es la verdadera amistad? ¿Qué significa ser libre? ¿Qué es el amor verdadero? ¿Qué significa ser libre? ¿Qué significa ser responsable o culpable? ¿Qué es verdad o belleza? y así sucesivamente. Estas nociones constituyen las coordenadas fundamentales de nuestro mundo, y le dan a nuestra vida su contorno particular y su dirección.

Estas nociones fundamentales impregnan nuestra vida cotidiana. No solo pertenecen a intelectuales o filósofos, sino a toda persona viviente. Pueden ser encontradas virtualmente en todo momento del día, en nuestras acciones cotidianas, planes, elecciones, celos, cóleras, esperanzas, deseos. Como las reglas de una gramática que nos permite platicar y conversar, o como las leyes de la mecánica que nos permiten mover y lanzar objetos, las usamos a diario, pero casi nunca pensamos en ellas en palabras. Por ejemplo, es por mi noción de lo que significa amor, que desarrollo un cierto tipo de relaciones amorosas; y es por mi comprensión de respeto a mí mismo que me siento ofendido; y sin embargo, casi nunca puedo articular estas comprensiones en palabras.

Como estas nociones fundamentales son sobre las cuestiones básicas de la vida, son filosóficas. Esto es porque no tratan solo de un detalle particular en mi mundo, sino de principios fundamentales, de los conceptos básicos que son los ladrillos con los que construyo mi mundo, e incluso nuestro mundo humano. Se podría decir que todos somos filósofos, porque todos abordamos temas filosóficos fundamentales, aunque no sea en palabras. Y, como nuestras respuestas a estos temas son automáticas y no examinadas, estamos todos encerrados, de una manera u otra, en nuestra "teoría" filosófica particular, esto es, en nuestro perímetro.

Así como el papel de la filosofía en la Alegoría de la Caverna de Platón, la filosofía aspira a superar la condición fundamental del ser humano. La práctica filosófica nos dice que no es necesario que nos quedemos en la prisión, aunque la travesía de salir fuera de nuestro perímetro, de salir de la caverna platónica no es corta ni cercana. Los buenos filósofos prácticos son personas que tienen la experiencia, el conocimiento filosófico y la sabiduría para guiar el proceso, y que están comprometidos ellos mismos en el proceso.

La constatación fundamental de la filosofía es que yo soy más que mi perímetro. A pesar de que la mayor parte de los momentos de la vida cotidiana están confinados a los límites de mi perímetro, mi rango de posibilidades es en verdad mucho más grande. Pertenezco a una realidad más grande —así como los habitantes de la caverna de

Platón pertenecen a un mundo mucho más grande que su caverna. Sin embargo, es necesario un largo proceso de auto-investigación y de autotransformación para darse cuenta de que el rango más amplio de nuestro ser.

El Perímetro como un Juego

Un perímetro puede ser comparado con un juego que jugamos, en el sentido de que es una semblanza limitada de la realidad que sigue reglas rígidas y artificiales.

Considera un juego de ajedrez. Tiramos una moneda. "¡Soy blancas!"

Efectivamente en mi mente soy parte de las blancas. Las figuras de plástico blancas, en el tablero de madera no son simplemente mías —yo soy parte de ellas. Cuando soy absorbida por el juego, estas figuras son el centro de atención de mis esperanzas, de mis pensamientos, de mis arrepentimientos y de mis alegrías. Cuando la batalla se desata en el tablero, yo estoy realmente en suspenso y ansioso; y cuando la reina negra se come al alfil blanco, siento un real desasosiego. Las acciones de las piezas blancas son mis propias acciones. A través de ellas me muevo, ataco, me vengo, triunfo, vivo. Porque yo soy ellas. Por la duración del juego, los sesentaicuatro cuadrados blancos y negros son mi mundo.

Cuando juego un juego, soy transportado de la "vida real" a otra realidad —a un tablero de ajedrez, o a una baraja de cartas, o a una cancha de básquet, o a una batalla con monstruos en una pantalla de computadora. Ya no soy el hombre que vive en la Calle de los Pinos, cuyo automóvil necesita reparación, que trabaja como profesor o como chofer de autobús y que tiene una cita con el médico mañana. Estos hechos se han desvanecido de mi conciencia activa. Casi ya no tienen existencia para mí.

Y, sin embargo, en el fondo de mi mente, yo sé que sólo es un juego y que tengo una cita con el doctor mañana. De hecho, estoy dividido en dos partes: un parte de mí vive el juego, mientras que la otra parte tiene una vaga consciencia del mundo más amplio. Vivo en dos realidades diferentes al mismo tiempo: el juego y la vida "real".

Jugar juegos es un fenómeno muy común, tan común que muchas veces no nos damos cuenta de lo asombroso que es. Es asombroso que yo pueda ser los peones blancos en el tablero y olvidarme mis preocupaciones e identidad normales. Es asombroso que pueda vivir dos vidas diferentes. Vidas diferentes —porque en cada una de ellas tengo intenciones y preferencias diferentes, diferentes esperanzas, miedos y comportamientos. Es como si dentro de mí hubiera dos fuentes de motivación, de pensamiento y emoción, de vida.

Los juegos son dispositivos que me permiten vivir una segunda vida, una realidad alternativa. En ese sentido son parecidos a las películas y a las novelas. Cuando estoy sentado en el cine mirado la pantalla, me como las uñas cuando el héroe está en peligro, y suspiro de alivio cuando ella ha sido salvada. Me identifico con la protagonista, con sus preocupaciones, miedos, esperanza. Y, sin embargo, no confundo las dos realidades, la una con la otra. Nunca confundo a la persona en la pantalla del cine con la persona que está sentada a mi costado.

Un juego tiene profundas similitudes con el mundo "real". Primero, un juego tiene reglas que limitan el comportamiento del jugador. En el ajedrez, por ejemplo, sólo puedes mover al rey un casillero a la vez, y en básquet, no estás permitido de patear la pelota. Análogamente, en la vida "real" también nuestra vida se rige por reglas. La ley de gravedad, limitaciones biológicas, normas sociales, prohibiciones morales. Nuestra vida también está limitada por nuestra propia personalidad: nuestra tendencia de ser habladores, pudorosos, ahorrativos, estar a la defensiva, etc. Al igual que las reglas del básquet o del ajedrez limitan el rango de posibles movimientos en el juego, nuestras tendencias psicológicas, hábitos, miedos limitan el rango de nuestros comportamientos.

Segundo, aparte de reglas, un juego también tiene un objetivo —por ejemplo, comerse al rey del oponente o encestar la pelota en el básquet, o matar al monstruo en la pantalla de la computadora. Análogamente, también en la vida real nuestras acciones están dirigidas por nuestras metas, en otras palabras, en otras palabras, por los resultados deseados: éxito, amor, confort, seguridad, diversión, moral, virtud, ideales, etc.

En este sentido, los juegos que jugamos corresponden a nuestros perímetros. Para ponerlo de otra forma, un perímetro es una especie de juego. Los juegos por eso son realidades limitadas —igual que los perímetros— y eso es por qué los encontramos tan fascinantes. Pero, por supuesto no son la realidad. Porque las reglas y los objetivos de un juego son imaginarios, una simulación. En un juego de básquet nos comportamos como si fuese importante encestar la pelota de básquet en el aro y como si la pelota no pudiese ser patada, sino solo tocada con la mano. Después de todo fuera del juego no me interesa en absoluto como es que tratan la pelota y a dónde la colocan. Las reglas y los objetivos no tienen ningún poder real sobre mí. Estoy atado a ellos solo, por el tiempo que los acepte, solo mientras que los identifico como lo que determina mi comportamiento.

El asombroso poder de los juegos proviene de nuestra capacidad de identificarnos con reglas imaginarias y objetivos imaginarios como si fuesen reales. Nos identificamos con situaciones ficticias empujamos a la realidad "real" fuera de nuestra consciencia. Esto es paralelo a nuestra "capacidad" de limitarnos a los límites de nuestro perímetro. Mi locuacidad o timidez no tienen base en la realidad, excepto que algo en mí los acepta como válidos. Estoy atado por este tipo de limitaciones mientras que las acepto —o más precisamente, mientras que mis mecanismos psicológicos las sigan.

Hay juegos de mesa y juegos de carta, pero también hay juegos psicológicos y juegos sociales. Puede ser que juegue el juego de "soy hermosa" o "soy sabio", o "el mundo está en contra mío" o "no valgo nada". Estos son juegos si me identifico con ellos, si pretendo que son las que determinan quién soy yo. Por ejemplo, puedo dejar que la idea de "soy hermosa" controle mi comportamiento y mi discurso, mi postura corporal y mi elección de vestimenta. O, puedo adoptar una determinada actitud y una manera de hablar de acuerdo con "soy una persona sensible". Me impongo a mi mismo estándares (reglas, metas) específicos. Y me restrinjo a ellos. Mi realidad ahora es más estrecha, más rígida y está limitada a ciertos patrones. En otras palabras, a un perímetro.

También hay juegos intelectuales. Me impongo estándares específicos de pensar —"soy un existencialista", "soy un socialista", "tengo un gusto refinado". En otras palabras, ajusto mis pensamientos a patrones específicos. Estos son mis juegos si los identifico con mi realidad, si los dejo restringir mi modo de pensar y de ser, si imagino que determinan quién soy.

Para ser más precisos, no es del todo correcto decir que soy yo quien deja que ciertos juegos controlen mi vida. Después de todo, yo nunca he tomado una decisión consciente para jugarlos. Yo simplemente me encontré a mí mismo jugándolos. Además, mi "yo" no está separado de estos juegos. No vive fuera de ellos, no los elige y los trata desde afuera. Más bien, yo soy en gran parte un producto de estos juegos. La persona que soy yo —mi personalidad, mis tendencias, preferencias, creencias, etc. es el resultado de mis juegos más que el creador de mis juegos.

Resumiendo, podríamos decir entonces, que estoy jugando un juego cuando estoy confinado a una estrecha realidad imaginaria. Y vemos entonces que el perímetro es esencialmente un juego.

Los juegos no necesariamente son malos. Pueden ser divertidos. Incluso pueden ayudarnos a lograr alcanzar ciertas metas. Los juegos sociales ayudan a mantener estable a la sociedad. Pero si entro a mis juegos sin ser consciente, si me pierdo en ellos por demasiado tiempo, entonces no vivo plenamente mi vida. Entonces pierdo el contacto con un espectro mucho más grande de la realidad humana. Comienzo a vivir el mundo virtual que está construido por ideales elevados, por las demandas de la sociedad, por mis caprichos y fantasías, por los efectos de mis traumas infantiles. En otras palabras, comienzo a convertirme en mi perímetro.

Somos sorprendentemente "buenos" en perdernos en reglas y metas ficticias. Los niños israelíes rápidamente aprenden las reglas de la identidad israelí, y los niños árabes, las reglas de la identidad árabe. Los fans americanos alientan a su equipo de básquet, y los italianos alientan a su equipo de futbol. El pobre trabajador manual sueña con llegar a ser un poderoso jefe en su compañía, mientras que el profesor universitario sueña con llegar a ser famoso entre los otros doscientos académicos de su especialidad. Las emociones de una persona tímida dan vueltas alrededor de su juego de timidez, y las de a persona narcisista dan vuelta alrededor de su autocentrismo. Nuestra psicología es asombrosamente buena en ajustar nuestros pensamientos, nuestras emociones, aspiraciones, comportamientos a una delgada tajada de la realidad humana, esto es, nuestro perímetro.

Sin embargo, no estamos totalmente cautivos en nuestros juegos. El jugador de ajedrez tiene una cierta consciencia de que está jugando y de que su realidad es más amplia que el tablero de ajedrez. Una dama rica en una fiesta de alta sociedad puede actuar y sentir de acuerdo a las normas sociales, y a pesar de ello, algo en el fondo de su mente le puede estar soplando al oído que está actuando. No estoy totalmente cautivo en mi juego perimétrico. Aun cuando estoy obligado a jugar por las reglas de mi psicología, no necesariamente tengo que identificarme con ellas y restringir mi existencia a ellas. Aun cuando me encuentro controlado por mis hábitos o obsesiones o miedos, puedo darme cuenta de que mi realidad es mucho más grande que mi perímetro.

La psicología moderna ha desarrollado métodos para ayudar a la gente a tomar consciencia de sus "juegos" psicológicos particulares y a modificarlos a juegos más funcionales. Pero esta tarea, por más valiosa que sea, sigue siendo limitada. Porque ir más allá de determinado juego psicológico no significa todavía ir más allá de todos los juegos. Cambiar un perímetro por otro perímetro, por más cómodo y funcional que parezca, sigue quedándose dentro de los límites de las fuerzas psicológicas, dentro del ámbito de las cavernas platónicas.

La meta de traspasar el ámbito de los juegos perimétricos —no en este o aquel juego específico, ir más allá de todos los juegos— esa es la tarea de la filosofía. Es una tarea tremenda. Difícilmente haya una aspiración más ambiciosa. Y a pesar de ello, me parece que no es imposible. Claro que en tanto ser humano no puedo liberarme de todas las limitaciones. Pero aun así, no necesito identificarme con ellas. No necesito limitar mi consciencia al ámbito de los juegos. Puedo ser, por lo menos en parte una realidad más grande también. Por analogía, si me obligan a jugar un juego de ajedrez, de todas maneras, puedo seguir consciente de la habitación en la que juego y puedo participar de la conversación que se está dando alrededor mío.

Si esto fuese realmente posible, si puedo ser más grande que mis juegos perimétricos y puedo estar en contacto con un ámbito mayor de la realidad humana, entonces, esto debería ser la tarea del discurso que se dirige a los asuntos más fundamentales de la vida, esto es, de la filosofía.

Capítulo 4

Patrones y fuerzas

Mi perímetro, o la caverna de Platón, no me es fácil de reconocer. A pesar de que da forma a gran parte de mi vida, lo hace de un modo implícito. Generalmente no me doy cuenta de su existencia, por lo menos no totalmente, como una expresión facial que tengo el hábito de hacer, o como una entonación cuando hablo. A menudo mis amigos se aperciben de esas costumbres antes que yo. En este sentido un perímetro no es como un dolor de cabeza, o una comezón, porque no es algo que siento de inmediato y directamente.

Mi perímetro está compuesto por mi comprensión de la vida —mi comprensión de mí mismo, de mi medio ambiente, de mis relaciones con otros— pero como ya hemos visto, esas son mis comprensiones *vividas*, no mis opiniones verbales. Soy como un ave que vuela por las leyes de la aerodinámica sin ser capaz de expresar esas leyes con palabras.

Eso no quiere decir que mis comprensiones perimetrales son "inconscientes". Referirse al inconsciente es asumir una teoría psicológica acerca de mecanismos ocultos que están de algún modo almacenados en los oscuros sótanos de la psique, que son responsables de nuestra conducta. Esas teorías no deben ser de nuestro interés aquí. Sea cual fuese la explicación de mis comprensiones perimetrales, el caso es que no son fácilmente asequibles a mi conciencia, del mismo modo que las reglas gramaticales que sigo cuando hablo no me son fácilmente asequibles. Mi perímetro es algo que necesito investigar y descubrir, no algo que siento directamente.

A menudo, otra persona, como un filósofo práctico, puede ayudarme a investigarlo. Si bien no es algo que siento, no está completamente oculto a mi vista. El perímetro se expresa de distintas formas, algunas más obvias y otras implícitas. Como un animal nocturno que merodea cuando todos están durmiendo, deja detrás de él huellas. Esas huellas nos pueden ayudar a reconstruir el perímetro y esbozar su contorno.

Patrones

Las pistas más importantes sobre el perímetro son los patrones de conducta y los patrones emocionales. Cuando mi comprensión de la vida está restringida a un perímetro estrecho, poseo entonces un repertorio reducido de emociones y conductas, de tal modo que sigo patrones emocionales y de comportamiento específicos. Por lo tanto, si mis comportamientos y emociones exhiben un patrón fijo, si no emplean el espectro entero de posibilidades humanas, entonces esto es una señal de que mi actitud hacia la vida es restringida, en otras palabras, de que mi comprensión de la vida está limitada a un perímetro estrecho. Por ello, si usted nota que demuestro un patrón de conducta o emocional, éste puede servir de indicador que tengo un modo característico de relacionarme con mi mundo, o sea, un modo específico de entenderlo. Examinando mis patrones, usted puede imaginar las comprensiones perimetrales que se ocultan detrás de estos.

¿Qué es exactamente un patrón? Un patrón es un tema que se repite una y otra vez. Significa que en cierto tipo de situaciones tengo la tendencia a mostrar una y otra vez conductas y emociones similares. Un patrón implica, por lo tanto, una estructura fija. Indica que mis conductas, emociones y pensamientos no son completamente libres, sino que siguen una fórmula habitual.

El tipo más sencillo de patrón es la simple repetición de la misma conducta una y otra vez. Un ejemplo es esa persona que usa cualquier oportunidad para discutir con otros. Cada vez que aparece un tema, se encuentra en medio de un argumento. Otro ejemplo es la persona especialmente locuaz, o dominante, suspicaz o apologética. Dada la oportunidad es probable que repetirá el mismo comportamiento.

Pero a menudo un patrón es más complicado. Puede consistir de diversos tipos de emociones, conductas y pensamientos, interconectados de forma compleja. Si Érica, por ejemplo, posee un patrón de evitar conflictos, éste puede expresarse en más de una forma: puede estar de acuerdo rápidamente con otros; puede sentirse demasiado estúpida para tener sus propias opiniones; conversaciones políticas pueden resultarle desagradables; puede tener el hábito de bromear para aplacar tensiones; ser obediente con el jefe; es posible que le gusten juegos divertidos con sus amigos, etc. Para mencionar otro ejemplo: si Eduardo siempre llega tarde a las reuniones; gasta bromas estúpidas precisamente cuando se espera de él que se comporte con seriedad; a veces se confunde y se siente perdido y luego alardea de ello; y se siente incómodo cada vez que el jefe le encomienda una tarea, es posible que esas conductas y emociones diversas sean expresiones de un patrón común: el de comportarse de forma irresponsable, como un niño. Parece estar invirtiendo una enorme cantidad de energía en la repetición de ese patrón, a pesar de que es probable que no es consciente de lo que está haciendo.

Dado que los patrones suelen ser complejos, identificarlos se convierte en un arte. Requiere percepción, atención y mucha experiencia.

Todo aquel que conoce a Andrés sabe que le gusta usar prendas llamativas, y que le encanta impactar a la gente con observaciones escandalosas. Cuando le preguntan por qué se conduce de esa manera, explica que conductas "civilizadas" le aburren. Pero algunos de sus colegas en el trabajo han notado que, al contrario de los que afirma, cuando está a cargo de un equipo es muy "civilizado" y para nada aburrido. También han notado que no le gusta estar solo, y que, como ha confesado, cuando se encuentra solo alimenta fantasías. La favorita es la de ser una estrella de rock.

A simple vista esas preferencias, conductas, sensaciones y fantasías no parecen estar relacionadas. Pero una ojeada más cercana sugiere que todas giran en derredor de un tema común; en otras palabras, un patrón común: en todas Andrés trata de captar la atención de los que le rodean.

El intento de captar la atención de otras personas es un patrón que abarca una variedad de comportamientos, emociones y pensamientos. Partiendo de la premisa de que es realmente un importante patrón en su vida (algo que debe ser verificado cuidadosamente), eso significa que Andrés se relaciona consigo mismo y con otros de una manera muy específica; en otras palabras, que tiene una comprensión perimetral *peculiar de sí mismo con respecto a otros. Muy probablemente es que sea la comprensión de que "es muy importante ser visible", o quizás incluso que "existo en la medida que soy visto y reconocido por otros."*

Esta es todavía una formulación vaga de la comprensión perimetral de Andrés, y se necesitan más detalles para aguzarla. En los próximos capítulos veremos cómo es posible hacerlo. Por ahora sólo es importante destacar que manifiesta un patrón conductual y emocional complejo, y que ese patrón expresa cierta actitud, y por lo tanto una comprensión— de sí mismo y de los demás. Esa comprensión forma su perímetro, o Caverna de Platón, y se manifiesta en una gama de conductas, sensaciones, fantasías y pensamientos característicos.

A veces se objeta que patrones emocionales o conductuales no son un tópico de filosofía sino de psicología. Pero esto es incorrecto. Detectar un patrón no es ni filosófico ni psicológico —es sencillamente un asunto de observar los hechos y notar las conexiones entre ellos. La diferencia entre filosofía y psicología reside en *qué hacemos* con el patrón observado: si lo usamos para articular ideas (comprensiones) y discutirlas como ideas sobre temas relacionados con la vida, o si utilizamos el patrón para descubrir el funcionamiento de la psicología de la persona. La diferencia es, en otras palabras, si tratamos las ideas del individuo como teorías acerca de la vida que deben ser discutidas filosóficamente, o como expresiones de procesos psicológicos. Por ejemplo, si buscamos el mecanismo emocional inconsciente que es responsable del patrón de Andrés, estamos obviamente haciendo psicología. Pero, alternativamente, podemos usar el patrón de Andrés para enunciar su modo de comprender la vida, y luego analizar si su comprensión es coherente y factible. En este segundo caso estamos tratando acerca de ideas sobre la vida, y por consiguiente haciendo filosofía.

Para hacer más clara la diferencia entre perspectivas filosóficas y psicológicas, considere el siguiente ejemplo:

Miriam es una estudiante universitaria. Parece dulce y amistosa, y sin embargo no tiene buenos amigos. Algunos estudiantes comparten impresiones similares sobre ella: cuando la conoces por primera vez es encantadora. Sus sonrisas cautivan y su voz íntima te hace sentir que está completamente contigo. Realmente, le gusta escucharte, ayudar y alentar. Entonces te parece que tiene un interés especial en ti y que van a ser buenos amigos. Pero rápidamente ocurren cosas extrañas: descubres que es imposible acercarse a ella. Continúa siendo amable y servicial, pero encuentra todo tipo de excusas para evitar encontrarse contigo a menudo y desarrollar alguna intimidad.

Laura, una compañera de estudios, se sintió ofendida por la conducta de Laura y le pregunta directamente por qué la ha estado evitando. Miriam se siente mal por haber herido a Laura y le pide perdón profusamente. En los próximos días trata de compensarla: se sienta junto a ella en clase, la acompaña a la cafetería en los recreos y es incluso más afable que de costumbre. Pero rápidamente comienza a aburrirse de Laura. Hacia el fin de semana la está evitando nuevamente.

Otra compañera, Armida, reacciona de forma más agresiva hacia Miriam. La enfrenta directamente, levanta la voz y la acusa de traición. En la cara de Miriam aparece una sonrisa cortez e indiferente. "Qué aburrimiento", se dice a sí misma. "No merece la pena", y la borra de su mente.

Cuando reflexionamos sobre este relato, podemos distinguir un patrón común que conecta los distintos episodios —Miriam es una conquistadora: ella conquista los corazones de la gente a su alrededor. Se preocupa por ellos, siempre que no estén demasiado cerca, porque no le interesan las relaciones profundas. Y cuando la conquista es imposible, como en el caso de Armida, pierde el interés. En breve, su patrón parece ser el de una coleccionista de corazones.

En la cultura popular actual uno podría sentirse inclinado a preguntarse sobre las experiencias de niñez de Miriam, o sobre sus motivaciones inconscientes. Un psicólogo podría conjeturar que tiene dificultades afectivas o para comprometerse, que tiene temor a la intimidad o que quizás tuvo una relación dificultosa con sus padres. Sin embargo, como ya lo hemos señalado, en la práctica filosófica no estamos interesados en diagnósticos psicológicos o en causas de conducta ocultas. Estamos interesados en explorar ideas o comprensiones. No conjeturamos acerca de las causas del comportamiento de Miriam, sino que nos fijamos en la conducta en sí, y tratamos de ver qué clase de afirmaciones hace, qué tipo de comprensiones expresa.

Un filósofo práctico, por los tanto, evitaría diagnosticar las motivaciones ocultas de Miriam y examinaría en lugar de ello cómo interpreta el significado de las relaciones —su "filosofía de las relaciones", por así decirlo. Comenzaría explorando con ella sus patrones en detalle, examinaría como se expresa en la vida cotidiana, y luego, como veremos más tarde, trataría de revelar la comprensión que refleja. Podría ser, por ejemplo, que en el comportamiento de Miriam subyace la "teoría" que dice: "Las relaciones son un juego de conquista que te deja libre". El filósofo reflexionaría entonces con Miriam sobre la *coherencia y sostenibilidad de la teoría, las suposiciones que hace, sus implicaciones y la forma que refleja la vida.*

Fuerzas

Además de los patrones, una forma complementaria de detectar una comprensión perimetral es a través de su resistencia al cambio. Esto ocurre porque nuestra caverna platónica es estable e inflexible. Nuestras comprensiones perimetrales —y por lo tanto los patrones que las expresan— tienen la tendencia a ser rígidas. Presuntamente son mantenidas por mecanismos "obstinados" de nuestra psicología, si bien la naturaleza de esos mecanismos ocultos no nos debe concernir aquí. Por ejemplo, para una persona locuaz es muy difícil parar de hablar; a una persona recelosa le es casi imposible confiar en otros. Podemos afirmar que esos patrones son mantenidos por una fuerza interna que se resiste al cambio. Un consejero filosófico que intenta exponer patrones debe estar atento a señales de esa fuerza.

Habitualmente no somos conscientes de esa fuerza que actúa en nuestras vidas, porque a menudo no la resistimos y le permitimos que nos conduzca. Pero la sentimos fuertemente cuando estamos cambiando. Entonces descubrimos la dificultad de cambiar porque el patrón "desea" continuar. Ofrece resistencia. Necesitamos hacer un esfuerzo especial y tener mucha determinación para superarlo. Por ejemplo, en el caso de más arriba, Miriam tendría la necesidad de hacer un esfuerzo consciente para resistir al patrón de conducta de un conquistador. Probablemente tendría éxito por un tiempo limitado y luego se retraería, al menos ocasionalmente, a sus viejas costumbres.

Esto es especialmente verdadero en el caso de patrones universales comunes a la mayoría de los seres humanos. Por ejemplo, la mayoría de nosotros tratamos, sin ninguna concienciación especial o esfuerzo consciente, de ser entendidos por los demás, de parecer consistentes y razonables, y de hacer una buena impresión a nuestros conocidos. Nos sentimos incómodos o ansiosos cuando nos alejamos de esos patrones. Otros tipos de patrones automáticos están basados en la cultura. Por ejemplo, comúnmente seguimos las reglas sociales de cortesía sin pensarlo y en forma automática. Pero ciertas fuerzas no son menos activas en patrones que son peculiares al individuo.

El resultado es que si bien sentimos como si estuviéramos libres, en realidad estamos constreñidos por nuestros patrones. Somos prisioneros de nuestro estrecho repertorio, pero no experimentamos la prisión porque estamos contentos de permanecer allí —donde nos sentimos cómodos y naturales, en donde se halla nuestra zona de bienestar. Así, cuando una persona locuaz habla o un individuo argumentativo discute, no percibirán los muros de la prisión siempre y cuando no traten de escapar de ella. Como un río que fluye entre dos riberas, ellos discurren en un canal estrecho fácil, pero restringido. Sólo cuando el río trata de desbordarse —cuando el prisionero intenta abandonar la prisión— es cuando se da cuenta que está confinado. Sólo cuando tratamos de romper con nuestros patrones es cuando descubrimos cuán difícil, y a veces imposible, resulta.

Muchos tipos de sentimientos —ansiedad, aburrimiento, torpeza, por nombrar algunos pocos— nos presionan para mantener nuestros patrones habituales. Cuando actuamos de forma no razonable, por ejemplo, nos ponemos ansiosos por corregirnos o justificarnos. Una persona tímida se pone nerviosa cuando se decide a hablar en público. Un hombre centrado en sí mismo se siente aburrido en una conversación sobre otros. Una mujer insegura se avergüenza cuando le piden mostrar sus obras de arte. Un fumador siente una tentación irresistible cuando trata de dejar de fumar. Un hombre suspicaz se siente falso y torpe cuando trata de expresar confianza. Un conversador compulsivo siente un afán irresistible de hablar cuando se le pide que preste atención en silencio.

Esos sentimientos e impulsos nos presionan a regresar a regresar a nuestros viejos y familiares patrones, y aun cuando los superamos por una vez, es probable que continuaremos sintiéndolos mientras tratamos de resistirlos. En ese sentido nuestros patrones son muros de prisión reales. Actúan como *fuerzas* que nos presionan para permanecer dentro de ellas. Por lo tanto, para el filósofo práctico una conducta de resistencia es una señal que algún patrón perimetral —y por ello alguna comprensión perimetral— está funcionando.

Poco después de su boda, Nancy descubre que nunca le dice "no" a su marido Marcial. Si, por ejemplo, Marcial sugiere: "¿Qué tal si esta noche salimos a cenar con algunos amigos, Nancy?", a ella le resulta virtualmente imposible negarse.

Antonio, el buen amigo de la pareja, que es también filósofo práctico, y que había notado anteriormente el patrón de conducta de ésta, le comenta:

—*¿Es difícil decir a veces no, verdad, Nancy?*

—*¿A qué te refieres, Antonio? Yo simplemente decidí venir.*

Antonio se encoje de hombros.

—*Seguro. Como ayer cuando Marcial sugirió ir a la piscina; y la semana anterior cuando propuso ir a ver una película. Vi hesitación en tu rostro, una sonrisa reticente —y luego, para mi sorpresa, te escuché decir: 'Muy bien, estoy yendo'.*

Dice esto de buen talante, en una actitud carente de crítica, y ella se olvida rápidamente de todo. Pero al día siguiente hace una observación similar y eso la deja con una sensación acuciante que puede ser que tenga razón. Después de reflexionar un poco, llega a la conclusión de que esa la misma actitud que tiene con sus padres y con sus dos mejores amigas.

Es extraño, reflexiona, su esposo es tan amable y agradable, y sus padres nunca tratan de imponer su voluntad sobre ella, ¿por qué ella tiene tanto miedo de decir "no"? Aparte, hay muchas personas que no teme contradecir — vecinos, sus colegas en el trabajo, incluso su jefe.

Observando a Nancy, Antonio llega a la conclusión que su patrón de conducta está basado sobre cierta concepción de los que son las relaciones. Se comporta como si algo en su interior estuviese diciendo: "Amor significa consentimiento total"; como si el amor fuese un cristal quebradizo que cualquier leve discordia podría hacer añicos. Esta teoría personal la alerta que un desacuerdo puede significar la ruptura de la relación. De hecho, esto puede ser parte de una comprensión más amplia: "Amar significa fusionarse. Si amas a alguien, ambos se convierten en una persona: una opinión, una conducta, uno todo." Una comprensión de este tipo podría probablemente a conducirla a participar en los proyectos de Marcial siempre que fuese posible, y a sentirse inquieta cuando está afuera solo con sus amigos.

Nancy decide romper con ese patrón. Algunos días después, cuando Marcial propone ir a caminar al parque, le mira a los ojos y vacila. Quiere decir que no, pero su cariñoso rostro hace diluir su decisión. Siente que no lo puede defraudar, que no tiene el valor de hacerlo.

—*Debo esforzarme más —decide cuando están volviendo juntos del parque.*

La noche siguiente, cuando su esposo la invita a ver juntos un partido de fútbol por televisión, consigue resistir a su tendencia natural a aceptar. En lugar de ello se obliga a contestar: "No, no esta noche, Kenny. ¿Por qué no lo miras tú solo?"

Inmediatamente se siente agobiada por la ansiedad. Contiene la respiración y se encuentra examinando su rostro para comprobar si está enfadado u ofendido. El resto de la noche es exageradamente amable con él, como si tratase de compensarle. Más tarde por la noche, cuando espera que termine de ver el partido y se una a ella en la cama, se siente nerviosa. "Este nerviosismo es estúpido," se dice a sí misma. "¿Por qué no voy a permitirme dejarlo solo por una noche?" Pero su razonamiento no la tranquiliza, y sus emociones hablan en el idioma de su antigua actitud. No puede vencer su ansiedad.

Durante meses lucha contra sus patrones emocionales y de conducta. Pero a pesar de que mejora en sus esfuerzos de decirle "no" a su esposo de tanto en tanto, la dificultad no desaparece. Sigue sintiendo que debe unírsele y sólo por medio de decisiones conscientes y esfuerzo puede resistirlo. Por cierto, en lo más profundo de su corazón, su comprensión del amor permanece invariable.

Ejercicio

El objetivo de este ejercicio es experimentar las fuerzas de sus patrones al tratar de resistirlas. Para experimentarlas más vívidamente es mejor elegir un patrón profundamente arraigado en la mayoría de las personas. Si usted es como la mayoría, a quienes no les gusta pasar por tontos, haga lo siguiente:

Vaya a una tienda o a una oficina a comprar algo que no hay duda que no se vende allí. Por ejemplo, vaya a una oficina de correos a comprar un emparedado de atún, o a un restaurante y pida comprar un martillo. Aunque no tenga el valor de ir tan lejos, trate de llegar lo más lejos posible. Tenga o no éxito, tome nota de su resistencia interna: la tensión y ansiedad, la actitud servil, la lucha interna, el esfuerzo.

Usted puede sentirse tentado a objetar: "no es que no pueda hacerlo, simplemente elegí no fastidiar a los pobres tipos en el mostrador," o "no creo que sea justo hacerles perder el tiempo." Esas son excusas probablemente. Es más probable que no tiene el valor de hacerlo, que es otra forma de decir que el patrón es demasiado poderoso. Es posiblemente el patrón las expectativas sociales a seguir, y podría expresar esta comprensión: "Hay que conducirse como se espera de uno", o "Uno debe parecer razonable."

Usted puede llevar a cabo un ejercicio con un patrón personal particularmente suyo. Nuevamente, tenga o no éxito, compruebe la resistencia interna, el esfuerzo y la lucha.

Capítulo 5

Explorando el paisaje perimetral

Como hemos notado, filósofos transformacionales de todas las épocas nos enseñan que la filosofía nos puede ayudar a reconocer lo limitada y superficial que es nuestra vida, y asistirnos a ir más allá de ella hacia horizontes más amplios. Esto sugiere que el proceso filosófico está compuesto por dos etapas: primero, una autocomprobación filosófica que revelará nuestro perímetro; segundo, la salida de ese perímetro.

Dado que la primera etapa emplea observación y análisis, se basa primeramente en herramientas de pensamiento filosófico tradicionales: analizar, definir, comparar, revelar suposiciones ocultas, deducir, etc. Por el contrario, la segunda etapa es más creativa y experimental. Incluye encontrar nuevos modos de comprensión, explorar senderos desconocidos, experimentar y andar a tientas en la oscuridad. Como se verá, esto requiere métodos y prácticas muy diferentes.

Ambas etapas no tienen que estar completamente separadas la una de la otra. Pueden estar superpuestas en cierta medida y tener lugar en conjunto. Para ganar en claridad, sin embargo, en este capítulo pondremos el foco sólo en la primera etapa de la travesía filosófica.

Trabajo con patrones en consejería individual

Siempre comenzamos el proceso filosófico con una autoexploración. Si queremos salir de nuestra prisión perimetral, debemos primero investigar cómo es nuestra prisión. Desconociendo nuestras limitaciones es difícil superarlas.

Una investigación de este tipo es posible con un número pequeño de participantes, especialmente en encuentros individuales. En otras palabras, en consejería filosófica, y en cierta medida en grupos de autorreflexión filosóficos, que son pequeños, íntimos, permanentes.

En grupos más pequeños es difícil explorar el perímetro personal de cada participante.

En consejería filosófica comenzamos explorando lo más obvio del perímetro del consultante; o sea, patrones —emocionales, conductuales y de pensamiento. Típicamente, las primeras dos o tres sesiones están dedicadas casi exclusivamente a exponer y articular esos patrones, y ese proceso continúa, si bien en forma menos enfocada, también en sesiones posteriores.

Pero aquí surge una nueva tentación. El consultante suele recurrir al consejero filosófico por un problema específico: una dificultad en el trabajo, por ejemplo, o una insatisfacción matrimonial. Después de todo la persona busca ayuda cuando experimenta algún tipo de angustia. En una situación así el consejero filosófico se siente tentado a buscar soluciones para resolver el problema del consultante. Desde la perspectiva del presente enfoque, esto es un error. Los consejeros filosóficos no son terapistas matrimoniales ni consejeros de carreras. Su labor no consiste en hacer más confortable la prisión perimetral, sino en ayudar a desarrollar la sabiduría necesaria para ir un paso más allá de ella. Esto debe ser explicado al consultante para evitar falsas expectativas. Si el problema requiere una solución de urgencia, como en el caso de una ansiedad aguda, esto no es un caso filosófico de explorar el perímetro, y el consultante debe ser referido a otra parte.

Esto no quiere decir que el consejero filosófico debe evitar discutir los apuros personales del consultante. Al contrario, la angustia es un buen lugar para empezar, porque está viva en la mente del consultante y porque está a menudo relacionada con una profunda tensión en el mundo del consultante. Puede servir como puerta para ir a más hondo, siempre y cuando es tratada como una puerta y no como un problema que debe ser resuelto.

Jorge es un programador informático. En la primera sesión de consejería se queja ante su consejera filosófica, Linda, que las cosas no están yendo bien en el trabajo. Linda le explica que la consejería que ella ofrece no está destinada a resolver ese tipo de problemas sino para tratar la actitud entera de Jorge hacia la vida.

Jorge está de acuerdo y se da comienzo a la sesión.

—El trabajo ya no es más divertido —comenta—. El nuevo jefe controla muy de cerca lo que hace cada uno. Es exigente y no me siento libre y natural

como antes. Ya no fluyo con el trabajo. Y la peor parte es que todo el mundo en la oficina está feliz con el nuevo jefe. Ahora se toman el trabajo "seriamente". Es una verdadera carga.

—¿Cómo te hace sentir eso?

—Me siento aburrido. Antes de que llegase la oficina era un lugar apasionante. Convertíamos cada tarea en un juego, o una competencia: ¿quién resolvería primero este problema de computación? (Esta fue, por cierto, una idea mía, pero todos la apreciaban). Pero ahora, cada uno es taaaan serio. Ya no bromean ni se ríen. Y quieren al nuevo jefe porque es "profesional". Da asco.

En este punto Linda resiste la tentación de buscar soluciones satisfactorias. Su función como consejera filosófica no es producir satisfacción sino hacer avanzar a Jorge en el sendero de la autocomprensión, la sabiduría y el crecimiento.

Siendo una consejera sensible, Linda se da cuenta que Jorge utiliza un vocabulario específico: "divertido", "apasionante", "natural", "fluir" —frente a "aburrido", "serio", "pesado." Esto le sugiere el comienzo de un tema o patrón: Jorge busca diversión. Para Linda esta observación es un punto de partida posible para explorar el perímetro de Jorge.

—Jorge —le dice—, me estás diciendo que tu principal dificultad con el nuevo jefe es que el trabajo no es más divertido. Suena como si el placer fuese muy importante para ti.

—Bueno, de algún modo —Jorge se encoge de hombros—. Me gusta la diversión, pero no es lo único que me interesa en la vida. Soy también un buen trabajador. Me agrada ser productivo, me gusta inventar cosas nuevas, me gusta la gente.

—Veamos algunas de las cosas que te gustan. Tomemos el ser productivo, por ejemplo. ¿Qué es lo que te gusta de eso? Quizás puedas darme un ejemplo.

—Por supuesto. Hace algunas semanas nos dieron un proyecto: debíamos mejorar el programa de archivo. El viejo era demasiado ineficiente y recibíamos millones de quejas sobre él. Tres de nosotros, Luciana, Francisco y yo, trabajamos en él casi un mes. Déjame decirte que le experiencia de resolver un problema tras otro y de mejorar el programa paso a paso fue exultante. Era como un juego de video: buscas el villano, lo encuentras, lo abates y luego pasas al nivel más alto.

—Me estás diciendo —señala Linda—, que esa experiencia fue agradable porque era como un juego.

—*Ya veo a qué te refieres: Bueno..., sí, había un elemento de suspenso, celeridad, mucha adrenalina. Pero no era exactamente jugar. El proyecto era sumamente desafiante. Trabajé muy duro durante muchas semanas.*

—*Jorge, pareces estar diciendo que el proyecto no era sólo un juego porque era también desafiante. Pero ¿juegos y desafíos se contradicen realmente? Después de todo, la mayoría de los juegos son desafiantes. Un juego no es divertido si es demasiado fácil. ¿Preferirías que tus tareas en el trabajo fuesen fáciles?*

Jorge sacude la cabeza.

—*No gozaría para nada del trabajo. Sería sumamente tedioso. Y también la emoción del éxito —sabes, cuando todo está finalmente en su lugar y te da ganas de saltar, como diciendo: ¡lo hemos conseguido!*

—*O sea, que convertiste el proyecto en un juego. Podría haber sido aburrido, pero una vez que lo convertiste en un juego, se volvió placentero.*

—*Sí, tienes razón. Es la forma que tengo de hacer que este proyecto fuese excitante.*

—*Encuentro interesante, Jorge, que excitación y diversión son tan importantes para ti.*

—*No es eso natural? ¿No a todos les gusta la diversión?*

—*En cierta medida, sí, pero me pregunto si es tan importante para otros como lo es para ti. A todos les gustan los dulces, pero a la mayoría no les gusta estar comiéndolos todo el tiempo.*

—*¡Yo soy goloso de la diversión! —bromea Jorge.*

Ahora que el placer ha sido identificado como un elemento importante en la vida de Jorge, Linda desea profundizar en qué significa exactamente. Después de todo el placer puede significar cosas diferentes en distintos contextos y para distintas personas. Para ello quiere que Jorge compare su propia idea del placer con la de otras personas, porque esto podría aclarar lo que hay de especial en su actitud. Una comparación podría también alentarlo a dejar de dar por sentada su propia actitud y comprender que existen alternativas significativas a ella.

—*Observemos esto de este modo —le dice—. ¿Tus colegas también trataron el proyecto como si fuera un juego?*

Jorge reflexiona.

—*Probablemente no. Francisco no es ese tipo de persona. Para él la programación informática es como una obra de arte. Cuando está golpeando el teclado se ve a sí mismo como un artista, un creador, no un jugador.*

—*¿Y Luciana?*

—*No creo que Luciana se preocupe por el trabajo en sí. Sólo quiere ser una buena chica y recibir buenas notas de su "jefe-papi".*

—*Parece, Jorge, que tu actitud es diferente a la de ellos. No todos están en búsqueda de diversión. Francisco persigue satisfacción artística, Luciana busca aceptación.*

—*Sí, tienes razón. Emoción y diversión —ése es mi estilo personal en el trabajo.*

—*Y posiblemente no sólo en el trabajo —sugiere la consejera—. Posiblemente también fuera del trabajo conviertes las cosas en juego para hacerlas divertidas e interesantes. Exploremos esto un poco más. Examinemos, por ejemplo, las relaciones con tus amigos.*

Después de una breve conversación comienzan a comprobar que, también con amigos, a Jorge le gusta divertirse. Le gusta gastar bromas, jugar y ver deportes junto con ellos. Se aburre fácilmente en discusiones serias, así como cuando solo se relajan.

Comienza a emerger un patrón, y ellos continúan a ahondar en él. Reflexionan si verdaderamente puede ser caracterizado como un buscador de diversión (a veces nuestra impresión inicial puede ser errónea), si acaso el patrón marca otros aspectos de la vida de Jorge, cómo es que se manifiesta en distintas situaciones, y el tipo de sentimientos y pensamientos que abarca. Cuando el patrón de Jorge queda expuesto, es tiempo de continuar y meditar sobre cómo este patrón determina el mundo cotidiano de Jorge.

Trabajando con fuerzas perimetrales

Mientras busca patrones, el filósofo práctico indaga si hay signos de conducta "terca" que despierta en forma automática o que el consultante encuentra difícil de resistir. Esta terquedad es seguramente la fuerza perimetral que mantiene un patrón conductual o emocional. Toda vez que se descubre un comportamiento obstinado es muy probable que está involucrado un patrón.

Sin embargo, es difícil detectar fuerzas, porque raras veces ponemos a prueba nuestra habilidad de resistirlas. En el ejemplo anterior Jorge normalmente concuerda con su jovialidad y nunca siente que su comportamiento es un patrón exterior que debe ser evitado. Desde su perspectiva su jovialidad fluye desde él natural y espontáneamente —la siente como parte de sí mismo y nunca piensa en oponérsele. Igualmente, Nancy del capítulo anterior normalmente concuerda con su tendencia a decir sí. Incluso cuando se da cuenta de esa tendencia siente que es su propia conducta natural, no algo impuesto por una fuerza ajena.

Por esa razón cuando un consejero sugiere por primera vez a los consultantes que su conducta obedece a un patrón fijo, algunos lo niegan o tratan de soslayarlo. Realmente, a menudo es impactante reconocer que tu conducta habitual es el resultado de la fuerza automática de un patrón, no la consecuencia de tu libre albedrío.

De esto se deduce que cuando un consultante rechaza la sugestión del consejero de la presencia de un patrón, esto podría significar que aquél tiene dificultades en reconocer el patrón. Pero no siempre. El rechazo del consultante podría estar basado en buenas razones.

Desde patrones perimetrales a comprensiones perimetrales

Como se mencionó anteriormente las primeras dos o tres sesiones están dedicadas típicamente a exponer los patrones conductuales y emocionales del consultante. Pero para los filósofos prácticos los patrones no son interesantes por sí mismos. Son explorados sólo porque son indicios de lo más importante: el modo que tiene el consultante de comprender su mundo, o, en potras palabras, sus comprensiones perimetrales. Las comprensiones perimetrales son lo que comprende el perímetro (o la caverna de Platón), en otras palabras, lo que limita y empobrece su vida. Esta es la prisión que anhelamos trascender en el proceso de la práctica filosófica.

Aquí debemos recordar que las comprensiones perimetrales (o, para abreviar, comprensiones) no son lo mismo que opiniones. Al contrario de las opiniones, pensadas conscientemente y declaradas por medio con palabras, las comprensiones perimetrales están insertadas dentro de nuestras conductas y emociones características, a menudo sin tener consciencia de ellas. De hecho, ambas pueden contradecirse. Por ejemplo, la conducta buscadora de diversión de Jorge expresa la comprensión de que la diversión es valiosa, pero al mismo tiempo puede estar declarando con palabras —sinceramente— que la diversión no es importante. Para dar otro ejemplo, cuando me siento avergonzado por romper a llorar, mi sentimiento de vergüenza puede estar expresando mi comprensión de que "mostrar debilidad es deshonroso" aun cuando las opiniones que declaro verbalmente podrían ser muy diferentes. Puedo pensar y decir que el llanto es perfectamente legítimo, y al mismo tiempo sentir vergüenza por querer llorar. en un tercer ejemplo, si trato constantemente de controlar a mi esposa, esa conducta podría ser una expresión de mi concepción que "amar significa posesión" —incluso cuando puedo estar pensando y declarando que el verdadero amor no es posesivo.

Estos simples ejemplos nos recuerdan que, para exponer las comprensiones perimetrales del consultante, no es buena idea preguntarles acerca de sus opiniones. Por ejemplo, en el caso de Jorge, si queremos entender sobre lo que comprende por diversión, no será de mucha ayuda preguntarle sobre lo qué piensa acerca de esta. Esta pregunta traerá opiniones abstractas. Estas no nos interesan en esta situación sino su actitud real respecto a la diversión, o, en otras palabras, la comprensión expresada en su conducta y emociones. Para poder exponer esa comprensión, necesitamos examinar sus patrones conductuales y emocionales. El rol del filósofo práctico es guiar al consultante n ese proceso y observar de qué forma sus comprensiones funcionan como un perímetro, en otras palabras, cómo limitan la vida dentro de confines automáticos, rígidos y superficiales. Una exploración exitosa de las comprensiones perimetrales puede ayudar más tarde al consultante a embarcarse en la segunda etapa importante del proceso filosófico, la de explorar caminos para abandonarlas.

En la consejería filosófica esta transición empieza a manifestarse aproximadamente en la tercer o cuarta sesión, después de que en las primeras sesiones comenzaron a emerger los patrones conductuales y emocionales centrales. Cuando el consultante comienza a comprender que un patrón poderoso discurre a través de su vida cotidiana, el consejero puede sugerir que este patrón podría estar expresando cierta actitud, o comprensión, que valdría la pena investigar. Durante algunas sesiones la exploración de patrones y comprensiones se pueden realizar paralelamente. En sesiones posteriores el tema de las comprensiones se vuelve más dominante, si bien el de los patrones nunca desaparece completamente.

Solamente más tarde, a veces alrededor de la sexta o séptima sesión, se vuelve central la cuestión de cómo ir más allá de la prisión de la comprensión perimetral. Esto marca la transición a la próxima etapa importante en la consulta —de la comprensión de la prisión en la que uno se encuentra, a la salida de ella. Esto será tratado más tarde.

Miguel es un joven misterioso. Es mecánico de autos y se le considera un trabajador amable y dedicado. La gente lo aprecia, pero incluso sus amigos encuentran difícil saber qué piensa y qué siente. Cuando le preguntas: "¿Qué piensas sobre esa película?", sonríe y contesta vagamente: "No me quedé dormido viéndola." cuando le preguntas cómo se siente, contesta: "Todo tipo de cosas." Y si insistes es capaz de contestar con impaciencia: "¿Por qué? ¿Quieres ponerles una etiqueta a mis sensaciones?"

Nunca ha tenido una novia fija. Hace poco fue con Silvia a ver una película, pero sus mensajes contradictorios la confundieron y no pudo deducir qué es lo que quería. Más tarde, en un raro momento de franqueza, le confesó a un amigo "que no podía decidirse si le gustaba o no" —y de inmediato se arrepintió de su sinceridad. Habitualmente evita tomar partido durante una discusión amistosa, o tomar decisiones, pero cuando lo hace se siente ansioso. Después de tomar una decisión se siente a menudo vulnerable e irritado, pero cuando sus amigos le señalan que se lo ve disgustado, se irrita.

Podemos distinguir un tema que se repite en las actitudes de Miguel, en otras palabras, un patrón: evita identificarse con cualquier sentimiento u opinión específicos. Trata de permanecer vago y ambiguo.

Este patrón está mantenido por una fuerza considerable. Le obedece automáticamente, sin pensar en él. Cuando es presionado a exponerse, un arrebato de ansiedad o irritación le impide hacerlo. Incluso cuando es consciente de su irritación le es difícil resistírsele. Necesita un esfuerzo especial para superar su ansiedad y revelar sus pensamientos o sentimientos.

Miguel va a ver a Linda, la consejera filosófica, y se queja de una sensación de soledad. En la primera sesión conversan sobre su conducta hacia amigos y conocidos. Linda sigue pidiéndole descripciones detalladas de incidentes concretos. No está muy interesada en las generalizaciones de Miguel ("Habitualmente hago..." o "a menudo prefiero..."), porque estas son fácilmente distorsionadas por interpretaciones e ideas preconcebidas. La gente no se distingue por su capacidad de observarse y comprender sus propias actitudes. Por lo tanto, en la medida de lo posible, quiere escuchar qué pasó exactamente en momentos determinados, sin la interpretación de Miguel de esos eventos.

Al finalizar la primera sesión Linda le explica a Miguel el motivo de sus preguntas. Sugiere que las conductas y sentimientos típicos de éste podrían expresar el modo en que él se entiende en relación a otros. Le dice que vale la pena examinar esta comprensión más en profundidad. Si bien la orientación no tiene la intención de resolver el problema y hacerlo sentir mejor, un autoexamen profundo podría ayudarle a comprender su prisión y finalmente permitirle tratar de liberarse de ella.

En las próximas dos sesiones se vuelve gradualmente más claro que un patrón prominente caracteriza muchas de las conductas y sentimientos de Miguel: siempre trata de mantenerse vago e indefinido. Una vez que los rasgos generales de este patrón se vuelven claros, la próxima tarea del consejero es dar un paso en una nueva dirección: a la comprensión que subyace a este patrón.

Al comienzo de la cuarta sesión, Miguel comenta que se está impresionado al ver cuánto esfuerzo invierte en tratar de esconderse. —Pero no es un esfuerzo del que soy consciente —reflexiona—. No es que planifico mi conducta intencionalmente. Simplemente fluye fuera de mí, naturalmente. Es exactamente como mi perro: realiza todo tipo de trucos para conseguir lo que quiere, pero no los planea de antemano. Son parte de lo que es.

Entonces describe algunos de los trucos de su perro.

Un buen consejero sabe que los patrones no sólo se revelan fuera del cuarto de sesiones de consejería; Típicamente, también se manifiestan durante las sesiones mismas.

Linda observa:

—Mira lo que estás haciendo ahora, estás cambiando el tema, de tí a tu perro. ¿Es otro ejemplo de esconderse?

Miguel se encoje de hombros.

—Algo me debe haberlo hecho recordar.

—No es la primera vez que cambias de tema —Linda insiste con delicadeza—. Hace un rato te pregunté sobre tus amigos, y después de un par de oraciones comenzaste a describir la trama de una película que viste con ellos.

—Lo cual me recuerda —deja escapar abruptamente Miguel—, la broma sobre el gigante y sus tres amigos…

Se detiene, y sonríe tímidamente.

—¿Lo ves? —Linda sonríe también—. Está ocurriendo de nuevo.

—Bueno… Probablemente tengas razón. Cambié de tema dos veces en un minuto. ¿Qué quiere decir eso? Supongo que es un truco que utilizo para evitar hablar de cosas personales. Que obviamente es parte de lo que tú llamas mi "patrón de mantenerme ambiguo." Bueno, hemos hablado sobre esto durante tres sesiones. Entiendo que este patrón está prácticamente en todo lo que hago. ¿Pero, qué significa eso?

—Excelente pregunta —Miguel—. ¿Qué te parece?

—*Quizás es porque mis padres estaban continuamente analizando mi conducta. Me imagino que, como niño, eso me ponía nervioso, así que desarrollé esos trucos para esconder mi yo auténtico.*

—*Quizás tengas razón* —*responde Linda*—, *pero eso es un asunto para un psicoanalista, no para nosotros. Para nosotros lo que es importante no son las causas infantiles de tu patrón, sino el hecho de que este existe. Nuestra pregunta es: ¿qué está diciendo el patrón ahora?*

—*Eso es justamente lo que le dije a una señora que vino esta mañana al garaje: no importa qué rompió su parabrisas, señora, si fue un pájaro o una piedra. El hecho es que ahora está roto y hay que arreglarlo.*

—*Exactamente, Miguel, esa es una bonita metáfora, pero no nos dejemos distraer nuevamente. ¿Qué es lo que estás diciendo realmente cuando no dejas a nadie que vea lo que lo que sientes o piensas? ¿Qué está declarando tu conducta cuando cambias el tema para no tener que explicarte?*

—*Me imagino* —*dice Miguel después de pensar un poco*—, *que mi conducta está diciendo: no traten de definirme porque no voy a encajar en sus definiciones.*

—*Interesante. Estás anticipando cualquier posible intento de definirte incluso antes de que traten de hacerlo.*

Miguel se ríe entre dientes.

—*¡Exactamente! Mi conducta dice: no voy a darte ninguna información sobre mí porque podrías usarla para capturarme con tus palabras.*

—*Mmm… ¿Capturarte? Suena como que tienes una teoría sobre lo que los otros quieren de ti.*

—*¿Realmente? No sé si me gustan las teorías.*

—*No me refiero a una teoría en palabras* —*explica Linda*—. *Me refiero a una teoría que expresas con tu actitud. Tu actitud hacia otros parecería que está diciendo algo así: otros tratan de capturarme con sus palabras, de modo que me voy a mantener indefinido.*

—*Sí. Es mejor permanecer desconocido."*

Miguel reflexiona por un momento y Linda agrega:

—*O sea que por medio de tu conducta estás expresando que las relaciones son una especie de batalla.*

—*Las relaciones son una especie de batalla* —*repite Miguel, y asiente*—. *Una batalla de definir, capturar, esconder. Y yo estoy luchando para mantenerme libre. Soy un combatiente por la libertad.*

—*¿Por qué es eso, Miguel? ¿Qué crees que ocurrirá si otros llegaran a definirte?*

—*Me están poniendo en una caja, y la próxima cosa si no te das cuenta, es que van a estar esperando que hagas cosas. E incluso van a hacer que haga las cosas que quieren que haga.*

—*Esa es una visión bastante desalentadora de lo que la gente podría querer hacerte*— sugiere Linda.

—*No estoy diciendo que todos vienen por mí. La mayoría de la gente está bien. Me gusta estar con la gente. Pero no me gusta cuando piensan que saben mejor que los demás qué es lo correcto. Por eso soy cuidadoso.*

—*Esto me recuerda algo que me dijiste una vez, que sospechabas que tus amigos estaban conspirando para encontrarte una novia. También recuerdo que cuando juegas al ajedrez prefieres una táctica defensiva. Si otros pueden manipularte y hacerte daño, incluso de buena fe, ¿qué dice eso sobre cómo te ves a ti mismo?*

Miguel reflexiona.

—*Vulnerable, supongo. Débil.*

—¿*Y qué dice eso sobre cómo ves a los otros?*

Echa una risita.

—*Sé que eso es absurdo. No soy tan débil y ellos no son tan fuertes y manipulativos. Aun así, me comporto como si lo fuesen. Pero, espera un minuto, ¿nadie quiere ser lastimado por otros, verdad?*

—*En cierta medida, sí, por supuesto. ¿Pero todo el mundo trabaja tan duro para protegerse de la forma como lo haces tú?*

—*Supongo que no* —responde Miguel pensativamente—. *Sabes, no sé de dónde proviene esta conducta. No me había dado cuenta de que era así.*

—*Algo dentro de tí posee cierta "teoría" sobre ti y los otros. Esa teoría parece estar diciendo que tu yo interior es suave y vulnerable y que el mundo exterior es áspero y dominante, incluso peligroso. Esa es una teoría interesante.*

—*Caramba, nunca había pensado que poseía teorías. Pero sí, ahora me doy cuenta de que tengo una. Es decir que es mucho más seguro esconderme dentro de mí mismo que salir hacia fuera.*

—*Lo cual significa que tu teoría hace una clara distinción entre el interior y el exterior, lo privado y lo público, lo oculto y lo visible. Me pregunto qué se supone que significa ese "interior", qué lo hace tan vulnerable, y cómo otros lo podrían amenazar. Esas son ideas intrigantes. Vale la pena explorar tu teoría más detalladamente.*

Desde un punto de vista intelectual la teoría de Miguel no tiene nada de malo —es posible encontrar argumentos a favor y en contra. Pero cuando controla la vida de Miguel se convierte en una prisión. Miguel es prisionero de una comprensión específica del ser y su relación con otros, una comprensión que se traduce en un patrón rígido de conducta evasiva que se mantiene por fuerzas poderosas, en forma de timidez, irritación y ansiedad. Para él, esta conducta puede parecer natural, espontánea, y probablemente incluso libre. Es la única actitud que conoce, la antigua y buena Caverna de Platón, donde ha estado viviendo durante años, y que probablemente da por sentada. Pero una vez que comience a reflexionar sobre sí mismo filosóficamente, se daría cuenta que es, de hecho, prisionero de un perímetro.

Uno podría tentarse a formular una hipótesis sobre por qué Miguel se conduce de esa forma. ¿Es por sus experiencias de niñez con sus padres? ¿Se esconde debido a su baja autoestima? ¿O tiene inconscientemente temor por la intimidad? Estas preguntas están fuera de lugar aquí. Son psicológicas puesto que se tratan de procesos y mecanismos psicológicos. Como tales son de interés para el psicólogo, no el filósofo. Lo importante para la travesía filosófica es el modo en que Miguel interpreta a sí mismo y a otros, su teoría del mundo, no los procesos psicológicos en su mente.

Para ver esto más claramente podemos comparar la investigación perimetral a un comentario sobre una partida de ajedrez. Un comentarista de ajedrez analiza la lógica del juego: la posición de las piezas sobre el tablero, la secuencia de los movimientos, las estrategias y maniobras, las amenazas que una pieza plantea y las posibles defensas contra esta. Generalmente el comentarista no se interesa por la psicología de los jugadores de ajedrez, por sus traumas de infancia o las relaciones con sus padres. Esto no niega los factores psicológicos; sólo afirma que estos no son relevantes para comprender los movimientos sobre el tablero de ajedrez.

Por analogía, en filosofía nos interesa la lógica del perímetro de Miguel, el significado de sus movimientos, o, en otras palabras, la red de comprensiones que componen su mundo. El objeto de estudio de la filosofía son las ideas —teorías, concepciones, conceptos, suposiciones-; por el contrario, la psicología estudia mecanismos y procesos en la psique y el entorno de la persona. El filósofo práctico debería, por lo tanto, enfocarse en la "teoría" de Miguel como tal, o, por analogía, como si fuese una partida de ajedrez.

No es fácil hacer eso hoy en día. La cultura contemporánea está saturada de pensamiento psicológico: en la literatura, el cine, en los programas de debate televisivos, incluso en los diálogos de calle. Hablamos casi sin pensar sobre "mecanismos de defensa", "racionalización", "represión", "deseos inconscientes"; en otras palabras, sobre la exploración de nuestros "engranajes" mentales. Estamos tan acostumbrados a este lenguaje psicológico que a menudo se hace difícil pensar sobre las personas de un modo distinto.

Ejercicio

Quizás te has estado preguntando acerca de tus comprensiones perimetrales. Explorar un perímetro requiere mucha capacitación y experiencia, exactamente como para analizar una partida de ajedrez o una obra de arte. No existen trucos sencillos dado que cada perímetro es un mundo único, que se expresa de una manera distintiva y compleja. Sin embargo, el ejercicio siguiente puede servirte para distinguir algunos aspectos de tu propio perímetro.

Para simplificar, nos enfocamos en este ejercicio en un tipo específico de experiencias familiares, concretamente tus experiencias de incomodidad en tu interacción con otras personas. Esto podría incluir un encuentro inquietante con tu jefe, una sensación de irritación con un amigo polemista, o un momento embarazoso con un extraño en un ascensor.

Durante la próxima semana obsérvate en esas situaciones. Pon especial atención en experiencias que tienden a repetirse, tales como pensamientos y reacciones comunes, emociones, sensaciones corporales, o modos de hablar.

Cuando te observes a tí mismo, es importante que prestes atención a momentos específicos ("Esta mañana me estremecí cuando Sara inspeccionó mi camisa nueva") y evite generalizaciones. ("Durante la semana me sentí incómodo con Sara"). No pienses en lo que *habitualmente* hiciste o pensaste esta semana, sino más bien en lo que hiciste o pensaste en momentos específicos. Momentos específicos suelen revelar detalles ricos y complejos que no se pueden capturar en afirmaciones generales.

Al finalizar la semana dibuja sobre una hoja un círculo que represente tu perímetro. En el interior anota las sensaciones y conductas que has observado de tí mismo. En el exterior anota las sensaciones y conductas que has observado que evitabas.

A continuación, fíjate en lo que anotaste y trata de identificar por lo menos un patrón común a algunos de los puntos anotados, o sea, un tema común que aparece más de una vez. Por ejemplo, imagina que durante el ejercicio has hecho las tres observaciones siguientes: 1) Cuando el jefe me regañó deje de atender. 2) Alguien me empujó en la cola del cine y la ignoré. 3) Mi amigo me hizo preguntas fastidiosas, por lo que murmuré alguna excusa y me fui. Esos tres puntos comparten un tema o patrón común, a saber: "Siempre que alguien me irrita, me desconecto y me aparto (física o mentalmente)."

Ahora que has encontrado algunos patrones iniciales en tu conducta cotidiana, pregúntate que dicen sobre tu comprensión (o teoría) de tí mismo y de otros. En otras palabras, ¿qué dicen esos patrones del modo en el que comprendes a las personas que te rodean?

Obviamente este es un ejercicio muy preliminar y los resultados seguramente serán tentativos y muy simplificados. En realidad, los patrones y las comprensiones son mucho más complejos y requieren mucho más observación y análisis. No obstante, el ejercicio te dará una idea de lo que es la exploración de un perímetro.

Exploración de comprensiones perimetrales en grupos filosóficos

Hasta ahora hemos tratado cómo explorar comprensiones perimetrales en el formato de la consejería filosófica individual. Una exploración similar puede ser realizada también en un formato grupal.

Como se ha mencionado anteriormente el grupo filosófico de discusión es un tipo de grupo en el cual un filósofo práctico capacitado ofrece al público en general una actividad estructurada sobre temas filosóficos específicos. La intimidad entre los participantes es limitada, dado que el énfasis se pone en la discusión de un tema filosófico y no en la vida personal de los participantes. La continuidad es también limitada, ya sea porque el grupo se reúne algunas pocas veces, o porque los participantes varían al no comprometerse a continuar participando. Como resultado el grupo filosófico de discusión no constituye un formato adecuado para explorar perímetros personales, lo cual requiere continuidad, intimidad y confianza.

Sin embargo, la exploración perimetral es posible en otro tipo de grupo filosófico el *grupo filosófico de autoreflexión*. Este es un grupo cerrado en el cual los participantes se comprometen a asistir a varias sesiones, y acentúa el estar juntos y compartir experiencias personales. Como en la consejería individual, el grupo de autoreflexión puede examinar las experiencias personales de un voluntario, y reflexionar en conjunto sobre el perímetro que estas expresan. El grupo actúa como un todo como consejero filosófico, eventualmente bajo la guía de un facilitador que asegura que el proceso se efectúe de una manera respetuosa y sensible.

Pero también hay diferencias importantes entre esos dos formatos. En la consejería filosófica hay un solo consultante, por lo que es posible profundizar dentro de su perímetro. Por el contrario, el grupo filosófico de autoreflexión está compuesto por varios participantes, a veces diez, e incluso quince, y es mucho más difícil profundizar en el perímetro de cada participante. Algo del trabajo debe ser hecho por los participantes en su casa.

A pesar de esta limitación, el grupo filosófico de auto-reflexión tiene la ventaja de poder crear ricas interacciones entre los individuos, permitiéndoles aprender de las experiencias de cada uno y dar y recibir apoyo y comentarios. Una buena forma de utilizar esta ventaja es crear un marco de referencia compartido centrando cada sesión en una cuestión filosófica específica; por ejemplo: "¿Qué es el amor verdadero?", "¿qué significa ser libre?", o "¿qué es un momento significativo en la vida?". El moderador introduce el tema seleccionado y puede también explicar algunos enfoques filosóficos al mismo. Los participantes reflexionan a continuación sobre sus experiencias personales por intermedio de esas ideas filosóficas, usando métodos tales como la discusión, juego de roles, autoexpresión a través del dibujo, drama y ejercicios de contemplación.

Por ejemplo, si el tema de la sesión es libertad interior, los participantes pueden comenzar examinando dos o tres teorías filosóficas de la libertad alternativas, y a la luz de ellas meditar sobre su propio sentido de la libertad interior. Las teorías filosóficas no son consideradas autoritativas sino materia prima que puede ser desarrollada, modificada o rechazada si es necesario. Voluntarios pueden compartir con el grupo sus experiencias personales relevantes, permitiendo a otros participantes observar como son investigados los perímetros son investigados, compararse con otros, ofrecer apoyo y recibir retroalimentación.

Daniel es miembro de un grupo filosófico de autoreflexión que se reúne una vez por semana. En las reuniones es muy activo y servicial. Sus meditados comentarios ayudan a los participantes a examinarse y su actitud empática los anima a abrirse y compartir sus experiencias personales.

En el tercer encuentro Irene le dice:

—Sabes Daniel, siempre alientas a cada uno a hablar sobre sí mismo, pero todavía no sabemos mucho de ti.

Daniel sonríe:

—¿Eso te hace sentir incómoda?

Roberto interrumpe.

—Lo estás haciendo de nuevo, Daniel. En lugar de contestar a Irene, le arrojas la pregunta de vuelta y evitas hablar sobre ti mismo.

Daniel comprende que ambos tienen razón.

—Sí, gracias por hacérmelo notar. Me imagino que evito exponerme. Un patrón interesante ¿verdad? Quizás es un mecanismo de defensa…

Bruno lo interrumpe:

—Recuerda que no estamos aquí para hacer psicología. Estamos haciendo filosofía práctica. La pregunta es: qué nos dice tu patrón sobre el modo que te entiendes a ti mismo y a los demás.

—Daniel, ¿te gustaría que el grupo trate esto? —pregunta Jessica.

Daniel frunce el ceño.

—No sé. Preferiría que no.

—¿Por qué no? ¿Qué te haría sentir?

—Supongo que temo que mi vida personal será motivo de atención de todos.

—No te preocupes, Daniel, tu no serás el tema. Nuestro tema principal será la idea de autoexposición. Esto es, después de todo, un grupo filosófico. Necesitamos tus experiencias para investigar juntos que significa la autoexposición.

—Está bien, estoy de acuerdo. Que la autoexposición sea el tema de esta reunión.

Daniel trata ahora de explicarse.

—*No me gusta la idea de que cada uno de los presentes me escuche y hable de mí. Me haría sentir que de soy un niño pequeño y ustedes son los adultos que me están cuidando.*

También les comenta sobre una experiencia reciente en la que interrumpió una conversación con una tía porque esta le había interrogado sobre su vida. Cuando el grupo examina la experiencia resulta que la tía no lo estaba realmente "interrogando", sino que estaba simplemente expresando su cariño y preocupación.

—*No dejar a nadie que me observe personalmente —ese es obviamente mi patrón —dice Daniel—. Algo en mi cabeza piensa que el lado personal de mi vida es un niño vulnerable.*

—*Y también piensa —agrega Irene—, que es importante no ser vulnerable, no ser un niño. ¡Debo ser un fuerte e invulnerable hombre grande!*

—*Lo que encuentro interesante aquí —comenta Bruno pensativamente—, es que la distinción entre un niño vulnerable y un adulto fuerte es tan importante para ti. Es como si fuera la distinción más importante en la vida.*

Posteriormente otros dos participantes comparten sus propias experiencias de autoexposición. A través de esa comparación adquieren cierta perspectiva sobre sus respectivos patrones y las comprensiones expresadas por medio de ellos. Naturalmente no hay tiempo suficiente para ir más profundamente dentro del perímetro de cada uno, y la conversación no prospera más allá de las comprensiones iniciales. Pero los comentarios atentos y la atmósfera de apoyo les proporcionan abundante material para llevar a casa para seguir con la autoreflexión.

Para agudizar las observaciones el grupo discute también algunas teorías filosóficas acerca de la autoexposición. Sartre es mencionado (estar avergonzado es ser objetivado por la mirada de otra persona[17]); Nietzsche también (con amigos "tu no quieres ver todo"[18]). De ese modo los participantes desarrollan una red de ideas relacionadas con la autoexposición, que echan luz sobre sus experiencias personales. Y comprenden que la vida habla con una variedad de ideas interrelacionadas de manera compleja.

—*Estoy comenzando a notar mi actitud —comenta Ester, que al igual de Daniel dijo al grupo qué desagradable le es ser el centro de atención—. No me*

---

17. Jean-Paul Sartre, *Being and Nothingness* [*El ser y la Nada*], New York: Washington Square Press, 1966.
18. *Thus Spoke Zarathustra*, [*Así habló Zaratrustra*] Part 1, "On the Friend," en Walter Kaufmann (ed.), *The Portable Nietzsche*, New York: Penguin Books, 1978, p. 169.

gusta cuando la gente habla de mí porque odio ser pasiva. Odio ser una receptora. Supongo que mi suposición oculta es: si soy una receptora pasiva dejo de ser "alguien". Sólo existo si doy, ayudo, actúo.

—*Una interesante idea filosófica* —*dice Melinda*—. *Ser alguien significa actuar sobre otros. Ser receptor de acciones significa no existir.*

—*Exactamente. ¿No fue el filósofo danés Kierkegaard quien trató el tema del significado de existir?*

—*Sí* —*contesta Irene*—. *Él planteó una pregunta similar, pero en un contexto completamente diferente. Aun así, sería interesante comparar tu enfoque al de él.*

De comprensiones perimetrales a cosmovisiones perimetrales

Una persona tiene normalmente varias comprensiones perimetrales sobre diferentes asuntos: por ejemplo, una comprensión sobre lo que significa una relación seria, otra sobre los que es justo y equitativo, una comprensión sobre el ser, etc. Más aun, a veces situaciones diferentes provocan comprensiones distintas. Por ejemplo, puedo tener una comprensión de sospecha de otros cuando estoy entre extraños, pero una de confianza cuando estoy con mis mejores amigos.

No obstante, las distintas comprensiones que una persona tiene normalmente son consistentes entre ellas. Rara vez encontraremos a alguien que se comporta como Dr. Jekill y Mr. Hyde, o sea, como dos personas que tienen dos comprensiones completamente distintas. Incluso cuando existe un conflicto entre una comprensión y la otra, las dos tienden a ser las dos caras de una misma moneda. Por ejemplo, cuando estoy con extraños puedo tener una comprensión que dice: "El otro es un peligro desconocido," mientras que estando con amigos mi comprensión diría: "El otro es una morada segura." Sin embargo, esos pueden ser los dos lados de la misma comprensión general: "La amistad es un refugio de los peligros de un 'otro' desconocido."

El resultado es que las diferentes comprensiones perimetrales de un individuo típicamente se reúnen en una comprensión general coherente. Esta comprensión. Esta comprensión general puede ser llamada una *cosmovisión perimetral*, o, en síntesis, una *cosmovisión*. Una cosmovisión sería, entonces, la suma de todas las comprensiones perimetrales de una persona; o, de forma más precisa, la comprensión general, que incluye comprensiones más pequeñas que comprenden sus partes. Una cosmovisión es, por lo tanto, el perímetro completo de la persona.

Una cosmovisión nunca es una colección aleatoria de ideas desconectadas entre sí, sino más bien una "teoría" más o menos coherente del mundo. Más aun, habitualmente tiene un centro —una comprensión central que tiene más influencia y es más poderosa que otras. Otras comprensiones están organizadas alrededor de este centro. Esto tiene sentido: en la vida cotidiana comprensiones contradictorias crean un conflicto interno, y por los tanto "aprenden" a adaptarse la una a la otra.

Esto no quiere decir que existe una armonía completa entre las diferentes comprensiones. Obviamente, una cosmovisión contiene a menudo tensiones y conflictos. Pero, esos conflictos son elementos dentro de la cosmovisión del individuo. Por ejemplo, mi cosmovisión puede contener la comprensión: "Por una parte el amor es importante, pero por la otra te vuelve dependiente."

Mi cosmovisión, como las comprensiones específicas que la componen, no es algo sobre el cual pienso habitualmente con palabras, sino algo con lo que vivo, a menudo sin ser consciente de ello. Expresa mi actitud general a mí mismo y a mi mundo. Muy a menudo actúa como una restricción limitada, rígida, automática sobre mi vida, y en ese caso mi cosmovisión es mi prisión, mi Caverna de Platón, mi perímetro. La mayoría de la gente es realmente prisionera de su cosmovisión perimetral.

A Alicia le gusta leer, especialmente libros que encuentra profundos e inteligentes. Pasa muchas horas leyendo literatura clásica, poesía y filosofía, y esos libros la conmueven e inspiran. Por otra parte, se aburre con asuntos "triviales" —noticias, superventas populares, comedias, charlas superficiales. Le resulta virtualmente imposible verse envueltas en ellos.

Alicia dice que le gusta la gente, pero encuentra difícil mantener relaciones. Parece provocar oposición en los demás, que a menudo la encuentran fría, impasible y discutidora. Ella lo atribute a su sinceridad y su incapacidad para participar en juegos sociales.

Pero su costumbre de utilizar grandes abstracciones, de corregir a otros en las conversaciones, de insistir sobre sus propias opiniones, contribuyen a la sensación de distanciamiento que provoca en los demás. "Tengo mucho amor en mi corazón," dice, "pero la gente no está dispuesta a recibirlo." Sin embargo, eso no le preocupa demasiado. Goza de su amor como si estaría atesorado en su interior. No le preocupa la tendencia de las personas de guardar distancia de ella. Le gusta estar sola.

Alicia también dice que es muy tímida en compañía de otros. En eventos sociales parece retraída y no sabe que esperan que diga. "La socialización me aburre," comenta, "y la evito tanto como sea posible." Cuando se encuentra dentro de un grupo, prefiere permanecer en silencio.

Ahora bien, si examinamos estos datos sobre Alicia, parecen contener por lo menos tres patrones conductuales y emocionales diferentes: su interés en libros e ideas profundos, su actitud fría y beligerante hacia los demás y su timidez. Estos expresan aparentemente tres comprensiones perimetrales principales: la comprensión de que la profundidad es importante, de que a través de las ideas uno se conecta con otras personas y que estas son incomprensibles y aburridas.

Sin embargo, una observación más cercana nos revelará que esos son tres aspectos de una comprensión dominante, en otras palabras, de una cosmovisión perimetral. Los tres tienen en común la distinción entre lo que es profundo e interesante y lo que es irrelevante y trivial, y ello corresponde a la distinción entre su mundo privado y el mundo social exterior. De acuerdo con su cosmovisión sólo cuestiones profundas merecen la atención, y estas están ubicadas en su mundo privado, que contiene las actividades que le gusta realizar sola: leer, pensar y sentir amor. En otras palabras, su mundo privado es presumiblemente la fuente de todo lo que tiene sentido y profundidad, el lugar de los tesoros que ella siente que debe cuidar y desarrollar. Por el contrario, el mundo social, fuera de su mundo privado, está compuesto por personas, conversaciones y eventos carentes de sentido e importancia. Contiene juegos sociales, conversaciones triviales y cosas similares carentes de valor. Un buen ejemplo es el amor que siente hacia otros: lo que le importa es lo que siente en su interior; es mucho menos importante si ese amor se extiende a otras personas.

En resumen, las tres comprensiones de Alicia son aspectos de una única cosmovisión que gira en torno a una idea básica: sólo cuestiones profundas que se encuentran dentro de mi mundo privado son importantes y dignas de ser cultivadas.

En la consejería filosófica habitualmente comenzamos identificando un patrón y luego averiguamos la comprensión perimetral que está detrás de éste. Pero es importante recordar que esa comprensión puede resultar ser sólo un pequeño elemento de una cosmovisión más amplia, que puede también contener otras comprensiones. Para poder descubrir comprensiones adicionales el consejero puede conducir la conversación hacia temas diferentes, otras experiencias y diferentes aspectos de la vida de la persona.

Por ejemplo, una conversación filosófica podría comenzar con la sensación de aburrimiento del consultante en el trabajo. Después de que el panorama básico comienza a volverse más claro, el consejero puede preguntar al consultante sobre sus pasatiempos, relaciones familiares y amigos. Ocurre a menudo que lo que a primera vista parece una comprensión central, resulta ser solamente un elemento de una cosmovisión más amplia.

Ejercicio

Imagine que, en el proceso de consejería filosófica con cierto consultante, las tres siguientes comprensiones son expuestas y articuladas:

Comprensión 1: la diversión es valiosa. (Un ejemplo de las propias palabras del consultante: "Me gustan las películas divertidas. Me gusta divertirme y hacer tonterías. Me siento orgulloso de mi sentido del humor.")

Comprensión 2: es importante ser reconocido. (Por ejemplo: "A veces la gente me irrita, especialmente cuando me ignora o no me comprende.")

Comprensión 3: la presencia de otra persona significa expectativas. ("Me siento bastante nervioso cuando estoy en compañía de otros. Siento que esperan algo de mí, no estoy seguro qué.")

Ahora bien, trate de imaginar algunos modos con los cuales esas tres comprensiones podrían unirse como elementos de una cosmovisión perimetral más amplia. Trate de resumir la esencia de esa cosmovisión en términos de una idea básica.

Capítulo 6

Examinando el sentido más profundo del perímetro

En el capítulo anterior vimos que las conductas, las emociones y los pensamientos de una persona no son una pila de objetos amontonados al azar y desconectados entre sí, sino que constituyen una actitud más o menos coherente hacia la vida. Expresan un conjunto de comprensiones perimetrales sobre diferentes temas, que, todas juntas, constituyen la cosmovisión perimetral de la persona. También analizamos algunos estudios de caso concretos sobre la comprensión perimetral de consultantes y los hemos resumido brevemente, en una oración o dos.

Esto es, de hecho, una simplificación excesiva. Una comprensión perimetral es mucho más compleja que una idea expresada en una sola oración. La actitud hacia la vida de una persona no puede ser resumida en una fórmula sencilla porque se enfrenta a una amplia variedad de condiciones. Por ejemplo, mi comprensión perimetral de relaciones interpersonales incluye mis comprensiones de amigos, vecinos, familiares, conocidos y extraños, y cada una de esas relaciones puede variar dependiendo de mis tendencias particulares y otras circunstancias. A menos que fuese un simple autómata, mi comprensión de las relaciones debe incluir un complejo de ideas que equivalen a una teoría completa de lo que estas constituyen. Por lo tanto, si deseamos articular la cosmovisión perimetral de una persona y las comprensiones que la componen, debemos ir más allá de simples sumarios y aprender a prestar atención a los detalles más finos. En este capítulo examinaremos cómo es posible hacerlo.

Una comprensión perimetral como teoría filosófica

Una comprensión perimetral puede ser vista como una teoría sobre un tema determinado, por ejemplo, una teoría del amor, o de la libertad o del sentido, que explica o interpreta ejemplos cotidianos de ese tema. Al respecto es similar a teorías que se encuentran en textos académicos —desde una teoría biológica que explica cómo funciona la fotosíntesis, o una teoría geológica que explica cómo se forman los continentes, o una teoría filosófica que explica qué puede ser considerada una conducta moral.

Las teorías científicas se apoyan en gran medida en hallazgos empíricos que son supervisados por medio de observaciones y experimentos controlados y a menudo con cálculos matemáticos. Una teoría filosófica, por el contrario, trata principalmente de ideas y se apoya sobre todo en el racionamiento (sea lógico, intuitivo, etc.). Es en gran medida el producto del pensamiento, y muy poco de observaciones empíricas. Una comprensión perimetral también se ocupa de ideas fundamentales, y es por lo tanto similar a una teoría filosófica, como las que es posible encontrar en libros de filosofía: por ejemplo, la teoría de la amistad de Aristóteles, la teoría de la autenticidad de Jean-Jacques Rousseau, la teoría de la acción moral de John Stuart Mills, o la teoría del amor de José Ortega y Gasset. Cada una de esas teorías filosóficas plantea algunas ideas básicas —conceptos, distinciones, suposiciones, etc.— y las utiliza como ladrillos de construcción para entender el tema en cuestión.

Una teoría puede ser considerada una red de ideas que trata de arrojar luz sobre un tema determinado. Y esto es también el caso con las comprensiones perimetrales de una persona. Por supuesto que las comprensiones perimetrales de la gente común no tienen la sofisticación de las teorías filosóficas de los grandes pensadores. Pueden ser simplistas, distorsionadas, prejuiciosas, estar basadas en razonamientos erróneos, y aun así son teorías, similares en su tipo si bien probablemente no tienen la complejidad de las que encontramos en los libros de filosofía. En ese sentido podemos afirmar que cada individuo pensante es un filósofo, aunque no necesariamente uno bueno. Tal como lo hace el filósofo profesional cada persona pensante se relaciona con el mundo por medio de teorías sobre temas como el amor, la amistad, la moralidad o el significado de la vida.

De aquí que explorar las comprensiones perimetrales de una persona, o la cosmovisión perimetral como un todo, significa aclarar la teoría implícita en la vida cotidiana de esa persona. Esta no es una tarea sencilla. Una comprensión perimetral típicamente no está articulada con palabras, sino que está embebida en la conducta cotidiana. El individuo no es consciente de la "teoría" en la que vive. Por lo tanto, la tarea de clarificar una cosmovisión y describirla con palabras es un trabajo de descodificación.

Más aun, enunciar una teoría filosófica en palabras es una tarea difícil, por cierto para quien no ha sido capacitado en pensamiento filosófico. Es difícil analizar las actitudes de una persona en base a ideas abstractas. Afortunadamente numerosos pensadores en distintas épocas lidiaron con las principales cuestiones que los seres humanos se confrontan a lo largo de sus vidas y han formulado un tesoro de conocimiento y de teorías acerca de ellas. Los filósofos prácticos pueden, por lo tanto, aprovechar esas teorías desarrolladas a lo largo de la historia de la filosofía.

Eso no quiere decir, por supuesto, que un consejero filosófico debiera imponer al consultante una teoría filosófica preparada de antemano. Las personas difieren la una de la otra y no encajan exactamente en una teoría de Sartre o de Buber. Sin embargo, las teorías filosóficas pueden servir de materia prima para trabajar, como fuentes de ideas útiles. Podemos formular y agudizar nuestras observaciones reflexionando sobre las ideas de pensadores profundos, adoptando algunas de ellas, modificando o rechazando otras. Incluso cuando rechazamos una teoría filosófica por ser completamente inaplicable a nuestro consultante, puede todavía ayudarnos a articular por contraste las comprensiones perimetrales de este.

Un estudio de caso: teorías sobre *el Otro*

Diana no es filósofa, pero como cualquier otra persona tiene su propia forma de comprender a quienes la rodean. Esa comprensión da forma a su conducta, expectativas, ilusiones y emociones, aun cuando tiene una vaga noción de ello. Eso es parte de la cosmovisión perimétrica dentro de la cual está encerrada.

—Estoy sola —le dice a Linda, su consejera filosófica—. Me gusta estar sola, de otro modo pierdo contacto conmigo misma. Y aun así me gustaría tener un buen amigo, alguien en quien poder confiar realmente. Ya tengo 35

años, y todavía confío en encontrar alguien con quien compartir mis sentimientos. Pero he experimentado muchas desilusiones.

Diana tiene un recuerdo de su abuelo de su primera infancia, cuando tenía alrededor de cuatro años. Lo recuerda claramente: su abuelo perdiendo la compostura y gritándole. Es extraño que Diana recuerde este incidente particular. Su abuelo siempre había sido cariñoso con ella nunca levantaba la voz. Esa fue la única vez que se enfadó.

Diana tuvo una vez una relación romántica larga con un hombre. Era tímido y tranquilo y durante dos años se llevaron muy bien. Hace seis años el hombre encontró la muerte en un accidente de tráfico. Para ella esa fue una época muy difícil. Se sintió abandonada; de hecho, estaba enojada con él por haberla abandonado. Racionalmente sabía que su enojo no tenía sentido, y sin embargo lo sintió muy intensamente durante muchas semanas.

Afortunadamente, algunos meses más tarde conoció a otra mujer solitaria, Paula. Las dos se hicieron amigas. Pero un tiempo después Paula encontró un novio. "Podía desparecer por tres o cuatro días," comentó Diana con amargura, "hasta que por fin comprendí que yo ya no le importaba. De modo que aprendí a no esperar nada de ella."

Finalmente, Diana inauguró una escuela de entrenamiento para perros. "Con los animales es más fácil llevarse bien" explica, "especialmente los perros. Nunca te van a sorprender. Si eres amistosa con ellos serán fieles a ti. Las personas, por otra parte, son demasiado impredecibles."

Efectivamente, cuando ve a alguien maltratando o conduciéndose mal con un perro, apenas si puede controlarse. No hace mucho vio en su barrio una mujer joven arrastrando su perro como si fuera una maleta. Diana explotó. Por suerte un vecino impidió que le pegase a la propietaria del perro.

—Esa mujer es un monstruo —le dijo al vecino.

El vecino se mostró escéptico.

—Quizás estaba de mal humor o apurada. O quizás simplemente no sabe cómo relacionarse con perros.

—No, es un monstruo —replicó Diana—. Y si no es un monstruo, tiene un trastorno mental.

Resulta interesante que, así como Diana es crítica hacia los demás, parece ser muy indulgente hacia ella misma. Cuando todavía era amiga de Paula, a veces solía evadirla, inventando todo tipo de excusas para no verla, y no sentía que se estaba comportando indebidamente con ella.

—*Parece* —*comenta Linda*—, *que no exiges de ti misma igual lealtad que la que pretendes de otro.*

Diana accede a regañadientes.

Incluso de esta somera descripción podemos comenzar a identificar un patrón central en las relaciones de Diana con otras personas: no confía en ellas. Cuando traba amistades está preocupada por la posibilidad de que finalmente van a defraudarla o abandonarla. Tiende a tener una perspectiva unilateral de la conducta de la gente, de amplificar a proporciones irreales cualquier señal de negligencia, e interpretarla como evidencia de su traición e insensibilidad. De ese modo, arrastrar a un perro se convierte en un atropello monstruoso; la muerte de su novio se convierte en una traición; lo que recuerda de su abuelo es su dureza excepcional y no los muchos momentos dulces que compartieron.

El patrón de Diana expresa su modo de comprender a otras personas, su "teoría" del significado del Otro. Ella nunca expresó su teoría en palabras, aun cuando su conducta la expresa virtualmente cada día. Por esta razón Linda no le pregunta acerca de sus opiniones sobre el Otro, como tienden a hacerlo consejeros filosóficos sin experiencia. Ella está buscando las comprensiones que guían su conducta real, y no sus opiniones separadas.

Una forma útil de agudizar la "teoría" de Diana sobre el Otro es leer textos filosóficos relevantes y usarlos como materia prima para la autorreflexión. Lo especial sobre buenos filósofos no es lo verdaderas que son sus teorías para todo el mundo, sino su capacidad de articular lúcidamente en palabras la experiencia humana. Ellos pueden expresar su propia cosmovisión con gran sensibilidad, con observaciones y conceptos esclarecedores, con análisis profundos. Y, aun así, su filosofía expresa solamente su propia comprensión, no la de Diana.

Sin embargo, esas teorías no son carentes de valor para ella. Pueden ser de gran ayuda para demarcar su perímetro, y finalmente para prepararla para salir de su contorno. Por esa razón Linda menciona de cuando en cuando una teoría filosófica relevante, a veces con ayuda de un texto corto que leen juntas. El primer filósofo que le presenta es Sartre.

Jean Paul Sartre: La mirada objetivadora[19]

En su libro *El ser y la nada* el filósofo existencialista francés Jean-Paul Sartre (1905-1980) describe cómo el Otro aparece en mi mundo:

---

19. Jean-Paul Sartre, *Being and Nothingness* [*El ser y la nada*], New York: Washington Square Press, 1966.

Estoy en un parque público. No muy lejos hay un césped y a lo largo de sus bordes, bancos. Súbitamente pasa un hombre. ¿Qué quiero decir cuando afirmo que ese objeto es una persona? ¿Cuál es la diferencia entre ver un banco y ver una persona?

Un banco es un objeto dentro de mi mundo, pero una persona es más que eso. A diferencia de un banco, la persona puede ver, oír, tocar. Tiene una perspectiva. El mundo también es visto por sus ojos, y desde su perspectiva el mundo lo rodea. Más aun, en el momento que la persona entra en mi mundo, los objetos que veo a mi alrededor —el árbol, el banco, el césped— no están sólo a mi alrededor. Han dejado de formar parte de *mi* mundo. Forman parte también de *su* mundo.

Esto quiere decir que en el momento de que la otra persona aparece las coordenadas de mi mundo están destrozadas. No soy más el centro del mundo porque también él lo es. Por así decirlo, el otro me roba el mundo. Mi mundo escapa hacia él.

Más aun, imagínese que el otro hombre ahora me mira. Entiendo que soy visto por él. Soy el objeto de su mirada. Si estaba haciendo un movimiento vulgar, ahora trato de ocultarlo a sus ojos. Si estaba hablando conmigo mismo, empiezo rápidamente a tararear para esconder mi acción. Porque estoy sintiendo ser el objeto de su mirada.

El Otro se convierte en una nueva amenaza: de convertirme en mero objeto, de que no seré más un sujeto libre con su propio mendo, sino un mero objeto de su mundo. Y, por supuesto, él está igualmente amenazado por mi mirada.

A Diana no parece gustarle la teoría de Sartre. "No me conecto con la idea de ser un objeto para otros."

Linda le pide que no juzgue la teoría de inmediato, sino que primero reflexione sobre ella. Lo que es importante, explica, no es tanto si a Diana le gusta la teoría, sino si ella puede usar elementos de esta para aclarar su propia comprensión del Otro.

En efecto, con ayuda de Linda, Diana descubre que puede tomar de Sartre una percepción interesante: el encontrar a Otro significa encontrar una perspectiva distinta de la propia. El Otro inserta en su mundo un punto de vista compuesto por valores y preferencias ajenos. Por lo tanto, el otro significa un invasor extranjero que amenaza con cambiar su mundo.

Sin embargo, como lo destaca Linda, Diana no tiene motivos para aceptar la teoría de Sartre en su totalidad. Primero, algunos aspectos de la teoría de Sartre son diferentes de la de ella, que no teme que otros la objetiven. La mirada objetivadora de Sartre no es parte del paisaje de su propio perímetro. Además, a diferencia de él ella cree que el estar juntos es una posibilidad real.

Segundo, adoptar la teoría de Sartre significaría entrar a otra caverna platónica, otra comprensión limitada. Significaría reemplazar su perímetro por otro, por otra teoría, por otra prisión. Y ella no necesita otro perímetro. Ella desea utilizar comprensiones filosóficas para liberarse, no para limitarse.

En otra ocasión, en una sesión posterior, se abre la oportunidad para que el consejero introduzca una segunda teoría filosófica acerca del Otro.

José Ortega y Gasset: El interior oculto[20]

En su libro *El hombre y la gente*, el filósofo español José Ortega y Gasset (1883-1955) describe a la otra persona como una sorpresa. De improviso descubro que no soy el único habitante del planeta. Alguien coexiste conmigo en "mi" mundo, y no puedo relajarme como lo hacía antes.

Anteriormente mi mundo era acogedor y familiar. Era mi hogar y era mío. De hecho, era el único mundo que existía. Pero ahora que el Otro ha entrado en mi mundo hay algo inquietante en ello: a diferencia de los objetos inanimados, la apariación de otra persona significa una realidad oculta. Detrás de sus ojos hay emociones, pensamientos, intenciones que no puedo ver qué son. Su interioridad está oculta a mi mirada y yo sólo puedo percibir sus manifestaciones externas: sus gestos, expresiones faciales, las palabras que salen de su boca. La otra persona es, por lo tanto, una fuente oculta de conducta.

Por consiguiente, la otra persona es para mí un desconocido. Usando una metáfora de Ortega y Gasset, es como si escucháramos pasos en la niebla. Mi reacción sería: "¡¿Hola, quién va por ahí?!"

No puedo ver su interioridad, pero a través de su cuerpo puedo ver que esta se relaciona conmigo, que responde a mi presencia, igual como yo puedo responder a la suya. En este sentido la otra persona significa un peligro o una sorpresa, porque nunca puedo predecir totalmente y controlar de qué modo me va a tratar.

---

20. José Ortega y Gasset, *Man and People* [*El hombre y la gente*], New York, Norton, 1957.

Pero el Otro no es sólo un problema para mí. Gracias a su aparición descubro mis propios confines, mis limitaciones y de este modo mis capacidades e incapacidades, mis gustos, mis opiniones. A través del otro me descubro a mí mismo.

Diana reflexiona. Finalmente señala que la noción de Ortega del Otro como una sorpresa peligrosa puede echar luz sobre su perímetro. También en el suyo el Otro es impredecible y por lo tanto un peligro potencial.

Pero aparentemente aquí acaba la similitud. En la conversación que sigue con Linda ella llega a la conclusión que el resto de la teoría de Ortega y Gasset es bastante diferente a la suya. Para Diana, los otros son peligrosos porque tienen malas intenciones, no sólo porque su interioridad está oculta. Más aun, para Ortega me descubro a mí mismo en mis encuentros con otros, mientras que Diana se descubre a sí misma estando en soledad. No obstante, a través del contraste con la teoría de Ortega Diana consigue agudizar su propia actitud.

—Sí, es verdad —admite—. Definitivamente me relaciono a otros como si existiría un oculto desconocido en su alma, un tenebroso poder dormido que puede despertar en cualquier momento y morderme.

Emmanuel Levinas: El rostro del otro[21]

Sartre y Ortega y Gasset presentan una imagen más bien sombría del Otro. Al respecto, son "parientes" de la actitud de Diana hacia los demás. Pero hay teorías filosóficas del Otro más luminosas.

Para el filósofo francés Emmanuel Levinas (1906-1995), la filosofía occidental no ha respetado a la otra persona como un Otro, como alguien fundamentalmente distinto a mí, como una realidad que está más allá de los horizontes de mi conocimiento. Los filósofos siempre han tratado de traducir al Otro como lo que él llama "el Mismo" —en mis propios conceptos: trataron de entender a las mujeres en contraste con los hombres, o a las culturas no occidentales en términos de la cultura occidental. Del mismo modo siempre han entendido al Otro como sencillamente otro "yo". Levinas considera esto como una actitud imperialista porque trata de invadir aquello que es diferente haciéndolo comprensible de acuerdo a mis criterios.

---

21. Emmanuel Levinas, *Alterity and Transcendence* [*Alteridad y trascendencia*], New York, Columbia University Press, 1999

Encontrar verdaderamente al Otro es encontrarlo como radicalmente diferente. El Otro está siempre más allá de mis horizontes. Y esto significa que su aparición conmociona mi egocéntrico mundo. Cuando el otro entra en mi mundo no tengo más libertad de hacer lo que me plazca. Ahora tengo responsabilidades: debo reconocer la existencia de otros. La faz del Otro expresa la exigencia ética: "¡No me mates!" —No me hagas desaparecer.

Toma nota que el enfoque de Levinas no sólo ofrece un análisis de cómo nos relacionamos con otros, tal como lo hacen Sartre y Ortega y Gasset, sino también cómo deberíamos relacionarnos con ellos. Expresa un llamado, retándonos a trascender nuestra actitud normal hacia una más elevada. Sin embargo, en esta etapa estamos todavía tratando con un análisis perimetral y por lo tanto vamos a hacer a un lado este llamado.

Linda ayuda a Diana a comparar sus actitudes con las de Levinas. Diana comprende que puede tomar prestado de él el concepto del Otro como diferente de forma radical. Pero el resto de su imagen le resulta mucho menos relevante para ella. Al contrario de lo que sugiere Levinas, para ella el Otro no es una exigencia ética sino una fuerza amenazadora. Sin embargo, Diana se da cuenta rápidamente algo interesante sobre ella misma: la idea de Levinas acerca del Otro como una exigencia moral la lleva a comprender que también en su propio perímetro, el Otro involucra una exigencia —pero en un sentido muy diferente. En su perímetro la exigencia está dirigida hacia el Otro y no hacia sí misma. El Otro es para ella un ser que "debería" ser fiel, solícito y comprensivo. En cambio, ella no tiene responsabilidades respecto a otros.

—Ahora lo puedo ver —reflexiona—, a pesar de que no me gusta lo que veo. El Otro tiene responsabilidades hacia mí, mientras que yo no las tengo hacia el Otro.

—Hay bastante asimetría entre tú y los otros —asiente Linda.

Más tarde Diana utiliza las ideas de Levinas para articular una importante razón de esta asimetría: en su perímetro el Otro no es solamente impredecible y desconocido como diría Ortega, sino también completamente diferente de ella. Presuntamente su propia conducta es comprensible y racional, mientras que la de la otra persona de desarrolla más allá de los confines de la racionalidad y la equidad. Ella dicta las normas morales que los demás están obligados a seguir.

Martin Buber: Yo y tú [22]

En su libro *Yo y tú* el pensador judío, nacido en Austria, Martin Buber (1878-1965) explica que "yo" no soy una entidad separada. Me defino en términos de mis relaciones. No soy un átomo separado independiente de otros, porque mis relaciones son parte de quién soy.

Buber distingue entre dos tipos de relaciones con otros (así como con animales, plantas e incluso con Dios): Yo-Ello y Yo-Tú. En las relaciones del primer tipo trato a la otra persona como un objeto. Un objeto de percepción, un objeto de conocimiento, de manipulación, de cuidado, etc. Lo miro, lo examino, trato de entenderlo, lo utilizo. Puedo hacerlo con la mejor de las intenciones, por ejemplo, cuando trato de imaginar cómo ayudarlo, pero aun así hay una brecha entre nosotros: lo examino desde la distancia, como si fuera un objeto de observación, como algo situado fuera de mí.

No obstante, hay otra forma de relacionarse con una persona: Yo-Tú. En este tipo de relación yo estoy *con* la otra persona. No te miro *a* ti desde una distancia que nos separa, no trato de conocerte, de usarte, de mejorarte; estoy sencillamente presente contigo. No eres más un objeto de mi mundo, sino más bien das color a mi mundo entero con tu presencia.

En una situación así, estoy completamente presente. A diferencia de las relaciones Yo-Ello, que implican sólo cierta parte de mí mismo (por ejemplo, mis pensamientos, o ciertas sensaciones), las relaciones Yo-Tú involucran a todo mi ser.

Dado que mis relaciones definen quién soy, soy diferente cuando estoy en Yo-Tú y cuando estoy en Yo-Ello. Relaciones Yo-Ello son a menudo útiles por motivos prácticos, pero yo-Tú es mi modo auténtico de relacionarme. Expresa todo mi potencial, todo mi ser. Y a pesar de que pueden durar sólo unos pocos minutos, dan vida a mis relaciones, y por consiguiente a mí.

Podemos pensar como ejemplo a un matrimonio que consiste sólo de conductas "correctas". Si la pareja no experimenta Yo-Tú de cuando en cuando, la relación está muerta.

---

22. *I and Thou* [*Yo y Tú*], New York, Scribner, 1970

—Parece que las palabras de Buber te han conmovido —señala Linda después de que las dos leyeran algunos párrafos poéticos del libro de éste.

—Son hermosas —contesta Diana—. "El estar juntos del que habla es precisamente lo que añoro.

Rápidamente se dan cuenta, sin embargo, que otros aspectos del enfoque de Buber son bastante ajenos a su cosmovisión. A diferencia de él, Diana no se define en función de relaciones. No le preocupa la distancia, de hecho, necesita cierta distancia para sentirse en contacto consigo misma. Los conceptos de Buber no son el lenguaje de su perímetro.

Sin embargo, a través de sus ideas ella descubre que existe una contradicción dentro de su mundo: por una parte, anhela tener relaciones Yo-Tú, pero por la otra el Otro en su mundo es esencialmente un objeto; un objeto de sospecha, de escrutinio y juicio, de expectativas. Comprende ahora que las relaciones Yo-Tú no pueden existir en un mundo como el de ella, aún si anhela tenerlas. Siempre y cuando su perímetro no cambie, probablemente no tendrá relaciones Yo-Tú verdaderas.

Trazando el mapa de la cosmovisión del consultante

No resulta sorprendente que ninguna de las teorías filosóficas mencionadas más arriba captura exactamente la comprensión del Otro de Diana. Una teoría filosófica expresa una comprensión específica enunciada por un pensador determinado, y como tal es una hebra única de un complejo tejido de actitudes humanas. No podemos esperar que un ser humano real encaje dentro de un esquema universal.

Pese a eso, como hemos visto, las teorías filosóficas pueden ser utilizadas para echar luz sobre la cosmovisión perimetral de Diana, aún si difieren considerablemente de esta. Su actitud personal no es totalmente ajena a la de Sartre, o la de Ortega, Levinas o Buber. Buenos filósofos son capaces de describir aspectos de la realidad humana con gran profundidad, sensibilidad y detalle, de modo tal que una superposición parcial entre sus perspectivas y la de Diana puede ayudar a hacer un esbozo de su comprensión.

Una forma útil de apreciar la estructura de la comprensión perimetral de una persona (o la estructura de cualquier teoría filosófica) es mapear las ideas centrales que la componen. Esto es así porque una teoría puede ser vista como una red de ideas. Por ejemplo, la comprensión sartriana del Otro (como mucho del resto de su filosofía) es un cuerpo de ideas centradas en una dicotomía básica: la dicotomía entre la libre conciencia y hechos acabados, o, para usar la terminología de Sartre, entre libertad y facticidad. Otro concepto importante de su filosofía ira alrededor de esta dicotomía central. Esto puede ser representado gráficamente en el siguiente "mapa de ideas":

Tal como este mapa de ideas ilustra, en el mundo de Sartre existe una tensión fundamental entre otra persona y yo: cada uno de nosotros puede objetivar al otro o ser objetivado por él; en otras palabras, usurparle al otro su libertad de interpretar su mundo o ser usurpado por él y convertirse en un dato establecido. Un estar juntos verdadero entre dos individuos libres parece, por lo tanto, imposible. La principal preocupación de un individuo que habita en un mundo así es mantener su libertad, rehusar a ser objetivado y resistir el intento de que le roben el mundo que le pertenece.

En cambio, la red de ideas que constituyen la teoría buberiana del Otro es muy diferente. Casi no tiene lugar para los conceptos de Sartre, tales como la mirada objetivadora. La red de ideas de Buber gira en torno a relaciones, no alrededor de individuos. En el centro de esta teoría se ubica la idea de que uno está determinado por sus relaciones. Ello lleva a una dicotomía central entre las relaciones Yo-Tú y Yo-Ello, en lugar de las dicotomías sartreanas de facticidad versus libertad:

Distancia	Relaciones pragmáticas		Estar juntos	Intimidad

Separación —— **Relaciones Yo-Ello**   *I-You relations* —— Sin límitaciones

Tratar acerca de	Compromiso parcial	Estar con	Compromiso total

Una experiencia de   *Un pensamiento sobre*

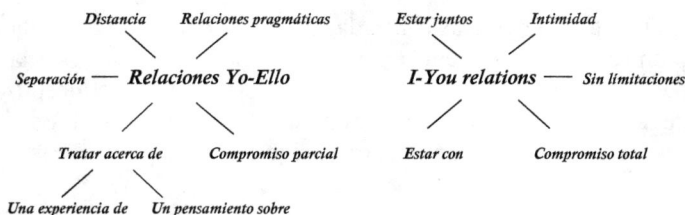

En ese mundo la vida del individuo oscila entre relaciones pragmáticas e intimidad. Sin duda esta imagen difiere mucho de la de Sartre, aun cuando ambas tratan el mismo tema —el Otro.

La noción de la red de ideas, y el mapa que las ilustra gráficamente, puede ser aplicada también a Ortega y Levinas, y de hecho a cualquier teoría sobre el Otro, incluida la de Diana. La comprensión de esta sobre el Otro es una teoría filosófica como cualquier otra, aun cuando previo a su conversación con Linda nunca la había enunciado.

En el curso de sus conversaciones Diana explora con Linda, su consejera filosófica, la red de ideas que conforman su comprensión del Otro. Ambas descubren que su mundo también gira en derredor de una dicotomía central, pero que es sumamente diferente de la de Sartre o Buber. La dicotomía básica de su mundo no está situada entre dos tipos de relaciones o dos modos de ser, sino entre dos capas dentro de la persona. En el mundo de Diana se entiende que una persona es una dualidad de dos elementos básicos: primero, el aspecto oculto de la persona que está compuesto por fuerzas oscuras, egocéntricas y desconsideradas. Segundo, la parte visible, que típicamente es bien educada y mansa. En una palabra, la invisible es oscura y premonitoria, mientras que la visible es bien educada.

Es interesante que el elemento oscuro está identificado aquí como la realidad fundamental de la persona, mientras que el bien educado es visto como estado secundario, temporal, como una isla momentánea en el medio de un abismo oscuro. Este abismo primordial se transforma en una realidad bien educada sólo cuando se hace visible y regresa a la oscuridad cuando desaparece de la vista.

Dado que la interioridad de las otras personas está escondida, Diana asume que está sujeta a fuerzas oscuras. Y como su propia interioridad seguramente le es conocida, la considera honesta y razonable.

En base a esas reflexiones Diana y Linda construyen el siguiente mapa de ideas:

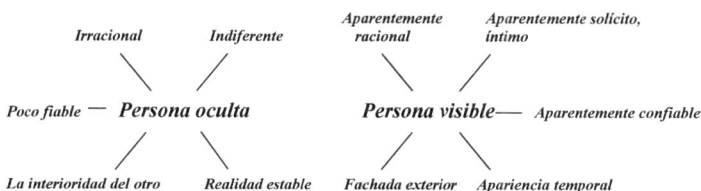

Obviamente, Diana es mucho más que este esbozo —ella es un ser humano, y no puede ser apretada en una simple carta. Pero este diagrama no tiene la intención de capturar a Diana en su totalidad. Sólo bosqueja algunos aspectos del perímetro de Diana; en otras palabras, algunas conductas y actitudes que siguen patrones rígidos y como tales pueden ser definidos con facilidad. Como un mapa geográfico, no puede de ningún modo abarcar cada detalle del paisaje, solamente algunos rasgos de su cosmovisión perimetral, por lo menos aproximadamente.

Ahora es el momento en el que Linda puede ayudar a Diana a examinar su mapa, asimilarlo, compararlo con sus conductas actuales y enriquecerlo y modificarlo si fuese necesario. Una vez que están satisfechos de que este mapa delinea el perímetro con precisión adecuada será el tiempo de embarcarse en la segunda etapa importante del proceso filosófico: encontrar la salida del perímetro y abandonar la prisión. Esto será discutido en capítulos posteriores.

Explorar el perímetro en grupos —un estudio de caso

Prácticamente el mismo proceso que hemos visto en el caso de Diana puede ser aplicado a la actividad grupal, especialmente los grupos de autoreflexión que son grupos cerrados a largo plazo. En estos, profundizar sobre la cosmovisión personal de cada participante puede tomar mucho tiempo, y cierta información personal no puede ser discutida en presencia de otros. Sin embargo, es posible realizar alguna exploración perimetral con distintos grados de profundidad. Algunos ejercicios y procedimientos pueden ser útiles. Por ejemplo, la conversación puede enfocarse en voluntarios dispuestos a compartir sus experiencias personales, mientras que otros participantes pueden ayudar en el proceso de interrogación. O, los participantes se pueden dividir en grupos pequeños que trabajan paralelamente y utilizan el tiempo de forma más eficiente.

Linda, la filósofa práctica, también trabaja con grupos. Hoy se lleva a cabo la segunda sesión de su grupo de autoreflexión, formado por doce no filósofos. El grupo se reúne una vez por semana y cada encuentro está dedicado a un tema filosófico que es relevante personalmente a por lo menos uno de los participantes.

La primera sesión fue introductoria. Primero los participantes se presentaron y luego Linda explicó al grupo el tema central: las comprensiones perimetrales que determinan nuestra experiencia cotidiana. Para ilustrar qué es un perímetro el grupo examina muy brevemente algunas experiencias personales que algunos participantes ofrecieron compartir.

La segunda reunión es más enfocada —está destinada al tema de los deberes, o sea, qué yo debería hacer. Linda eligió este tema porque en la reunión previa dos participantes, Ángela y Felipe, comentaron al grupo que ellos sentían a menudo un sofocante sentido del deber.

Al comienzo de la reunión Linda pide a Ángela y Felipe que describan brevemente una experiencia personal relevante. Ángela relata que en una reunión reciente con amigos tuvo dificultades para relajarse porque estaba pensando constantemente que "debería" decir para mejorar en algo la atmósfera de confrontación. Esta es una experiencia bastante común para ella, agrega. Tanto trata a menudo de ser útil y considerada, que siente estar jugando un juego social y no ser fiel a sí misma. Felipe describe cómo en su lugar de trabajo se ve impuldsado por un sentido del deber, y cómo se preocupa por "hacer lo correcto." Se preocupa por que esto lo podría convertir en un tipo crítico, rígido y reservado.

Linda prefiere no profundizar más en la vida íntima de Ángela y Felipe como lo hace normalmente durante una consejería filosófica con un consultante individual. En lugar de ello invita a otros participantes a responder a las dos historias y a compartir experiencias similares. Durante la conversación que sigue la mayoría de los participantes detectan que también ellos a veces tienen experiencias similares de "yo debería", si bien de menor intensidad.

—Gracias por compartir —Linda resume la conversación—. Ahora que tenemos una colección de experiencias similares, tratemos de comprenderlas

más en profundidad. Tratemos de pensar que significa tener una experiencia de este tipo.

—*Para mí —comienza Ángela—, es como la voz de mi conciencia diciéndome qué hacer.*

—*Estoy de acuerdo —afirma Felipe—, eso es lo que yo también siento.*

—*Una voz diciéndome lo que debo hacer —repite Linda. Esta es una idea muy interesante. ¿Quiere decir, Ángela y Felipe, que sienten esa voz como algo diferente de ustedes? Es como si estuvieran diciendo que existen dos personas dentro suyo: una que ordena y otra que obedece, una que habla y otra que escucha y ejecuta.*

Ángela hesita.

—*Bueno... No exactamente. Esa voz de la conciencia no se siente como una parte mía. Parece extraña, como si otro me estuviese dando instrucciones.*

—*Vamos —objeta Juan—. ¡No puede ser otro que tú mismo!*

—*Estoy hablando sobre cómo me parece que es esa voz —insiste Ángela—. Sé que en realidad es parte de mí, pero no es cómo la siento. ¿Eso es lo que querías saber, verdad Linda'*

—*Exactamente. En la jerga filosófica esto se llama investigación fenomenológica: investigar la experiencia en sí, cómo se siente.*

—*Ya veo —replica Juan—. En ese caso, yo también tengo a veces ese tipo de experiencia. Es como si alguien está sentado sobre mi hombro, juzgándome y diciéndome qué es lo que hago bien y qué hago mal.*

Algunos participantes asienten. Obviamente saben de qué está hablando él. Pero otros se oponen, señalando que sus propias experiencias son bastante diferentes.

—*Entonces —contesta Linda—, tenemos varios tipos de experiencias distintas sobre "yo debería" en este grupo. Tratemos de examinar hoy por lo menos algunas de ellas. Comencemos con la experiencia descrita por Ángela y Felipe y algunos otros: una voz interna extraña que me dice qué debería hacer. ¿Quisiera alguien decirnos más sobre esa voz interior? ¿Qué les dice a ustedes?*

—*Yo creo que viene de mis padres —sugiere Felipe—. Cuando era un niño, eran siempre estrictos conmigo. Quizás todavía me identifico con su voz.*

—*Freud estaría de acuerdo —comenta Débora—. Él lo llama el súper-yo. Has internalizado los juicios de tus padres.*

—*Un momento —interrumpe Linda. Ella sabe que esta es una oportunidad importante para recordarle al grupo la diferencia entre el pensamiento filosófico y el psicológico.*

»*Recordemos que no estamos haciendo psicología y no nos interesan las conjeturas psicológicas. Los psicólogos se interesan por los procesos psicológicos: los procesos que te hacen actuar tal como lo haces, las ruedas dentadas de tu mente, por así decirlo. En filosofía estamos interesados en ideas —en nuestras ideas sobre nosotros y el mundo. ¿Podemos observar las experiencias de Ángela y Felipe desde esta perspectiva?*

—*No estoy segura cómo hacer eso exactamente.*

—*Tienes razón, María. Mi pregunta es todavía demasiado imprecisa. Permítanme explicarlo con ayuda de ejemplos. Existen varias teorías filosóficas interesantes acerca de que "deberíamos hacer", o sea, acerca de nuestras obligaciones morales. Veamos que tienen para decir al respecto.*

—*¿Quieres decir que las experiencias de Ángela y Felipe encajan dentro de una de esas teorías filosóficas?*

—*Tal vez, Ana, y tal vez no. Vamos a tener que verificarlo. De todos modos una vez que entendamos el lenguaje de esas teorías filosóficas, estaremos mejor equipados para entender el lenguaje de nuestras propias experiencias.*

Linda comienza introduciendo algunas filosofías éticas (morales[23]). "Esas teorías tratan, a su modo particular, como tomar decisiones morales, o como considerar una acción como moral o inmoral."

Immanuel Kant: El respeto por los derechos de las personas[24]

¿Qué estoy moralmente obligado a hacer? La respuesta que da el importante filósofo alemán Immanuel Kant (1724-1804) se denomina comúnmente "deontológica" o "ética del deber". Para Kant mi acción es justa moralmente correcta si actúo con la intención de cumplir con mis deberes morales. Por lo tanto, lo que convierte a mi acción en moral es mi intención: una acción moral es una que ejecuto no simplemente porque gozo al hacerla, no por interés propio, ni siquiera por piedad o empatía o amistad, sino por un sentido de la obligación. Lo que me motiva a hacerlo es la comprensión que es lo que debería hacer, que es mi obligación moral.

¿Qué se considera como una obligación moral? Kant sugiere que existe una ley moral general, a la que llama *Imperativo categórico*, que determina todas nuestras obligaciones morales.

---

23. Empleo los términos "ético" y "moral" como sinónimos, como se hace comúnmente en el campo de la ética.
24. Immanuel Kant, *Groundwork for the Metaphysics of Morals* [*Fundamentación de la metafísica de las costumbres*] New York, Harper & Row, 1964

Kant ofrece tres formulaciones de esta ley, las que considera equivalentes entre sí.

Para nuestro propósito será suficiente conocer una de esas formulaciones. En general la cuestión es que nuestra obligación es tratar a las personas (a mí e igualmente a otros) de un modo que se merecen ser tratados seres racionales. Poniéndolo con un poco más de exactitud, deberíamos tratar a las personas no como un instrumento para cierto propósito sino como poseedores de un valor e importancia inherentes, como fines en sí mismos. Por ejemplo, será inmoral esclavizar a otra persona, porque la estaríamos usando como un instrumento para nuestra satisfacción, en lugar de considerarlo un ser racional responsable de conducir su propia vida. De modo similar, sería inmoral mentir a alguien porque implicaría estar manipulando a una persona y violar su derecho a saber y decidir libre y racionalmente.

Desde esta perspectiva, cuando estoy frente a un dilema moral, debo preguntarme: ¿cómo puedo cumplir mi deber de respetar a las personas como individuos autónomos, o sea, tratarlos como se merecen, como individuos racionales y libres que son un fin en sí mismos? ¿Cómo debo actuar de forma que respete su habilidad de tomar decisiones libres y racionales? ¿Cómo, en otras palabras, puedo respetar su responsabilidad por sus acciones, sus derechos sobre su cuerpo y su propiedad, y derechos y responsabilidades similares?

Si tengo presente esta cuestión, esto podría ayudarme a decidir cómo tratar moralmente a las personas. Podría ayudarme a decidir cuándo tengo un deber hacia alguien y cuándo no, cuándo hacer responsable a esa persona, y cuando disculparla, cuándo tengo derecho a hacer lo que quiero y cuándo no.

—Me gusta esa teoría —exclama Ana—. Explica bellamente la experiencia que Ángela y Felipe describieron: la voz del deber que les ordena que deberían hacer. Ambos están motivados no por sus emociones y deseos, sino por la voz del deber.

—Es verdad —acuerda Felipe—. Mi sentido del deber no es lo mismo que mis sensaciones y emociones. A veces tengo ganas de hacer una cosa, pero mi deber me dicta hacer otra cosa.

—*Buena observación —comenta Linda—. ¿Hay algo para agregar aquí?*
¿Qué acerca de la idea de Kant de que es mi deber respetar a las personas como individuos racionales que constituyen un fin en sí mismos?

—*Lo que yo siento —reflexiona Ángela, no es tanto el asunto del respeto. No estoy pensando sobre lo que la gente se merece, o sobre sus deberes y responsabilidades. La voz que habla en mi interior me dice que asegure que todos se sientan bien, que nadie sufra.*

—*Entiendo a qué te refieres —se agrega Débora—. Cuando estoy con otros, a veces quiero cerciorarme de que estamos pasándola bien juntos, y de que hay una sensación de amistad y solidaridad.*

—*Creo —señala Linda—, que puedo escuchar voces diferentes aquí, y es importante no mezclarlas. La voz kantiana que me dice que es mi deber respetar a las personas en cuanto seres racionales me parece diferente a la voz que desea asegurar que todos se sientan bien, y también de la voz que quiere que seamos amigos entre nosotros.*

—*Realmente suenan diferentes —concuerda David—, si bien no puedo explicar por qué.*

—*Bueno —dice Linda—. Veamos algunas teorías filosóficas más y esperemos que nos ayuden a apreciar esas diferencias.*

John Stuart Mill: La mayor felicidad a el mayor número posible de personas[25].

El influyente filósofo británico John Stuart Mill (1806-1873) ofrece un enfoque diferente sobre la conducta moral y los dilemas morales (que desarrolló de la filosofía de Jeremy Bentham). Sostiene que una acción es moralmente correcta o equivocada sólo si influye sobre la felicidad o el sufrimiento de las personas. Si la acción no marca ninguna diferencia para nadie, si no cambia el bienestar de alguien, no es moralmente correcta o incorrecta. Es neutral.

Por lo tanto, lo que convierte a mi acción en correcta o equivocada son sus consecuencias. Es moralmente correcta si proporciona felicidad a más personas (o reduce sufrimiento) que otras acciones alternativas que podría ejecutar. Es moralmente incorrecta si provoca más sufrimiento (o menos felicidad) que otras acciones que podría ejecutar. En resumen, una conducta es moralmente justa si maximiza la felicidad.

---

25. John Stuart Mill, *Utilitarianism* [*Utilitarismo*] Oxford, Oxford University Press, 1998.

Esto significa que lo que es importante para Mill no es la intención de cumplir un deber (como lo es para Kant), ni respetar la libertad y racionalidad de las personas, sino felicidad frente a sufrimiento. Una conducta es moral si influye sobre la felicidad de las personas.

De aquí que toda vez que estoy ante un dilema moral y tengo la libertad de elegir entre varias acciones alternativas, debo preguntarme: ¿cómo debo actuar de modo que agregue la mayor felicidad a cuanta gente sea posible (yo incluido)? Por ejemplo, debo decir la verdad y no mentir, siempre que ésta probablemente brindará más felicidad a la gente que la mentira. Pero mentiré cuando el resultado probablemente será menos sufrimiento o más felicidad.

Mill llamó a este enfoque *utilitarismo*, porque nos dicta maximizar la "utilidad", lo que para él significa la felicidad de la gente (u otras cosas valiosas para ellos).

Un subtipo importante del utilitarismo (en el que probablemente el mismo Mill sostenía) debe ser mencionado: el utilitarismo de la regla. Este último se concentra no en la felicidad producida por una acción aislada, sino en la felicidad producto de una regla general de conducta. Pone el foco, por ejemplo, no en las consecuencias de una mentira en especial, sino en las consecuencias de la mentira en general. Por lo tanto, cuando estoy frente a un dilema moral, debo preguntarme: ¿qué regla general de conducta debo implementar? la respuesta es: aquella regla de conducta que tiene la consecuencia más feliz. Esa es la regla que, si es obedecida por la mayoría de la gente, contribuirá a una mayor felicidad que todas las otras.

De lo que se deduce que debo seguir la regla que conduce en general a la felicidad, aun si en algunos casos especiales podría provocar sufrimiento. Por ejemplo, a pesar de que en algunos casos especiales mentir podría tener consecuencias afortunadas, mentir es inmoral porque en general tiende a tener consecuencias negativas — frustración, dolor, pérdida de la confianza, etc. Por lo tanto, se debe evitar mentir en todos los casos, como regla general de conducta.

—*Esto suena mucho más cercano a mi propia experiencia* —comenta *Ángela*—. *Mi voz interior me dice que me cerciore de que todos a mi alrededor estén satisfechos.*

—*¿Tú incluida?* —*pregunta Myriam*— *De acuerdo al utilitarismo de Mill tu felicidad es importante también, no menos que la de cualquier otro. ¿Lo he entendido correctamente, Linda?*

Linda inclina la cabeza en un gesto de aprobación.

—*¿Qué piensas de esto, Ángela? ¿Eres una utilitaria?*

—*En este caso supongo que no soy exactamente una utilitaria. Aun así, estoy muchos más cerca del utilitarismo que de la teoría deontológica de Kant. Para mí, como para Mill, es importante si la gente está angustiada o contenta.*

—*En mi opinión* —*interviene Juan*—, *si bien la felicidad es importante, no es tan importante como los deberes. Tú debes cumplir con tu deber incluso si vas a causar enojo. Así que me parece que algo falta en la teoría de Mill.*

—*Este es un asunto interesante para explorar* —*contesta Linda*—, *pero recuera que en este momento no estamos tratando qué teoría es mejor que las otras. Estamos solamente tratando de exponer qué teoría se esconde detrás de las experiencias de Ángela y Felipe. No estamos evaluando teorías, sólo las estamos enunciando.*

Aristóteles: Ser una persona virtuosa[26]

El enfoque denominado "Ética de la virtud" era común en la filosofía griega antigua. En la época moderna ha sido revivido por varios pensadores contemporáneos. De acuerdo a esta concepción, nuestra principal preocupación moral debería ser no *lo que hacemos* sino *lo que somos*. En otras palabras, nuestra tarea principal en la vida no es ejecutar *acciones* morales, sino ser *personas* morales. Eso naturalmente trae a colación la pregunta: ¿quién se considera una persona moral?

Éticos de la virtud difieren en sus respuestas a esta pregunta, pero todos concuerdan en el principio general: de que una persona moral es alguien que tiene buenas tendencias y rasgos personales, lo que llamamos *virtudes*. Ejemplos de esas virtudes puede ser el coraje, la honestidad, la sinceridad, la bondad o la generosidad. Se dice de una persona que posee esas virtudes que es virtuosa. Para volverte una persona virtuosa debes cultivar esas virtudes en ti mismo. Esa es obviamente una tarea a largo plazo que puede tomar años para lograr conseguir.

---

26. Aristotle, *Nicomachean Ethics* [*Ética a Nicómaco*], Cambridge, Cambridge University Press, 2000.

En ese sentido, la ética de la virtud es sumamente diferente del enfoque deontológico de Kant y del utilitarismo de Mill. Ambos están preocupados con qué convierte una *acción* en moral, mientras que la ética de la virtud trata de *personalidades* morales. Para éticos de la virtud la pregunta básica que debo hacerme no es cómo debo comportarme, sino que tipo de persona debería ser; en otras palabras ¿qué características de personalidad debo mantener y desarrollar?

¿Qué ocurre entonces cuando un ético de la virtud se confronta con un dilema moral y se ve obligado a elegir entre dos conductas? ¿Debería mentir para hacer sentir mejor a sus amigos, o debería decir la dolorosa verdad? ¿Debería dar una limosna al mendigo callejero, o no? A diferencia del deontólogo y el utilitarista, no posee principios de conducta moral para guiarlo. ¿Cómo, entonces, resuelve esos dilemas?

Una respuesta es: el ético de la virtud debe preguntarse cómo actuaría una persona virtuosa en su lugar. Si, por ejemplo, cree que la sinceridad es una virtud, y que una persona virtuosa evita mentir, entonces elegiría decir la verdad a un amigo. Por el contrario, si cree que la sinceridad no es una virtud, o por lo menos una carente de importancia, puede decidir mentirle a un amigo.

Mucho depende, entonces, qué es exactamente una persona virtuosa; dicho de otro modo, que características de personalidad se consideran virtudes. Aquí es donde los éticos de la virtud no se ponen de acuerdo. Si bien todos están de acuerdo que la moralidad es una cuestión de virtudes, pueden diferir respecto a cuáles características de personalidad comprenden esas virtudes. Platón, por ejemplo, en su libro República sostiene que las cuatro virtudes principales son prudencia, justicia, fortaleza y templanza. Otros no están de acuerdo y ofrecen una lista diferente de virtudes.

Un enfoque general interesante es el ofrecido por otro filósofo griego antiguo, Aristóteles (384-322 AEC). Según él las virtudes morales son hábitos que estudiamos y desarrollamos con la práctica, y que se encuentran entre dos extremos: el exceso y la deficiencia. El valor, por ejemplo, es una virtud porque se encuentra entre la cobardía y la temeridad. De modo similar, la moderación es una virtud que se encuentra entre la búsqueda del placer y la abstinencia. Una persona moralmente virtuosa es una que tiene esas características de postura intermedia. La ética aristotélica nos dice, por lo tanto, que deberíamos tratar de ser virtuosos desarrollando ciertos rasgos de carácter, o tendencias morales, que no sean extremos. Haciéndolo nos adjudicaríamos una sensación de bienestar, o, "eudaimonia", en griego.

—*Interesante —añade Ana—, pero eso no me parece ser lo que Ángela y Felipe tienen en mente. Su sentido del deber les dicta cómo deberían actuar, no que tipo de personas deberían ser.*
Ángela y Felipe coinciden.

—*Aun así —señala Felipe—, aprendí algo importante de Aristóteles: que mi propio sentido del deber habla el lenguaje de las acciones morales, no el de las personalidades morales. Gracias a Dios, que no me estoy torturando sobre lo que debería ser, sólo sobre lo que debería hacer —agrega con una sonrisa.*
Se hace un minuto de silencio mientras los participantes cavilan. Juan rompe el silencio, hablando tímidamente.

—*Temo que es exactamente cómo me torturo a mí mismo a veces. Muy a menudo me golpea la sensación de que no soy una buena persona, de que debería ser más paciente, más generoso, más cariñoso. Entiendo que es una voz del tipo de la ética de la virtud. ¿Qué quiere de mí, que sea un santo?*
Algunos sonríen expresando empatía.

—*Sé exactamente cómo te sientes —dice Ana con un suspiro.*

Nel Noddings: Desarrollando relaciones afectivas[27]
Nel Noddings, una filósofa norteamericana contemporánea de la educación es una destacada teórica de la denominada "ética del cuidado", que es considerada a veces una forma de ética feminista. Ella sugiere que la ética tradicional —incluidos el enfoque deontológico, el utilitario y el de la virtud— representan una forma de pensamiento masculino. Identifica una forma femenina de pensamiento moral, basado en el concepto del "cuidado".

Algunos han cuestionado la idea que la ética del cuidado merece ser considerada "femenina", y opuesta a los enfoques tradicionales, presumiblemente "masculinos." Y sostienen que esos enfoques no son

27. Nel Noddings, *Caring: A Feminine Approach to Ethics and Moral Education* [*El cuidado: Un enfoque femenino a la Ética y a la enseñanza de la moral*], Berkeley: University of California Press, 1986.

un asunto de género. No trataremos de resolver este debate aquí. Dejando de lado la cuestión de femenino o masculino, el punto importante es que Nodding distingue entre dos tipos de ópticas: ética (o moralidad) basada en la justicia y ética (o moralidad) basada en el cuidado. Los enfoques basados en la justicia ("masculinos"), como la ética utilitaria y deontológica, están centrados en la cuestión de qué es correcto y qué es incorrecto. Intentan definir principios generales que determinarán rectitud e injusticia. Su foco principal es el individuo, ante todo los derechos y la felicidad de éste.

En cambio, para la ética del cuidado, (que Noddings considera femenina) lo importante es la relación de cuidado entre las personas. Su tema principal no es cómo respetar los derechos del individuo o mejorar su felicidad, sino cómo fomentar y mantener relaciones de cuidado.

Desde esta perspectiva, cuando enfrentamos un dilema ético, nuestra preocupación principal no debería ser quién tiene razón y quién no, sino más bien cómo puedo conducirme de una forma que exprese y cultive la relación de cuidado entre nosotros.

Si bien el propósito del grupo no es discutir filosofías abstractas, Linda quiere asegurar que los participantes entienden las ideas que había explicado, y pueden apreciar sus principales implicaciones. Para ello los participantes discuten brevemente las cuatro teorías éticas, las aplican a ejemplos imaginarios y las comparan entre sí. Cuando Linda siente que el grupo posee una comprensión general del material, interrumpe la discusión y sugiere que examinen cómo esas teorías son aplicables a sus propias experiencias personales.

—Con suerte —explica—, esas teorías arrojarán alguna luz sobre cómo experimentamos nuestra voz de la conciencia. Dado que nuestro grupo es demasiado grande para hablar de las experiencias de cada uno, dividámonos en cuatro equipos más pequeños. Cada equipo analizará las experiencias de uno de sus miembros. Así desarrollaremos cuatro conversaciones paralelas. Felipe y Ángela, ¿podrían compartir con los miembros de su equipo sus experiencias personales? Su rol será formularles preguntas y hacer sugerencias para ayudar a enunciar su propia voz de la conciencia y qué es lo que está diciéndoles exactamente.

Ambos expresan su consentimiento.

»¿Quién más está dispuesto a ofrecerse como voluntario? Necesitamos cuatro, uno para cada equipo.

—Yo lo estoy —dice Marco—. *El deber no es algo que me preocupa, pero tengo mis propias opiniones acerca de lo que una persona moral está obligada a hacer.*

—Las opiniones no son nuestro tema, Marco. *Estamos interesados en nuestras experiencias cotidianas, en nuestra actitud hacia la vida, en nuestra caverna de Platón. No queremos entender opiniones abstractas sino el sentido del deber que motiva a cada uno de nosotros en su vida diaria.*

Finalmente, dos participantes se ofrecen para compartir sus experiencias y discutirlas con los miembros de su grupo. Los participantes se dividen en cuatro equipos, cada uno formado por un voluntario y dos miembros adicionales. Cada uno se ubica en rincón diferente del cuarto.

Como punto de partida Linda le pide a cada voluntario recordar una experiencia reciente y relevante y compartirla con los otros miembros del equipo. Entonces los miembros del equipo tienen libertad de solicitar al voluntario más detalles y discutirlos entre ellos.

En este momento se realizan cuatro conversaciones paralelas. Linda las recorre, y ocasionalmente se detiene para escuchar u ofrecer comentarios y sugerencias.

Media hora después los participantes regresan al círculo general. Comparten lo que se hizo en su equipo y que han aprendido sobre la comprensión perimetral del voluntario. Linda les ayuda a afinar sus observaciones.

—Es fascinante —comenta Felipe al final del encuentro—. *Nunca me había dado cuenta de que mi sentido del deber habla en el lenguaje de la justicia —de justo e injusto— a expensas de otras cosas importantes. Nunca me había dado cuenta de que hay otras formas legítimas de relacionarse con la gente. Ahora comprendo que cuando destaco el deber estoy minimizando la importancia de la felicidad, o de relaciones solidarias. En efecto, mi sentido del deber es declarar: ¡deber es lo único que cuenta! Olvídate de lo que la gente siente, olvídate de lo que son, olvídate de conectarte con ellos —lo único relevante es si están en lo correcto o incorrecto.*

—Esa es una observación valerosa, Felipe —responde Linda. —*Podríamos afirmar que eso es parte de tu cosmovisión perimetral. Es tu manera de entenderte, a ti y a los demás —tu teoría automática, por así decirlo. Y como todo perímetro, limita tu mundo. Quizás en algún futuro podamos pensar que podrías hacer al respecto.*

Capítulo 7

Fuera del perímetro – la dimensión interior

Ahora que estamos comenzando a ver la estructura del perímetro, podemos preguntarnos qué significa dar un paso más adelante. Usando la terminología platónica, si nuestra caverna es nuestra comprensión habitual del mundo ¿qué significa entonces salir de él? ¿Y qué podríamos encontrar allí afuera?

¿Puede la práctica filosófica aspirar a satisfacer necesidades?

Anteriormente sugerí que deberíamos comprender la salida de la caverna como un proceso de autotransformación. Sin embargo, la idea de transformarse a uno mismo puede parecer intimidadora o incluso poco realista. Por lo tanto, puede resultar tentador conformarse con un objetivo más prosaico y transformar la Alegoría de la Caverna de Platón en un asunto familiar y cotidiano.

De tal modo que uno podría pensar que salir de la caverna significaría simplemente superar la insatisfacción o la angustia personal o la conducta disfuncional, o el satisfacer cualquier necesidad que uno podría tener: vencer la timidez y desarrollar la asertividad, mejorar la comunicación en la familia, encontrar una carrera gratificante o controlar la ansiedad.

Este enfoque es muy común en el asesoramiento psicológico y la psicoterapia, pero al ser aplicado a la filosofía es sumamente inadecuado, por varias razones. Primero, distorsiona y trivializa las grandes visiones de los filósofos transformistas de todas las épocas. En lugar de cuestionar nuestra vida normal e inspirarnos a trascenderla, aspira a que volvamos a la normalidad. En lugar de despertarnos de la "caverna" de nuestra estrecha existencia, busca ayudarnos a embellecer nuestra caverna y hacerla más confortable.

Segundo, al darle a la filosofía la tarea de resolver problemas personales y llenar necesidades, la estamos convirtiendo en un simple instrumento para obtener satisfacción. Esto significa que la práctica filosófica estaría guiada por consideraciones de bienestar del cliente, que se antepondrían a consideraciones filosóficas. Ya no interesa si un proceso filosófico es profundo o superficial, coherente o confuso, abierto o dogmático, siempre que consigue hacer que los clientes se sientan mejor. Si, por ejemplo, como filósofo práctico, me pregunto si dar o no dar a un cliente cierto texto para leer, o cuestionar la suposición de éste, mi decisión dependería de que mejoraría el bienestar de mi cliente, y no que llevaría a una comprensión filosófica más profunda. Después de todo, un eslogan sencillo podría resultar ser mejor para resolver la ansiedad que una idea filosófica profunda. O sea, apuntar a la satisfacción del cliente significa traicionar a la filosofía como búsqueda de entendimiento y sabiduría.

Tercero, al otorgarle a la filosofía el objetivo de satisfacer necesidades y promover la satisfacción, se convierte en parte del espíritu consumista que caracteriza a la economía de mercado contemporánea. El filósofo se convierte en un suministrador de bienes hechos a medida para satisfacer las necesidades aparentes del cliente, igual que el chef que prepara las comidas de acuerdo al gusto del comensal, o como el cirujano plástico que modifica narices para satisfacer la necesidad de admiración, o el diseñador de interiores que diseña salas de estar para satisfacer la necesidad de conveniencia y elegancia de la gente. El resultado es que la filosofía, que siempre aspiró a ser un crítico de las convenciones sociales se convierte ahora en simplemente otro actor *dentro* de la sociedad. En lugar de cuestionar y examinar radicalmente nuestras necesidades preconcebidas, se convierte ahora en alguien que las satisface. Los filósofos prácticos se hallan por lo tanto adaptando sus prácticas a las demandas del mercado, a las necesidades y metas declaradas de sus clientes. Dejan de ser un Sócrates o un Rousseau o un Nietzsche que sacuden a la gente fuera de sus ilusiones presuntuosas y la persecución de satisfacciones personales, que claman a la sociedad lo que esta no quiere escuchar, sino son más bien profesionales domesticados que buscan satisfacer.

Por supuesto que no tiene nada de malo ayudar a las personas a sentirse mejor, pero eso deja de ser filosofía en el sentido original de *philo-sophia*, de amor a la sabiduría y la búsqueda de la verdad y la comprensión. La filosofía en su sentido más profundo es una crítica a nuestras necesidades preconcebidas, y no quien satisface esas necesidades. Su objetivo es alentar el descontento, no ofrecer satisfacción. Busca suscitar perplejidad y asombro, no producir soluciones y complacencia; alentar una apreciación de la complejidad y la riqueza de la vida, no de simplificarla en soluciones y resultados. La práctica filosófica no busca conducir a la gente a la normalidad, sino que cuestiona todo lo que es "normal".

Los filósofos prácticos mencionan a menudo a Sócrates y Platón como sus modelos. Pero Sócrates sin duda no fue un satisfactor de necesidades; era un provocador. A sus "consultantes" les ofreció agitación, asombro, confusión, insatisfacción creativa. De modo similar, Platón buscaba sacar a la gente de su caverna estrecha, fuera de su mundo de sombras —lo que sería fuera de sus concepciones "normales" y necesidades percibidas. Su objetivo no era resolver problemas *dentro* de sus cavernas —cómo enfrentarse al jefe, cómo sentirse mejor consigo mismos, como encontrar una carrera gratificante— sino despertar en ellos un anhelo durmiente de ir más allá de la caverna, más allá de sus preocupaciones.

En este sentido socrático y platónico, el verdadero filósofo es un agitador, un revolucionario y por una muy buena razón: la búsqueda de sabiduría requiere cuestionar lo obvio, renunciar a las convicciones pretéritas, sacrificar nuestro bienestar y seguridad, dar la espalda a necesidades y valores percibidos y aventurarse dentro de terreno desconocido.

Un examen detenido a algunos filósofos transformacionales

Una mejor comprensión del significado de salir de la caverna puede ser encontrada en los escritos de los filósofos transformacionales. Como lo he señalado anteriormente, es común entre ellos la distinción entre dos actitudes hacia la vida, una limitada y la otra más llena. Si bien esta distinción podría ser una cuestión de grado más que de dicotomía total, en aras de la simplicidad pondremos el foco en los polos extremos. Mientras que en la primera actitud involucramos sólo aspectos superficiales, en la actitud más llena involucramos aspectos más profundos de nuestro ser.

Para una comprensión mejor de lo que esto significa, examinaremos con mayor detalle algunos ejemplos. Elegí poner el foco en Rousseau, Bergson, Buber y Marco Aurelio, como representantes de un grupo entero, dado que son muy distintos entre sí y por lo tanto cubren un amplio espectro de perspectivas. Como veremos, a pesar de las diferencias entre ellos, representan variaciones de los mismos temas comunes.

Jean-Jacques Rousseau: El ser natural versus la máscara falsa

Rousseau fue un importante filósofo francés del siglo XIX, cuyos escritos tuvieron un enorme impacto sobre el pensamiento moderno. En su libro *Emilio*[28] distingue entre el ser falso, artificial y social y el verdadero y natural ser.

Rousseau se interesa por los juegos sociales que la gente realiza a través de los cuales desarrolla un falso sentido del ser. Las personas siguen normas sociales, se adaptan a modos de habla y conducta socialmente aceptables o respetables, aspiran a poseer lo que poseen sus vecinos y piensan y sienten de formas preestablecidas. Esto no es una mera conducta externa que se pone de manifiesto. Peor, las personas son inculcadas a actuar de acuerdo con esas pautas de pensamiento, emoción y conducta, hasta el punto de identificarse con los juegos sociales que ejecutan. Su vida se vuelve distante de su propio y verdadero ser y en ese sentido se vuelven alienados de sí mismos.

Algunos procesos psicológicos son responsables de esta alienación, entre ellos el compararse con otros, sucumbir a presiones externas, imitación, manipulación y el actuar por orgullo y amor propio. El resultado es que el individuo desarrolla una concepción falsa de quién es, o sea, un ser falso. Pero dado que se identifica con ese falso ser no tiene conciencia de su falsedad.

La solución a esta condición humana de alienación, de acuerdo a Rousseau, es una educación que debe comenzar desde la temprana infancia. Esta aislaría a los niños de influencias sociales destructivas, y mientras sean jóvenes e impresionables, los pondrá en un ambiente educativo protector, dentro del cual sus auténticas fuentes de vida podrán desarrollarse libremente, sin ninguna distorsión externa.

---

28. *Emile, or On Education* [*Emilio o De la Educación*], New York: Basic Books, 1979.

Aquí Rousseau hace una importante (y discutible) conjetura: de que poseemos recursos interiores naturales que son bastante independientes de las influencias sociales. Esos recursos son denominados el *ser natural*. Este representa el potencial innato de una persona y puede ser comparado a la naturaleza innata de un árbol, que posee el potencial de desarrollarse desde una semilla a un árbol saludable con un fuerte tronco, ramas y hojas. Para que esta naturaleza interior pueda funcionar, el árbol necesita condiciones básicas, tales como suelo apropiado, sol y agua para que su naturaleza interna pueda expresarse totalmente. De modo similar, una persona auténtica está animada por un ser interior —una fuente de energías automotivadas, que son espontáneas, productivas, autónomas, autosuficientes y de buen corazón— que necesitan algunas condiciones básicas para expresarse íntegramente en el proceso de crecimiento. O sea, el rol que Rousseau imagina para la educación es el de crear el "invernadero" en el cual la joven planta crecerá sanamente antes de ingresar a la sociedad. El educador es comparado con un jardinero que no intenta dictar a la joven planta cómo crecer, sino que solamente proporciona las condiciones que permitirá a su potencial a desarrollarse de forma óptima.

La visión de Rousseau puede ser criticada por emplear una distinción simplista entre influencias sociales y recursos internos. Se puede objetar que un ser que no está formado por influencias sociales no puede ser un individuo completo y saludable. Las influencias sociales son una parte esencial del crecimiento, la madurez, la autocomprensión y la identidad personal.

Esta es una objeción legítima, pero no tenemos que discutirla aquí. Para nuestros fines podemos considerar a los detalles de la teoría de Rousseau como la vestimenta externa de una visión fundamental que lo inspiró: que la faceta cotidiana de nuestro ser no es todo lo que posemos ser, y no es siquiera nuestra parte más profunda y más verdadera. Nuestro ser más profundo y más verdadero está por lo común dormido e ignorado, y sólo puede ser despertado en condiciones apropiadas.

Note que el falso ser de Rousseau es una estructura psicológica que sigue pautas específicas: la tendencia a comparar, manipular, imitar, realizar juegos de poder, etc. Es un *mecanismo* psicológico, y es por ello que se expresa con patrones fijos. En contraste a ello el ser natural de Rousseau no está gobernado por mecanismos psicológicos y no sigue a ninguna de esas pautas. Es más bien espontáneo y libre. Por cierto, apenas es posible describirlo. Mientras Rousseau describe detalladamente los mecanismos que dan forma y controlan nuestro ser falso, dice muy poco acerca de la estructura de nuestro ser natural. Lo que nos cuenta acerca de Emilio —su ejemplo ficticio de un niño natural— es una historia, un ejemplo específico, y no una teoría generalizada, y por cierto no una teoría acerca de la psicología de Emilio. Esto es comprensible; el ser natural carece de mecanismos definibles y patrones de conducta, y como tal no puede ser capturado por formulas generales.

Pero ¿cómo puede el ser natural dar forma a nuestra conducta, pensamientos y emociones si no es un mecanismo psicológico? Si bien Rousseau no lo dice en forma explícita, sugiero que el ser natural pertenece a una categoría que es completamente diferente de la del ser falso. El ser natural de Rousseau es una fuente de energías y motivaciones, más que un mecanismo que controla y da forma. La persona auténtica está alimentada por un ser interior y fluye de él, y no está gobernado por él.

Vemos aquí una dicotomía entre dos realidades mentales: una está por mecanismos que nos imponen patrones psicológicos y de conducta, mientras que el otro fluye libremente de una fuente de energías de vida. Esta es una dicotomía entre un mecanismo y una fuente, patrones versus espontaneidad, fuerzas controladoras versus plenitud.

Henri Bergson: Totalidad versus fragmentación

Una distinción similar es posible encontrar en la mayoría de otros pensadores transformistas, si bien cada uno la mira desde otro punto de vista. Para otro ejemplo, hagamos un salto de tres siglos, hasta Henri Bergson, un filósofo francés honrado con el Premio Nobel, que ejerció una influencia destacada a principios del siglo XX, que todavía se nota en la filosofía europea contemporánea.

A diferencia de Rousseau, cuyo interés está enfocado primeramente en la relación entre el individuo y la sociedad, Bergson se centra en nuestra vida mental interior y el modo en el que fluye a través del tiempo. En su libro *Tiempo y libre albedrío*[29] sostiene que los distintos elementos de nuestra vida mental —los diferentes matices de emociones, sensaciones, sentimientos, pensamientos, imágenes, etc. — están organizados de un modo especial, que varía fundamentalmente de la organización de objetos materiales. Piedras, sillas y casas son "cosas" fijas y estables, separadas unas de otras. Tienen propiedades determinadas, ocupan un lugar específico en las dimensiones de espacio y tiempo, son externas entre sí, y están hechas (o pueden ser rotas) en partes separadas e independientes.

Por el contrario, nuestra vida mental tiene una organización que Bergson denomina "duración": un fluir holístico de cualidades que se interpenetran. Esas cualidades, no como los objetos materiales, no son elementos separados ni son estables con el correr del tiempo. Cuando bebo un vaso de vino, por ejemplo, su gusto no es completamente distinto de la sensación de aroma en mis fosas nasales, de la textura que siento en mi boca, del placer de estar juntos que experimento con mis amigos, o incluso del dolor de cabeza o la ansiedad que puedo llegar a tener. Esas cualidades "dan color" a las otras. Están también coloreadas por momentos previos —por la comida que degusté hace diez minutos, o por la conversación irritante que he tenido. Y dado que el pasado crece constantemente a cada momento, una cualidad mental nunca permanece igual con el pasar del tiempo. El primer momento de beber vino, por ejemplo, no es el mismo como un momento más tarde, cuando el gusto se extendió de un suave cosquilleo en la lengua a toda la boca; y no es el mismo en la segunda o tercera copa, cuando la sensación es pesada y sosa. El pasado acumula constantemente cualidades adicionales a medida que pasa el tiempo, de modo que cada experiencia cambia constantemente.

Además, en sentido estricto, no se puede siquiera hablar de diferentes intensidades de la misma sensación. La cualidad de dolor de cabeza "suave" —un pinchazo agudo en la sien— no es la misma que la cualidad de mazazo de un dolor de cabeza "fuerte" que reverbera por toda mi cabeza. Distintos dolores de cabeza difieren no sólo en intensidad sino también en sus cualidades básicas. Solamente

---

29. *Time and Free Will: An Essay on the Immediate Data of Consciousness* [*Ensayo sobre los datos inmediatos de la conciencia*], New York: Dover Publications, 2001.

el lenguaje los agrupa y representa como intensidades diferentes de una misma cosa.

Por tanto, nuestra vida mental interior no es una permutación de cualidades fijas. Tratamos a nuestra vida mental como si estuviese formada por elementos separados, estables y medibles de intensidades variadas, solamente en bien de la simplificación y la comunicación. Extraemos una cualidad específica del flujo en el que aparece, ignora matices y cambios graduales e impone caracterizaciones inequívocas: "dolor de cabeza", "amor", "mayor felicidad", "la misma ira."

La consecuencia de estas abstracciones lingüísticas es profunda. Poco a poco se vuelven reales en nuestra mente dado que se imponen a nuestras cualidades mentales, que cristalizan y se convierten en fragmentos separables. En el flujo de nuestra vida mental se forma una corteza —hecha de cualidades mentales que ya no están vivas y fluyendo, sino distintas y determinadas. Esos objetos mentales inertes flotan en el flujo holístico mental como hojas muertas en un estanque. Gradualmente comenzamos a ignorar la rica corriente que fluye debajo de ellas y empezamos a vivir mayormente en la superficie de nuestro ser.

Como resultado perdemos el contacto con la plenitud de nuestra vida interior. La mayor parte del tiempo no somos conscientes de que la vida que vivimos es sólo la corteza de elementos mentales cristalizados e inánimes, que no fluyen en una sinfonía creativa, sino que siguen patrones fijos y mecánicos. En esta etapa no somos nosotros mismos completamente. Solamente en momentos especiales la corriente profunda de nuestra vida mental rompe la superficie y hace erupción. Sólo entonces expresamos nuestro entero y verdadero ser completa y libremente.

A pesar de que habitualmente no tenemos consciencia del flujo sinfónico de nuestra vida mental, tenemos la capacidad de reconocerlo. A esto Bergson denomina *intuición*. Para él la intuición es un modo de comprensión holístico y directo. Comprende el todo sin partirlo en sus partes, sin imponer sus conceptos y distinciones. Es, más aun, un modo de comprender la vida desde el interior, que nos conecta directamente con el río de la vida.

Llama la atención cuán similares son las teorías de Bergson y Rousseau, a pesar de sus diferencias evidentes. Ambos distinguen entre dos aspectos de nuestra vida interior: una capa superficial que es producto de estructuras impuestas desde el exterior, frente a una vida interior profunda, auténtica y libre que emerge de la plenitud del ser profundo. Para los dos pensadores el resultado es que normalmente no vivimos nuestra vida cotidiana en su plenitud potencial; que la vida superficial que transcurrimos habitualmente está tergiversada por estructuras ajenas; que esas estructuras limitan la vida a modos estrechos y artificiales de relacionarnos con nosotros mismos y con nuestro mundo; y que existen medios más grandes dentro nuestro que no reconocemos y no utilizamos habitualmente. Evidentemente los dos pensadores expresan la misma comprensión, cada uno en los términos de sus propios conceptos e ideas.

Martin Buber: El estar juntos versus la distancia

El tercer estudio de caso se centrará en Martin Buber —un influyente filósofo israelí del siglo XX, nacido en Austria— precisamente porque su filosofía parece muy diferente de las de Rousseau o Bergson. Ya lo hemos encontrado brevemente en este libro, y es tiempo que apreciemos sus ideas con más detalle.

Buber coloca la vida auténtica en las relaciones interpersonales, en contraste con las visiones individualistas de Rousseau y Bergson que consideran que la fuente de la vida auténtica se encuentra dentro del individuo. Pero a pesar de esta clara diferencia, podemos encontrar el mismo tema central en los escritos de Buber, la misma distinción básica entre las dos formas de ser.

En su libro *Yo y tú*[30] Buber explica que habitualmente asumimos hacia otros una actitud que él llama relaciones Yo-Ello. Estoy en una relación Yo-Ello con otra persona cuando me relaciono con ella como si fuera un objeto —un objeto de mis pensamientos, de mis emociones, de mis experiencias, etc. Esto ocurre, por ejemplo, cuando trato de averiguar lo que piensa, o cuando la analizo o la psicologizo, cuando me formo una impresión de ella o tengo un pensamiento de ella, cuando la miro con curiosidad, la trato como una molestia o como un medio para satisfacer mis necesidades, fantaseo sobre ella, le temo, la manipulo, etc. relaciones Yo-Ello no involucran necesariamente intenciones negativas. Por ejemplo, puedo ser un psicólogo

---

30. *I and Thou* [*Yo y Tú*], New York: Scribner´s, 1970.

benevolente o un querido amigo que trata de curar el alma atormentada de su semejante. Si trato de comprender que le preocupa o de investigar los motivos de su angustia, asumo una relación Yo-Ello hacia esa persona.

Podemos adoptar una relación Yo-Ello hacia otras personas y también hacia la naturaleza, plantas y animales, obras de arte y música e incluso hacia Dios. Esto ocurre cuando los tratamos como objetos de nuestros pensamientos o de nuestras experiencias, como cosas para averiguar, manipular o utilizar. Nuestra vida cotidiana está habitualmente dominada por relaciones Yo-Ello.

El problema con ellas es que son parciales, remotas y alienantes. Primero, dado que el Otro en las relaciones Yo-Ello es para mí un objeto, me relaciono con él a través de pensamientos y experiencias que son *acerca* de él. Esto quiere decir que somos ajenos el uno respecto al otro. Nos separa un abismo —el abismo entre un sujeto y un objeto, el observador y el observado.

Más aun, sólo una parte limitada de mí está involucrada en las relaciones Yo-Ello, o sea los pensamientos y las experiencias que empleo en ese momento. Puedo, por ejemplo, demostrar interés en la otra persona mientras el resto de mi personalidad permanece indiferente. O, puedo atender lo que dice con respeto y placer, sin involucrar otras partes.

Así que las relaciones Yo-Ello objetivan, distancian y son parciales. Y dado que para Buber las relaciones ocupan un lugar central en la existencia humana, esto significa que cuando asumo ese tipo de relaciones no estoy viviendo mi vida a pleno.

Aquí las concepciones de Buber concuerdan con el pensamiento básico de Bergson y Rousseau: en la vida cotidiana habitualmente no soy fiel a la plenitud potencial de mi existencia, aunque normalmente no soy consciente de esa carencia de autenticidad.

Más aun, igual que ambos pensadores, Buber también sugiere que es posible superar ese estado alienado y empobrecido. Es necesario un cambio que pueda transformar fundamentalmente, por lo menos temporalmente, mi forma de relacionarme con otros y con el mundo.

Para Buber esa transformación está sólo parcialmente a mi alcance. Puedo estar atento y abierto hacia ella, pero tiene una vida propia. A veces aparece por algunos momentos, como por sí misma y desaparece. A esta transformación Buber denomina relaciones Yo-Tú.

Cuando me encuentro en una relación de Yo-Tú con otra persona, estoy *con* ella con la totalidad de mi ser. Esto ocurre, por ejemplo, en momentos especiales, cuando un estar juntos inefable, me ata a otra persona, que es en ocasiones un amigo, y en otras un completo extraño. En esos momentos, no pienso sobre la otra persona, no trato de adivinar lo que siente. No nos separa conocimiento, pensamiento o experiencia, no hace falta que hay algo que nos relaciones para unir la brecha que separa nuestras vidas, ya que esa brecha no existe. Estamos unidos por el estar juntos, en una relación básica que no puede ser desmenuzada en elementos más pequeños. En esos momentos estamos totalmente presentes en nuestra relación, en nuestra totalidad y por lo tanto auténticos a la plenitud de nuestro ser. A través de la relación Yo-Tú obtenemos nuestra autenticidad. A pesar de que es imposible mantenerla todo el tiempo, es una fuente de significado y validez de todas las interacciones y de la vida en general.

Como podemos ver, así como Rousseau y Bergson, Buber sugiere que una autotransformación puede llevarnos a contactar la plenitud de nuestro ser, que nos puede capacitar a establecer una relación más completa con la vida, y de ese modo vivir de forma auténtica. Pero aquí Buber destaca algo que no se advierte tanto en los otros dos enfoques. Para poder verlo, fíjese que Buber desafía una suposición aparentemente evidente, a saber, que como persona soy una entidad autónoma cuya existencia es separable de otras personas y objetos que me rodean. De acuerdo con esta suposición, mi naturaleza e identidad son independientes de otros a mi rededor, así como una roca es en principio independiente de otras rocas.

Pero de acuerdo a Buber, es sólo en la alienada relación Yo-Ello que somos esos átomos separados y autónomos. En mi realidad más profunda, que aparece en la modalidad Yo-Tú, mis relaciones con otros son parte de lo que soy. Soy una persona-en-relación, de modo que mi esencia incluye mis relaciones con otras personas, con objetos, con la naturaleza, con ideas, con Dios. En otras palabras, soy fundamentalmente relacional, fundamentalmente yendo más allá de mí mismo. Las fuentes de mi existencia —aquellas que me dan vida, significado, identidad— no están solas en mí, sino en mi existencia con otros.

Ya hemos visto el germen de una idea similar en Bergson. Este mantiene que nuestras cualidades mentales no son objetos separados exteriores entre sí, porque siempre compenetran cualidades cercanas que están abiertas hacia afuera de ellas. Buber va un paso más cuando sugiere que una persona como un todo no es una entidad cerrada. En mi realidad fundamental, tal como se revela en las relaciones Yo-Tú, estoy abierto al otro, y en ese sentido soy más que mí mismo. De hecho, en un libro tardío de Bergson, *Evolución creativa*, la vida de una persona está descripta como parte de flujo integral de vida en el mundo[31].

Marco Aurelio: Participando en el cosmos

En este último tema —nuestra actitud fundamental de apertura hacia más allá de nosotros— ya se había desarrollado muchos siglos antes por el estoicismo, una importante escuela filosófica que floreció en el mundo helenístico antiguo. Un ejemplo interesante se encuentra en el libre *Meditaciones*[32], del filósofo estoico (y emperador romano) Marco Aurelio.

En un capítulo posterior trataré sobre este libro con más detalle. Por ahora es suficiente alarar que concibe una autotransformación desde la esclavitud psicológica a la libertad racional interior. Para marco Aurelio estamos generalmente controlados por fuerzas psicológicas, tales como deseos y temores, y de ese modo traicionamos a nuestro ser verdadero, que es nuestra capacidad de actuar libremente y por medio de la razón. Cuando nos rendimos a nuestras fuerzas psicológicas, nos permitimos atarnos a objetos de deseo, a no estar contentos con lo que poseemos, a estar ansiosos por el futuro y a ser víctimas de arrepentimientos, celos, ira y otras emociones angustiantes. Esto no sólo es un estado de esclavitud sino también de infelicidad.

La razón, por lo contario, nos puede liberar de deseos y preocupaciones falsos, dado que nos orienta a aceptar todo lo que nos acontece con tranquilidad, bajo cualquier circunstancia. La razón es nuestra naturaleza esencial, en cuanto seres humanos. Es nuestro

---

31. *Creative Evolution* [*La evolución creadora*], Lanham, MD: University Press of America, 1983.
32. Marcus Aurelius, *Meditations* [Marco Aurelio, *Meditaciones*], Amherst: Prometeus Books, 1991.

"principio rector" (o "daemon"), que reside en el alma de cada persona, pero que en nuestra vida cotidiana olvidamos y perdemos contacto habitualmente, al sumergirnos en nuestras preocupaciones corrientes. Se requieren ejercicios filosóficos especiales para despertar en nuestro interior la conciencia sobre la prisión en la que estamos confinados y para llevarnos de regreso a nuestro ser verdadero, a nuestro principio rector.

Hasta ahora vemos en Marco Aurelio temas transformacionales similares a los de otros filósofos. Pero vale la pena enfatizar una idea adicional: la razón no sólo guía a los seres humanos, sino al universo en general. El universo es un cosmos —un sistema armónico y organizado que se comporta de acuerdo con el *logos* universal, o razón. Es, por lo tanto, un mundo bueno, en donde todo ocurre como debería. Si tenemos la tentación de ver lo que nos acontece como imperfecto y lamentable, lo hacemos porque nos aferramos a deseos estrechos y egocéntricos y no vemos el panorama general. Esperamos que el mundo satisfaga nuestras necesidades.

Una vez que salimos de nuestro punto de vista egocéntrico y miramos la vida desde la perspectiva más amplia de la razón universal, comprendemos que es un mundo perfecto, realmente un mundo sagrado. Es por ello que Marco Aurelio se recuerda a sí mismo una y otra vez a lo largo de su libro que él es una minúscula parte de esa totalidad sagrada. Esa no es una visión pesimista. Por el contrario, al comprender que somos pequeños detalles de un vasto universo nos liberamos de nuestras preocupaciones nimias y podemos ver que participamos en un orden de cosas más grande. Nuestra diminuta existencia cobra valor y significado de la totalidad.

No debemos aceptar la metafísica estoica para apreciar la percepción fundamental que enfatiza: que deberíamos vernos no como átomos aislados sino como parte de un todo más amplio. Al adoptar una perspectiva más amplia trascendemos nuestra estrecha visión del mundo.

Esta es, entonces, la transformación que sugiere Marco Aurelio en sus escritos: debemos superar el absorbernos en nosotros mismos y en nuestros deseos y abrir los confines de nuestro mundo egocéntrico a los horizontes más amplios de la realidad. Esto exige un cambio profundo en nuestra comprensión de nosotros mismos, de los otros y de nuestro mundo. Esto requiere también dejar de enfrentar los eventos cotidianos desde la perspectiva exclusiva de nuestros intereses personales, como si fuéramos el centro del mundo, sino desde la perspectiva universal.

La dimensión interior de lo profundo

Los cuatro pensadores mencionados —Rousseau, Bergson, Buber y Marco Aurelio— son solamente una muestra de un grupo más grande de pensadores transformacionales a lo largo de la historia que concibieron una autotransformación guiada por la filosofía. Por lo visto hasta ahora, es obvio que fueron inspirados por una visión similar; o sea, que vivimos usualmente una vida restringida, mecánica, fragmentada, la cual sin embargo somos capaces de trascender. No sólo *podemos* trascender esas limitaciones, sino que *deberíamos* hacerlo. Muy dentro nuestro existe un anhelo —un *llamado*— de transformar de transformarnos y comenzar a vivir una vida más grande, más plena y más rica.

Las transformaciones imaginadas por esas cuatro filosofías son sin duda diferentes la una a la otra en aspectos importantes, no obstante, comparten algunas características considerables:

1. *Preciosidad*: Posiblemente el tema más notorio que comparten estos filósofos es la idea de que el estado de transformación se vive como algo que posee un valor especial. Normalmente, muchos de nuestros momentos cotidianos parecen insignificantes, apenas conscientes, opacos, fáciles de olvidar. En contraste, en el estado de transformación, cada momento es vivido como valioso, cada uno nos proporciona una sensación de importancia especial —no porque es útil para algún propósito futuro, sino porque es significativo de por sí. Un momento estoico de tranquilidad enfocada en armonía con al cosmos, un momento de la espontaneidad simple y libre de Rousseau, un momento bergsoniano de un fluir rico y sinfónico, o un estar juntos buberiano —cada uno de ellos se percibe como preciado, a veces incluso sagrado.

2. *Plenitud*: la preciosidad del momento está parcialmente relacionada con la sensación de estar completa y directamente consciente de la realidad —nuestra, de los otros, del mundo. La típica confusión producto de la desatención y automaticidad se esfuma, y apreciamos el momento en su plenitud, apreciación que está viva e

intensa en nuestro interior. No es u tipo teórico de apreciación —no adquirimos una nueva teoría sobre hechos desconocidos con anterioridad, sino que somos directamente conscientes de la plenitud y riqueza de la realidad dentro y fuera nuestro.

3. *Unidad del ser*. Normalmente, cuando estoy dominado por mis mecanismos y fuerzas psicológicos, estoy dividido. Mis partes son activadas por fuerzas y mecanismos diferentes que expresan actitudes y comprensiones incoherentes. Por lo contrario, en el estado de transformación, soy uno. Mis pensamientos, emociones y conductas no están más separadas y aisladas, no tiran en direcciones opuestas, sino que son parte de un todo unido.

De ese modo, mi conducta no es producto de fuerzas psicológicas dispares que me imponen sus reglas y agendas, sino que surge de mi ser interior. Soy movido por una sola fuente, el *logos* estoico, el ser espontáneo natural, el flujo bergsoniano, el estar juntos de Yo-Tú. Soy uno conmigo mismo.

4. *Descentralización*: en la vida cotidiana me considero estando en el centro de mi mundo y tratando de dirigirlo y controlarlo. Me preocupan mis agendas y e inquietudes personales, mis necesidades y satisfacciones, la forma en la que aparezco y la impresión que hago a las personas. En el estado de transformación, por lo contario, soy parte de una realidad más amplia que se extiende más allá de mi ser diminuto a horizontes más anchos de vida. Para Marco Aurelio soy una parte integral del cosmos, comprendo ser una pequeña entidad en el vasto cosmos y vivo de acuerdo con el *logos* universal. Para Rousseau nos mueven las energías de vida espontáneas desprovistas de preocupación por nosotros mismos; para Bergson soy un riachuelo en el flujo creativo de la vida; y para Buber me hallo en un estar juntos con otros y con el mundo. Para todos esos filósofos vivo en nombre de la vida en lugar de vivir en nombre de ser absorto en sí mismo.

5. *Libertad interior*: antes de la transformación me encuentro controlado por fuerzas y patrones psicológicos fijos; en este sentido no soy libre. Después de la transformación, tal como lo explican los cuatro pensadores, estoy liberado de esos mecanismos. Dado que soy uno conmigo mismo, no existe una brecha entre mí y lo que mis mecanismos psicológicos me ordenan hacer, entre el controlador y el controlado de mi interior. Puesto que todo lo que hago y siento y

pienso emerge de una fuente unificada de energías, yo soy el que determina. Según Bergson mi consciencia fluye en una libertad holística creativa. Como un estoico me identifico con mi guía interior y actúo libremente desde ella. Como un hombre natural de Rousseau mi conducta surge libre y espontáneamente del interior del ser natural. Como buberiano me relaciono con cada persona de un modo único y nuevo.

Para resumir, los cuatro filósofos transformacionales presentan el estado de transformación como radicalmente diferente de los momentos ordinarios anteriores a éste. Cada momento es precioso y pleno, poseedores de una sensación de unidad interior, de apertura más allá del ser, de libertad interior.

Todo esto, sin embargo, podría parecer una mera cuestión de estado mental subjetivo. Un estado mental subjetivo, profundo como pueda ser, no es mucho. El mismo efecto podría ser producido por drogas. Sin embargo, una observación más cercana podría revelar que esa transformación es más que una experiencia subjetiva. Nos permite también comprender nuestra realidad de nuevas formas: el estado mental estoico nos revela los modos de la razón en el cosmos; El ser natural de Rousseau nos permite ver el mundo humano tal como es, sin las distorsiones de las normas sociales; el flujo de la consciencia de Bergson nos permite apreciar nuestro flujo holístico antes de haber sido fragmentado; y las relaciones Yo-Tú de Buber nos revelan a la otra persona en su plenitud, así como la verdadera naturaleza de las relaciones antes de que hayan sido objetivadas por la distancia y la separación.

De modo que el estado mental no es exactamente experiencial, es también una ventana a un conocimiento más profundo de nuestra realidad humana. Nos permite comprender la dimensión más básica y profunda de la existencia debajo de su superficie visible normalmente. La cuestión es que la transformación no sólo nos permite descubrir nuevas facetas de vida, sino que revela la raíz más profunda de nuestra vida conocida. A través de la autotransformación comprendemos la verdadera naturaleza de nuestra existencia, el contexto más amplio en el que está ubicado nuestro mundo familiar, los principios básicos de nuestra vida antes de que se haya vuelto restringida, fragmentada y achatada.

Podemos entonces afirmar que el desarrollo interior concebido por los pensadores transformacionales nos proporciona un nuevo estado mental que nos permite entendernos, a nosotros y a nuestro mundo, más profundamente. Nos abre otra "dimensión" de vida, o lo que puede ser denominada la *dimensión interior*. Y para recalcar que esta dimensión interior es fundamental para la realidad humana, así como mayormente escondida, se la puede llamar la *dimensión de la profundidad interior*, o, para resumir, *profundidad interior*. El principio rector de Marco Aurelio, el ser natural de Rousseau, el flujo holístico de Bergson y las relaciones Yo-Tú de Buber, son todas perspectivas diferentes —o interpretaciones teóricas diferentes— de esa dimensión interior, la dimensión de la profundidad interior.

El término "dimensión" debe ser considerado en un sentido amplio para permitir cierta diversidad. Algunos filósofos, como Rousseau y marco Aurelio, la ven como una realidad que ya existe en nuestro interior e estado latente, y espera ser descubierta y despertada. Otros, como Nietzsche y Spinoza, la consideran una posibilidad no concretada que espera ser materializada. Para Rousseau esa dimensión interior es una fuente de energías, mientras que para Bergson es una forma de organización de nuestros estados conscientes; para Marco Aurelio es una facultad de comprensión, mientras que para Buber es una forma de relacionarse con otros.

Estas parecen ser interpretaciones teóricas diferentes de la misma comprensión básica. Pero más allá de esas interpretaciones diversas, la comprensión que comparten en común está íntimamente relacionada con los conceptos presentados anteriormente, los de la "caverna platónica" y el "perímetro." Lo que esos pensadores consideran como nuestras actitudes limitadas, superficiales, artificiales y falsas, cada uno con su propia terminología, es lo que yo he llamado nuestro perímetro, o nuestra caverna platónica. Nuestra actitud rígida y acorde a un patrón hacia nuestro mundo. La transformación que nos alientan a tomar es lo que he denominado trascender nuestro perímetro o salir de nuestra caverna.

Podemos decir que los filósofos transformacionales a través de las épocas aspiran a salir de la cueva de nuestra vida normal, fuera de nuestro perímetro y contactarnos con nuestra dimensión interior, despertándola y cultivándola. Ese objetivo —especialmente cuando está formulado en términos de "despertar"— puede ser también hallado en algunas tradiciones espirituales y religiosas. Sin embargo, lo que es interesante acerca de los filósofos transformacionales es su comprensión de que el proceso de despertar y cultivar nuestra dimensión interior puede ser filosófico, o por lo menos puede ser ayudado por la reflexión filosófica. En otras palabras, puede ser un proceso de exploración de ideas fundamentales.

Capítulo 8

Destellos de la dimensión interior

En el capítulo anterior nos hemos centrado en las similitudes entre los diferentes filósofos transformacionales. Es hora de reflexionar sobre las diferencias entre ellos. Como hemos visto estos pensadores interpretan de distinta forma el perímetro humano, proponen diferentes modos para superarlo y conciben de manera diferente la dimensión interior y cómo cultivarla. Estas diferencias sugieren que existen una variedad de maneras de salir del perímetro, que el proceso es sumamente individual y que no puede circunscribirse a una fórmula universal única.

Las diversas filosofías transformacionales

Una diferencia evidente entre las filosofías transformacionales reside en que cada una de ellas utiliza una red diferente de conceptos para entender la condición humana. Si bien cada una plantea una dicotomía central entre nuestra forma de ser perimetral y nuestra forma de ser transformada, cada una la coloca en un panorama conceptual sumamente diferente.

Considera, por ejemplo, las diferencias entre los conceptos que abundan en la filosofía de Rousseau y los que abundan en la filosofía de Buber. Rousseau plantea la distinción entre la condición perimetral y la transformada en función de cuál de ellas se origina desde dentro de la persona versus cuál se origina desde fuera, especialmente por influencias sociales. El resto de sus ideas giran en torno a esta dicotomía básica: por una parte, encontramos ideas tales como máscara social, juegos de poder interpersonales, manipulación, y la comparación del yo con los otros a través de los celos y el orgullo. En la otra cara de la dicotomía encontramos conceptos tales como los deseos naturales y el amor natural, independencia, automotivación, autosuficiencia, autenticidad y espontaneidad.

La filosofía de Buber, por el contrario, coloca la distinción entre el estado perimetral y el estado transformado en un panorama conceptual totalmente distinto. Dado que Buber rechaza la idea de un "Yo" aislado, su idea de la distinción tiene poco que ver con la distinción de Rousseau entre un ser interior independiente y un ser social. Los conceptos centrales que constituyen el mundo buberiano —el de estar juntos versus estar distantes, estar-con versus pensar sobre, compromiso total versus relaciones parciales, el otro como objeto versus el otro como un mundo— no tienen lugar en la visión de Rousseau, y en todo caso no un lugar central.

La perspectiva de Bergson para distinguir entre la condición perimetral y la condición transformada difiere de la de los dos pensadores anteriores. Dado que se interesa principalmente en la fenomenología de la conciencia, su distinción tiene poco que ver con relaciones interpersonales, y es, por lo tanto, ajena a los conceptos relacionales de Buber. En cierto modo como Rousseau, Bergson contrasta la espontaneidad interior con las influencias externas, pero para él esas influencias externas son sobre todo las del lenguaje, y no las relaciones de poder y de comparación social, como lo son para Rousseau. Más aun, mientras que la principal dicotomía en Bergson se presenta en términos de un holismo activo versus fragmentos de unidades fijas, el panorama conceptual de Rousseau está compuesto ante todo por conceptos motivacionales, por ejemplo, los impulsos naturales versus la adaptación a normas sociales, o la autosuficiencia versus las emociones y motivaciones comparativas. Esos son evidentemente panoramas de ideas muy diferentes.

Marco Aurelio también es diferente. A primera vista su principal dicotomía podría semejar a la distinción bergsoniana entre dos estados mentales interiores. Pero a diferencia del panorama de Bergson, el de Marco Aurelio gira en torno a la distinción entre apego emocional y pensamiento racional libre. Esta distinción no tiene lugar especial en el panorama de Bergson, que está enfocado en las cualidades empíricas de estados mentales, y no en sus mecanismos psicológicos subyacentes. Más aun, en el panorama conceptual de Marco Aurelio, la razón y el autocontrol no están asociados con el polo perimetral de la dicotomía central, como lo están para Bergson, sino con el polo transformado.

Para concluir, cada uno de los cuatro pensadores mencionados entiende el estado perimetral y el transformado en términos de una red diferente de conceptos. Si bien estos panoramas conceptuales no son necesariamente opuestos entre sí, —como hemos visto comparten algunas similitudes importantes, al menos en espíritu— hablan, sin embargo, en idiomas diferentes y están compuestos de conceptos diferentes. Son cuatro panoramas conceptuales que expresan ideas, intereses y perspectivas diferentes. Si bien cada uno de ellos tiene una coherencia interna —esto es, las ideas que los componen encajan bien— carecen de coherencia el uno con el otro.

Lo importante es que, dentro de cada filosofía, los mismos conceptos se usan para presentar tanto el estado del perimetral y el estado transformado. Por ejemplo, en el escenario de Marco Aurelio, el concepto de control define tanto el estado perimetral y el estado transformado: Mientras que el primero se caracteriza como un estado en el que los deseos emocionales están bajo control; el segundo se caracteriza como un estado en el que la razón está bajo control; o si se quiere poner de otra manera, si el yo racional no está en control en el primero está en control en el segundo. De manera similar para Bergson, el concepto de fragmentación es crucial en la descripción de ambos estados. Mientras que el perimetral se caracteriza como un estado fragmentado, el transformado se caracteriza por no estar fragmentado, o por ser un estado holístico.

Tenemos entonces que en cada teoría tanto el polo perimetral y el polo transformado se definen en términos de conceptos similares, muchas veces como una negación recíproca: racional versus no-racional, fragmentado versus no-fragmentado, estar juntos versus estar separados. No encontramos ninguna filosofía seria, coherente que combine, por ejemplo, la concepción del estado perimetral de Rousseau con la concepción del estado transformado de Marco Aurelio. Los dos juntos no llegan a conformar un solo panorama conceptual coherente.

Diferencias individuales en las cavernas platónicas

Lo que podemos aprender de esto es que a pesar de que todas las filosofías transformacionales creen en una transformación de un estado perimetral hacia un estado transformado, todas ellas presentan esta transformación con redes de conceptos que son bastante ajenos entre sí. No pareciera que hubiera un modo racional, objetivo de decidir entre estos modos alternativos de conceptualizar el proceso. Me parece no razonable y dogmático declarar que uno de ellos sea el modo "correcto". Podemos concluir que el anhelo básico de salir de la caverna es universalmente humano, pero que su traducción a conceptos específicos no es universal. A individuos con diferentes experiencias de vida, diferentes actitudes y sensibilidades, y diferentes trasfondos personales y culturales las diferentes filosofías transformacionales les pueden parecer más o menos relevantes o aplicables.

Esto nos sugiere que no podemos tener la esperanza de encontrar una sola fórmula para la autotransformación que pudiera aplicarse universalmente a todo el mundo. A lo largo de la historia, tanto en el Oriente como en el Occidente, muchas tradiciones religiosas y filosóficas promovieron su propia visión de autotransformación como la única verdad aplicable a todo el mundo. Hoy en día, por suerte somos mucho más conscientes de las variaciones individuales y culturales, y tenemos que darnos cuenta de que no es posible que haya un solo camino a la autotransformación para todos.

Esto es por qué la filosofía es un enfoque poderoso en nuestra búsqueda de un camino para salir de nuestro perímetro. La filosofía es una exploración abierta que no asume como evidente ningún método o presupuesto, sino que reexamina fórmulas, generalizaciones e ideologías aceptadas. Puede ayudar a los individuos a explorar los bloques de construcción básicos de su propia realidad personal única. Esto es también el por qué la búsqueda filosófica de autotransformación tiene que ser una búsqueda persona en la que el individuo tiene que aspirar a entender su propia caverna platónica específica y su modo específico de salir de ella. Y esta es la razón por qué los filósofos prácticos no pueden proveer de un set de ideas pre-hechas a los buscadores, sino que tienen que acercarse a cada individuo con la mente abierta, creatividad y sensibilidad.

Entonces, la travesía filosófica es un viaje extremadamente personal, tanto para el filósofo práctico como para el buscador. Es una búsqueda de una vía personal que logre superar las limitaciones perimetrales específicas del buscador que lo conduzcan a una relación personal con una dimensión interior oculta, más profunda de la vida.

Por eso, queda descartado el imponerle al buscador una perspectiva preexistente de qué pudiera tratarse esta dimensión más profunda. La dimensión más profunda es algo que cada buscador individual tiene que explorar de una manera personal, que solo puede encontrarse dentro de su propia realidad única y que uno tiene que aprender, despertar y cultivar.

Esta dimensión normalmente está oculta y no es percibida, pero aparece en algunos pocos momentos —no muy frecuentemente, pero aun así detectables. Algunas veces se expresa en momentos especiales de silencio o exaltación, en anhelos vagos, o simplemente de una insatisfacción subyacente que indica que en el fondo en alguna parte dentro de nosotros sabemos que la vida tiene más para brindar que lo que estamos viviendo ahora.

Estos momentos son una seña de otra dimensión de la vida que está dormida y esperando ser realizada. Vivimos en la superficie de nuestra vida, pero algo dentro de nosotros siente que la vida puede ser más plena y que nos llama a despertar. Acá deberíamos hacer una importante modificación al imaginario de Platón en su alegoría de la caverna. A pesar de que normalmente estamos presos en nuestra caverna, no estamos totalmente desconectados de la luz solar fuera de ella, como parece sugerir la alegoría de Platón. Algunos rayos solares a veces penetran por la entrada de la caverna, se reflejan en las paredes y anuncian que la caverna no es todo lo que la vida tiene que ofrecer. Y si detectamos esos destellos de luz, entonces podemos ser despertados por ellos y empezar a buscar por su fuente.

Todos hemos experimentado, creo, estos destellos de "rayos de luz" o señas desde más allá de la caverna. Para no caer en la sobresimplificación o en la generalización excesiva, vale la pena clasificarlos en varios tipos típicos de modo que cuando los busquemos tengamos una mejor idea de hacia dónde dirigir la mirada.

Insatisfacción global

Tal vez el indicio más obvio de que hay vida más allá de nuestro estrecho perímetro es una sensación general de insatisfacción. Una sensación de insatisfacción puede estar diciéndonos: "Hay más en la vida que mi estrecha caverna". Pero no toda insatisfacción es una insatisfacción sobre la totalidad de mi caverna. Muchas insatisfacciones cotidianas se refieren a detalles específicos *dentro de* la caverna, y expresan un deseo de modificaciones locales *dentro de* mi situación habitual: Quiero un mejor salario, quiero más tiempo para descansar y relajarme, quisiera que mis colegas me apreciaran, me gustaría verme mejor. En estos casos, no estoy inconforme con el hecho de estar encerrado en una caverna —sólo desearía que mi caverna fuera más cómoda, que mis grilletes fueran más bonitos, que mi silla fuese más apropiada, que mis compañeros de prisión fuesen más amables. Estas son insatisfacciones "normalizadoras, en el sentido que expresan el deseo de mejorar la vida dentro de la caverna normal

Pero a veces la insatisfacción es más global, más fundamental. La vida puede aparentar ir bien desde una perspectiva objetiva, y sin embargo hay algo que no me deja estar completamente satisfecho. Puede ser que yo tenga un trabajo que considero bueno y seguro, puede ser que tengo una familia que me ama, una hermosa casa y buenos amigos, y aun así falta algo.

Una sensación general de insatisfacción, no conectada a ningún problema específico, muchas veces es un indicio de que algo en mí no está satisfecho con mi mundo —no solamente con este o aquel detalle en mi mundo, sino con el mundo en su totalidad. Esta es una insatisfacción *global*. Expresa un deseo de transformar mis actuales horizontes de vida, de traspasar los límites de mi perímetro. En este sentido sirve como un llamado: Algo que está más allá de mi esfera de vida actual me está convocando.

Estas insatisfacciones muchas veces son vagas y amorfas, y puede resultarle imposible a una persona explicarlas, salvo diciendo que hay algo que le falta en su vida. Pero a veces le están más claras a la persona, y los detalles tal vez sean un indicio de la dirección general de la anhelada transformación. Por ejemplo, una sensación opresiva de soledad a pesar de tener familia y amigos puede ser un indicio de un anhelo de un estar juntos como lo plantea Buber. Una sensación mortificante de aburrimiento y de que todo es anodino puede ser el indicio de un anhelo de plenitud; una sensación mortificante de conflictividad interna e indecisión puede ser el indicio de anhelos de integridad, tal vez como el de Bergson. Estos indicios son meramente tentativos, claro está, y no le deberíamos imponer ninguna interpretación preconcebida. Son puntos de partida para exploraciones futuras.

La semana de Paula sigue un patrón común. Todas las mañanas después de un desayuno rápido sale apresuradamente al trabajo, y a las cinco de la tarde regresa a casa. En su casa se sienta en el sofá para descansar unos minutos y luego se levanta para preparar la cena. Su esposo llega a casa un poco más tarde y le ayuda. En algún momento llega su hija adolescente, a veces con su enamorado. Cenan juntos, conversando eventualmente sobre nada en particular. Luego su esposo lava la vajilla, mientas ella mira televisión y cuando él termina, él la acompaña hasta que es la hora de dormir.

Día a día, las horas pasan rápidamente con muy pocas novedades en una rutina agradable, sin mayor reflexión.

—*Mi vida es demasiado cómoda* —*le dice Paula a Linda, la filósofa práctica*—, *sin retos, sin pasiones o siquiera emociones reales. Estoy activa y hago cosas, claro, y me río y grito a veces, pero muy dentro de mí, en realidad me da lo mismo lo uno que lo otro. Casi que quisiera que me ocurra una catástrofe. Es como si yo fuese…*

Ella no encuentra las palabras.

—*¿Como si estuvieras en piloto automático?* —*le pregunta Linda.*

Paula vacila. Entonces encuentra la palabra y la dice triunfalmente.

—*Soñando* —*esa es la palabra que estaba buscando. Me siento como si estuviera en un sueño casi todo el tiempo.*

—*¿Un sueño? ¿Puedes explicar esa metáfora?*

—*Bueno, las cosas ocurren como imágenes, no como la realidad. No son reales* —*Se queda en silencio y luego añade*—: *Me gustaría poder despertar.*

—*¿Cómo sería estar despierto?*

—*Quisiera saberlo. Tal vez las cosas serían menos obvias. Sorpresas inesperadas me estarían atormentando. O me estremecerían. O me inspirarían. No sé. Tal vez estaría luchando por algo, realmente luchando.*

—*¿Puedes contarme sobre una situación reciente en la que sentiste esa sensación de estar soñando?*

Paula confirma que sí moviendo la cabeza con tristeza.

—*Como justo ahora, por ejemplo. Estoy hablando contigo, pero no logro hacerme sentir que esto realmente importe.*

La insatisfacción de Paula puede ofrecernos algunos indicios iniciales sobre cómo su mundo está restringido, y sobre la dirección general en la que éste "desea" ser transformado. Su insatisfacción parece girar alrededor de las dicotomías de estar en un sueño versus estar despierta, confort versus retos, una sensación de realidad versus una sensación de cómo-sí, que las cosas me importan versus que las cosas no importan realmente. Estas dicotomías pueden expresar tanto la prisión en la que se siente encerrada como la transformación deseada.

Claro que estos aparentes indicios tienen que ser tomados con precaución. Pueden resultar siendo pistas falsas. Podrían no ser más que palabras que Paula se ha prestado de algún programa de televisión. Pero son un buen punto de partida para una investigación seria.

Anhelos

La insatisfacción de Paula nos sugiere que ella tiene el anhelo oculto de transformar su vida. En realidad, las insatisfacciones globales suelen ir acompañadas de anhelos: Me siento insatisfecho con mi vida, y también anhelo un tipo de vida distinto. Pero a veces la experiencia del anhelo es más intensa que la experiencia de la insatisfacción. Puedo experimentar el anhelo de nuevos horizontes más de lo que experimento la sensación negativa de que algo no está bien. En esos casos, es más fácil para el filósofo práctico investigar directamente el anhelo.

Es importante distinguir entre el anhelo y el mero deseo. El anhelo se refiere a la vida de la persona en su totalidad, se refiere a lo que se percibe como el fundamento de la vida de la persona, mientras que el deseo se refiere a elementos específicos de la vida de la persona. El anhelo es el deseo de cambiar las coordenadas básicas de nuestro modo de vivir, de elevar la vida a un nivel superior, y de convertirla en algo más de lo que actualmente es. Por lo tanto, implica una visión —por más vaga y preliminar que pueda resultar— sobre cómo la vida pudiera ser diferente.

Por el contrario, el deseo quiere modificar solo un elemento específico dentro de la vida de la persona, dejando intactos los demás elementos. El deseo de una carrera satisfactoria, por ejemplo, o de seguridad económica, o de una relación romántica se refiere a un elemento específico del ámbito de la vida de la persona.

Hablando en términos prácticos, puede ser difícil distinguir entre un deseo y un anhelo. Hasta cierto punto, se trata de un asunto de grados: Mientras más global y fundamental sea el deseo, más tiene el carácter de un anhelo. Sin embargo, a pesar de la ausencia de una limitación bien definida, hay importantes diferencias entre los dos. El deseo se refiere a un asunto específico: un producto que se quiere obtener o poseer, una relación que se quiere mejorar, una carrera que se quiere cambiar. El anhelo, por todo lo que abarca, no se refiere a un elemento específico en la vida sino al fundamento de mi vida como totalidad. Podríamos decir que el deseo se refiere a algo que quiero *tener* mientras que el anhelo se refiere a algo que quiero *ser*. Esta es la diferencia entre "qué" quiero encontrar en mi vida versus "cómo" quiero vivir mi vida. Tomando la *Alegoría de la Caverna* de Platón, podemos decir que es la diferencia entre querer tener algo dentro de mi caverna y querer salir de mi caverna hacia todo un mundo nuevo.

Ese es el motivo por el que el anhelo normalmente es difícil de ser articulado verbalmente. Como no se trata de un objeto específico, no es algo fácil de ser descrito.

Zacarías es un estudiante universitario, muy querido entre sus amigos y bastante exitoso en sus estudios. Le gusta parar en el campus universitario, conversando con su gran cantidad de conocidos y amigos, y jugando frisbee o fútbol en los jardines del campus. También le gusta salir con sus amigos al cine o a una fiesta los fines de semana.

Pero, sin embargo, por debajo de este placentero estilo de vida, él a veces siente una extraña sed de algo más… No puede encontrar las palabras exactas para describirlo. "Algo que realmente importe", se dice a sí mismo. Esta sensación de sed aparece en momentos inesperados, a veces en medio de una animada conversación con amigos. Se queda con él por una hora o dos y luego desvanece.

Un día se percata de un anuncio de un grupo de autorreflexión filosófica que pronto se va a iniciar en el campus, y por curiosidad decide unirse. En el primer encuentro del grupo, Linda, la facilitadora, propone a los participantes un modo inusual de presentarse al grupo. En vez de estar dando datos generales de la persona —dónde viven, qué estudian, cuáles son sus hobbies— se les invita a describir algo que esperan hacer en sus vidas.

Cuando le toca el turno de la palabra a Zacarías, él recuerda sus momentos de sed y decide compartirlos con el grupo. "A diferencia de aquellos de ustedes que me antecedieron en el habla", empieza, "no puedo decir que espero alguna cosa en particular. Sinceramente estoy muy satisfecho con mi vida, y no me mortifico con planes para el futuro. Aun así, a veces tengo estos momentos en los que siento que eso que hago no tiene ningún sentido real, ¿entienden lo que quiero decir? Y entonces desearía poder hacer algo con más sentido, algo que tuviese…, algún valor, que fuese de alguna manera significativo."

—¿Quieres decir, algo así como ayudar a los pobres, o escribir un best-seller o hacer un descubrimiento científico? —le pregunta uno de los asistentes.

—No exactamente. Bueno, tal vez, pero tendría que ser algo que debo hacer. Si fuese sólo para mi propio entretenimiento o satisfacción, entonces no es eso. Ayudar a los pobres o escribir una novela es una gran cosa, pero no es suficiente. Cualquier otra persona podría hacerlo en vez de mí.

—¿Quieres hacer algo diferente? —propone otro participante—. ¿Quieres ser único, Zacarías, es eso?"

—No, no voy a contar cuánta gente hace lo que yo hago, no voy a dejar de tener hijos solo porque todo el mundo tiene hijos. Es más bien como que: Quiero sentir que estoy haciendo lo que se supone que debo hacer, y no simplemente un proyecto arbitrario que yo he inventado.

—Me suena —indica Linda—, como que quisieras que se te asignara una misión a cumplir; no simplemente inventar una misión, pero recibir una misión —¿de dios? ¿del universo? ¿de la vida?

Zacarías la mira sorprendido.

—Exactamente —Se sonrojó—. Una misión de la vida —Me gustan esas palabras.

—Parece entonces —añade Linda—, que tu experiencia habla en el lenguaje de una interesante dicotomía: lo que yo invento que no es algo significativo versus lo que yo recibo de la vida que es algo significativo.

Zacarías asienta con la cabeza esperando que ella continúe.

» Ser significativo es el concepto central aquí. No puede ser producido, solo puede ser dado. En un mundo así, tu papel no es inventar una misión, sino mantenerte fiel a ella.

Las palabras de Linda conmueven profundamente a Zacarías. Continúan a dando vueltas en su mente incluso cuando la ronda de presentación continúa.

Después de terminada la sesión, Zacarías le pregunta a Linda cómo puede continuar explorando más esta nueva visión.

Experiencias preciosas

Las insatisfacciones y anhelos son indicativos de posible una transformación que aún no se ha realizado. Pero muchos de nosotros también experimentamos momentos especiales que nos dan una muestra de cómo podría ser esa transformación. Po ejemplo, en algunos raros momentos nos puede embargar una magnífica plenitud, o puede que sintamos un intenso silencio interno, o un tierno amor fluyendo desde nosotros al mundo entero, una totalidad asombrosa, o inspiración, o claridad mental. Estas experiencias preciosas nos cuentan que la vida puede ser diferente, y que sus potencialidades son mucho mayores de lo que solemos saber. Despiertan nuestro anhelo hacia una forma de ser más plena, y nos animan a buscar un camino para salir fuera de nuestro perímetro habitual. Pero también puede que nos digan qué tipo de transformación es posible para nosotros.

Natalia se considera afortunada. Tiene un trabajo estable como gerente en una oficina, un esposo que la adora y dos hermosos hijos, y no tiene ninguna razón para quejarse. No son ricos, pero su ingreso les alcanza para comprar buena ropa y juguetes para los chicos y para hacer una vez al año un viaje juntos por varios días. La vida sigue según la ruta trazada y Natalia se siente segura sabiendo hacia dónde va.

Una tarde, en el trabajo, un estado mental especial se apodera de ella. Al principio casi no lo nota, y sigue trabajando normalmente, pero luego se da cuenta de que dentro de ella va creciendo gradualmente una inusual claridad mental. Su conciencia de ello se vuelve clara e intensa; sus pensamientos entran en silencio y las acciones de su cuerpo se vuelven precisas, centradas, no causando esfuerzo como si fluyeran por sí mismas. Se siente abierta al mundo, a sus colegas, a los clientes, incluso a las paredes alrededor de ella. Todo está ahora intensamente presente y vivo, cada pequeño objeto y cada cara y cada arruga; cada pequeño movimiento y sensación. Siente que está viendo el mundo a través de ojos nuevos y con una comprensión mucho más rica que nunca, aunque no pueda articular esta comprensión en palabras.

—¡Cuánta riqueza! —se maravilla—. Nunca pensé que fuera posible ver tanto.

La experiencia es suave y frágil, y la mantiene dentro de sí con mucho cuidado para no mortificarla. Siente que, si la ignora, se va a evaporar. Sigue trabajando por casi una hora, inmersa en esta preciosa claridad. Se entrega a este nuevo estado mental, realizando su trabajo de manera constante y fluida, sin su habitual comportamiento dominante hacia las personas con las que trabaja, sin su habitual autocontrol y autorestricciones. Mira a la gente alrededor suyo con una ternura que nunca antes había vivenciado, con una sensación de comprensión y compasión.

Después de salir de la oficina y empezar a manejar a casa, se da cuenta que su asombrosa experiencia ha empezado a disiparse. Su mente empieza a preguntarse: ¿Qué puede preparar para la cena? ¿A qué hora regresarán los niños a casa? Está tentada de descartar esta experiencia que acaba de tener como un momento de buen ánimo y nada más, pero después de una reflexión se da cuenta que fue más que una sensación. No, fue algo que la elevó, le abrió nuevas perspectivas. La convirtió en toda una persona diferente por unas cuantas horas.

» Si tuviese este estado mental más frecuentemente —cavila—, podría ser una mujer sabia. Podría ayudar a la gente aconsejándole. Tal vez hasta sería un gurú.

Ahora ella sabe que es más que su yo habitual. No es sólo la Natalia de siempre. "Puedo ser mucho más que yo misma", susurra. Y este "mucha más", es algo precioso, oculto, tal vez dormido, pero esperando ser realizado. Una Natalia potencial, una Natalia más elevada: con la mente clara, sensible, abierta a todos, con una tierna calma y una sabiduría llena de amor.

Tiene que buscar maneras de cultivar esta parte superior suya, se dice a sí misma. Sabe que no puede forzar el que reaparezca, pero le gustaría abrir un espacio, para de alguna manera invitarlo. Si solo supiera cómo.

Recién cuando llega a su casa y cuando la experiencia ha pasado totalmente ella toma conciencia de toda su implicancia. Ahora entiende lo limitado que es su modo de ser habitual, que empobrecido y vacío.

"Es como si hubiera estado con los ojos vendados toda mi vida", reflexiona, "y que ahora me doy cuenta."

Muchas semanas pasan y el recuerdo de su experiencia preciosa se desvaneciendo poco a poco. Lo que queda en su mente es solo la vaga sensación de que su vida puede ser más de lo que está siendo.

La experiencia preciosa de Natalia es una autotransformación temporal y es demasiado breve y aislada como para analizar con certeza qué es lo que exactamente le dice sobre la vida. Sin embargo, varios conceptos parecen ser centrales en ella: La noción de ver versus andar con los ojos vendados, riqueza versus vacío, ternura compasiva versus control, así como sabiduría. Es interesante, que en la experiencia de Natalia esta sabiduría no parece ser para ella, sino algo que podría usar para ayudar a otros.

Estos conceptos deberían ser tomados tentativamente y con cuidado —es peligroso atribuirle demasiado peso a una sola experiencia. Pero podemos ver esta experiencia como un indicio de que hay algo dentro de Natalia que quiere crecer más allá de sus limitaciones actuales. Es un breve "mensaje" de su dimensión de profundidad interior, una pista que señala en determinada dirección que necesita ser explorada y desarrollada. Ofrece un vistazo inicial a una red de conceptos que pueden abrirla a una nueva dimensión de vida.

Los recuerdos más tempranos como una clave del perímetro

Aparte de las insatisfacciones globales, los anhelos y las experiencias preciosas, vale la pena mencionar aquí un cuarto tipo de vistazos hacia la dimensión de profundidad interior: los recuerdos más tempranos. La mayoría de nosotros tienen 2 ó 3 recuerdos de su primera infancia de las edades entre 3 a 4 años más o menos. Estos recuerdos pueden servir como claves sobre nuestro perímetro, así como también sobre la dimensión interior que está más allá de éste.

En un sentido, un recuerdo de la primera infancia es igual que cualquier recuerdo de la última semana o el último año —nos da información sobre la comprensión perimetral de la persona.

Pero los recuerdos más tempranos, tienen una especial significancia, o de lo contrario no se hubieran recordado tras tantos años. Después de todo, en la niñez temprana hemos tenido docenas de experiencias fuertes todos los días, muchas de ellas emocionantes, aterradoras, dolorosas, divertidas o novedosas. Como niñitos muchas veces nos hemos caído, y nos hemos hecho moretones en la rodilla, o fuimos regañados o celebrados por mamá o papá, descubrimos una nueva especie animal o juguete, tuvimos fracasos o éxitos, extrañábamos a nuestros padres o estábamos en sus brazos. Y sin embargo, de esas innumerables experiencias, solo un puñado permanece grabado en nuestra memoria. Es irrelevante para el asunto, si estos recuerdos son hechos verdaderos o si expresan la interpretación distorsionada de un niño o, si acaso son pura fantasía. Lo importante es que se han mantenido presentes en nuestra memoria por casi toda nuestra vida. Eso indica que hay algo de especialmente significativo en ellos. Se mantuvieron en nuestra mente por una razón: porque hacen resonar algo importante dentro de nosotros.

Y efectivamente, en mi trabajo como filósofo práctico he estado recolectando los recuerdos más tempranos —los de los consultantes filosóficos, amigos, estudiantes, e incluso extraños— y puedo decir con certeza que, de 6 casos, en 5 casos contienen información importante sobre el perímetro de la persona, así como el anhelo de ir más allá de éste. A pesar de que en la superficie puedan parecer inocentes y hasta carentes de interés, una mirada más exhaustiva casi siempre nos revela una comprensión perimetral, así como un anhelo, que juegan un papel importante en la vida de la persona. Esto habitualmente lo confirman exploraciones independientes. La importancia de los primeros recuerdos ha sido reconocida por el psicólogo Alfred Adler[33], un alumno de Freud que rompió con él y fundó una escuela de psicología separada. Como sea, su análisis de los primeros recuerdos está teñido de sus ideas psicológicas, que no son relevantes para nosotros acá.

Para nuestro propósito, como decía yo, un recuerdo temprano tiene un significado dual: Ofrece pistas tanto al perímetro de la persona, como a la dimensión interior que se encuentra más allá del perímetro. En cuanto a las pistas para el perímetro, el análisis de los recuerdos más tempranos pertenece a los capítulos anteriores en los que discutimos el análisis del perímetro. Pero en términos de las pistas para la dimensión interior, este análisis pertenece aquí, al presente capítulo. Como es difícil analizar el uno sin el otro, he pospuesto la discusión de los primeros recuerdos al presente punto.

---

33. Alfred Adler, *The Science of Living* [*La ciencia de vivir*], New York: Garden City Publishing Company, 1929, Capítulo 5, "Old remembrances," pp. 117-134. John Linton and Richard Vaughan, *Alfred Adler*, London: Faber and Faber, 1945, Chapter 12, "Earliest Recollections of Childhood," pp. 202-218. Heinz Ansbacher and Rowena Ansbacher, *The Individual Psychology of Alfred Adler*, New York: Harper and Row, 1956, pp. 351-357.

Cinco principios guías para analizar recuerdos más tempranos

Analizar uno de los recuerdos más tempranos es un arte, tal como lo es analizar el perímetro de una persona en general. Déjenme sugerir aquí varios principios guías que pueden ayudarnos en este arte. Primero, podemos considerar que un recuerdo de los más tempranos es una experiencia, que fue *seleccionada* entre muchas para ser recordada, por su significancia. Podríamos decir, que la mente del niño lo "elige", porque nos acerca a una importante comprensión o un importante anhelo.

Norma, una mujer de mediana edad, es conocida por sus amigos por su excesiva preocupaciones y ansiedades. Meticulosamente sigue su rutina habitual y siempre se pone nerviosa cuando hay que intentar algo nuevo. Ella evita hacer viajes por miedo a los accidentes; tiene miedo de comprar nuevos instrumentos electrónicos porque pudiera ser que emitan una radiación peligrosa; y no le gusta salir a comer a restaurantes desconocidos, porque teme que la comida no le siente bien o que la enferme. Algunos de sus amigos sospechan que estas son excusas que ella inventa para justificarse a sí misma el por qué prefiere mantener sus viejos hábitos de siempre.

Norma es una familiar lejana de Linda, la filósofa práctica. Un día, en una reunión familiar, Linda le pregunta a Norma sobre cuál es el recuerdo más temprano que puede recordar.

—Sólo puedo pensar en un recuerdo de mi infancia más temprana —responde Norma—. Debe haber sido cuando yo tenía más o menos 3 años, porque estábamos visitando a mi tía y a mi tío antes de que se mudaran al extranjero. Me recuerdo a mi misma mirando hacia afuera por la ventana al patio. Había hermosas flores por todas partes. Yo quería salir y olerlas, así que abrí la puerta y salí. En ese momento vi a su perro, un Labrador me parece, enorme, por lo menos, para un niño pequeño. Estaba allí mirándome, y luego empezó a ladrar. Probablemente haya sido un ladrido amistoso, pero yo estaba aterrada. Así que rápidamente me metí adentro de nuevo, cerré la puerta, y me quedé adentro.

—Muy interesante —dice Linda pensativa.

—¿De verdad? Pensé que no había nada de especial en esta anécdota. Todo niño se asusta a veces.

—Es verdad —responde Linda—, pero la mayoría de la gente no recuerda estos episodios tempranos. Lo que me parece interesante no es el evento en sí,

sino el hecho de que todavía lo recuerdes. Estoy seguro de que a esa edad la pequeña Norma tuvo un montón de otras experiencias, y sin embargo has olvidado la mayoría de ellas. Solo te has llevado contigo esta experiencia de susto de este período de tu vida.

—¿Qué estas sugiriendo? —pregunta Norma—. ¿Que mi recuerdo es la razón por la que me preocupo tanto?

—Bueno, no sé cuál es la gallina y cuál es el huevo. Estoy sugiriendo que tu mente ha escogido guardar este recuerdo porque hay algo especialmente significativo con respecto a él. Este recuerdo no es solamente sobre un perro específico —expresa una idea importante, probablemente la idea de que el mundo allá afuera es un lugar peligroso, y que es mejor quedarse adentro, en el mundo que conoces.

—Sí, puedo ver eso. Mejor quédate adentro y piérdete de todas esas cosas hermosas que hay afuera. Estas flores —las recuerdo hasta el día de hoy— eran hermosísimas, casi mágicas.

— Esto me suena, Norma, a que esto es otra cosa, que tu recuerdo te dice: que anhelas salir —no por la aventura, no para ser libre, no para probarte algo a ti misma, sino para encontrar la belleza. No me extrañaría que en secreto anhelaras algún tipo de país de las maravillas.

Norma la mira sorprendida.

—Sí, efectivamente es lo que anhelo, Linda.

El segundo principio guía que queda ilustrado en la historia de Norma es que algunos detalles en un recuerdo temprano son más importantes que otros. Por ejemplo, el hecho de que el perro daba miedo y que ladraba parece central en el sentido de este recuerdo. Pero el hecho de que el perro fuese un labrador y no un pastor alemán, o que estuviera parado sobre el césped en vez de sobre arena o ripios, probablemente no sea muy importante. Ese episodio probablemente fue "elegido" para ser recordado por el temible perro, no por el césped. Sin embargo, aquí hay que tener cuidado. No podemos estar seguros de antemano de que el césped no es importante por alguna razón, y que es eso el motivo de por qué se eligió esta escena para ser recordada.

Hablando en general, podemos asumir que la mayoría de los detalles en un recuerdo temprano tienen algún grado de significancia, porque si no, no se hubieran recordado a lo largo de los años. Por ejemplo, si el césped fuese totalmente irrelevante, Norma probablemente no recordaría sobre qué es que estaba parado el perro. El hermoso césped puede haber sido parte de la belleza del jardín para la pequeña Norma, y parte del atractivo de salir a jugar, algo que fue impedida de hacer por el perro.

Por eso podríamos decir que la mayoría de los detalles que típicamente están de alguna manera conectados a una comprensión perimetral central que subyace al recuerdo.

Para poder identificar esta comprensión central, puede resultar de ayuda fijarse en los detalles que se salen de lo normal (si es que hubiese tales). Por ejemplo, si el temible perro hubiera estado parado dando la espalda a la pequeña Norma, entonces probablemente esto hubiera sido un hecho significativo. En ese caso nos preguntaríamos: ¿Por qué se recordó *esta* escena, en vez de otra escena, de un encuentro cara a cara con el peligro?

Un tercer principio guía para tener en mente es que las emociones asociadas con los recuerdos son detalles de información útiles. Si Norma recordase haber sido asustada por el perro entonces la comprensión perimetral expresada en su recuerdo obviamente es muy diferente a algún evento similar de su infancia que recordase que hubiese sido, por ejemplo, emocionante. Desgraciadamente las emociones muchas veces se olvidan.

Cuarto, es muy útil tomar en cuenta varios recuerdos tempranos, si hubiese tales, y compararlos entre ellos. De acuerdo a mi experiencia, la gente habitualmente tiene dos o tres recuerdos tempranos, de más o menos el mismo periodo de la infancia. Estos recuerdos muchas veces expresan una comprensión (o anhelo) similar en diferentes formas, de modo que compararlos puede ayudarnos a identificar qué exactamente lo que expresan. Por ejemplo, si Norma tuviese también un segundo recuerdo temprano en el que tiene miedo de salir de su cama en la noche por una temible sombra en la pared, esto confirmaría el sentido del recuerdo del perro, dado que ambos parecen expresar la misma temática: el miedo a una amenaza externa.

Sin embargo, dos recuerdos del mismo período no necesariamente dicen lo mismo. También pueden complementarse mutuamente. Considera, por ejemplo, el recuerdo „Estoy sola enfrentándome al temible perro" y el recuerdo "Estoy sentada en el regazo de mi madre y mirando un dulce gatito jugando en el piso". ¿Por qué fueron seleccionados estos dos recuerdos para ser recordados? ¿Qué tienen estos recuerdos que haga que sean lo suficientemente impresionantes para que fuesen tomados en cuenta? Una respuesta plausible es que se complementan el uno al otro, diciendo: Cuando estoy sola estoy en peligro, pero cuando estoy con mis seres queridos estoy segura. Puede ser que resulte que el primer recuerdo exprese la comprensión perimetral de que el mundo es desconocido y amenazador, mientras que el segundo recuerdo expresa el anhelo de calor y seguridad. Si esto fuese así, entonces tal vez tengamos que buscar la dimensión interior de Norma en dirección hacia una ternura cariñosa.

Por último, los recuerdos más tempranos contienen una información limitada y es imposible analizarlos con sentido sin la ayuda de información adicional sobre la persona. Un recuerdo en sí es demasiado fragmentario y ambiguo, y solo podemos comprender su sentido en el contexto de un conocimiento suficiente de la persona. Así, por ejemplo, si sabemos que la persona tiende a evitar situaciones desconocidas, entonces esta información nos sugeriría que un recuerdo temprano de confrontación con un perro, es decir: "Es mejor quedarme en casa, en el lugar que me es familiar y en el que estoy seguro." Pero alternativamente, si supiéramos que la persona es aventurera, entonces, el mismo recuerdo del perro podría indicar el valor de la emoción al confrontar el peligro. Se sigue que un recuerdo temprano siempre es un suplemento a otras fuentes de información.

El recuerdo más temprano de José es vago, y probablemente sea de antes de los 3 años. Recuerda que estaba en cama cuando su padre entró al cuarto. El pequeño José sintió unas tremendas ganas de saltar de la cama y salir a abrazarse en los brazos de su padre, pero inmediatamente se contuvo. En vez de eso pretendió que estaba dormido. Se quedó quieto por un rato con los ojos cerrados. No recuerda qué fue exactamente lo que sintió, pero vagamente recuerda que fue una experiencia placentera.

Tomando su recuerdo, podemos preguntarnos: ¿De todas las experiencias de la infancia de José, por qué se recuerda ésta en particular? ¿Qué temática única expresa para hacerlo memorable? Considera primero el papel de José en esta escena. Evidentemente, el pequeño José no es un observador pasivo en esta escena; no está simplemente viendo que pasa algo. Tampoco es un receptor: No se le está dando nada, ni está siendo cargado en los brazos de su padre, no está siendo ayudado. Él es el actor central en esta escena, pero lo interesante es que su acción no es explícita. No está diciendo nada en voz alta, ni está jugando con un juguete o construyendo un castillo, ni corriendo. Más bien se esconde, fingiendo.

Muchas veces es útil mirar qué es lo que falta en el recuerdo. Lo que falta en este caso es la interacción mutua con papá. A pesar de que el pequeño José no está solo —la presencia de su papá es un elemento importante en esta historia— los dos no están interactuando. José está haciendo actuar a su padre de determinada manera, e incluso está manipulándolo.

También falta en esta escena la razón por la que José pretende estar dormido. ¿Lo hizo por diversión? ¿O para evitar ser castigado? ¿O porque no quería comer alguna comida que su padre le había traído? El recuerdo no responde a estas preguntas. Pareciera que estas preguntas no son importantes; que la razón para este juego de fingimiento no fue suficientemente importante como para merecer ser recordada. Lo que impresionó a José fue el hecho de que podía fingir, independientemente de por qué lo hacía.

Estas consideraciones sugieren que esta escena fue recordada porque expresaba la idea de fingimiento y manipulación. Por eso, parece que esta es la comprensión que José ha venido cargando dentro de sí por tantos años: Mi relación con otros (incluso con mis seres queridos) es una de manipulación.

Esta parece una interpretación muy tentadora, pero por más tentadora que parezca necesitamos tener cuidado. El recuerdo puede tener otros sentidos que están ocultos a la vista porque puede ser que falte información básica de fondo. Por ejemplo, si el padre era un hombre rudo temido por sus hijos, entonces el que José fingiese estar dormido puede tener un sentido diferente, tal vez de huir o sobrevivir. Se necesitaría de información adicional para ayudar a corroborar nuestra interpretación.

Resulta, que José tiene un segundo recuerdo de más o menos la misma edad. Este recuerdo es mucho más rico en detalles: Su tío vino a visitarlos. El pequeño José tímidamente se escondió detrás de las piernas de su papá, pero cuando el tío le sonrió y le palmoteó en la cabeza, José retomó la confianza y salió hacia adelante. Entonces el tío extendió su puño cerrado y le dijo a José que tenía dentro del puño un caramelo. Emocionado el pequeño José luchó por abrir el puño del tío, pero cuando la mano finalmente se abrió, resultó que estaba vacía. Evidentemente su tío no tenía ningún caramelo para darle; solo le estaba jugando una mala pasada. El tío se rio a carcajadas de su broma. José rompió en llanto.

Si examinamos el segundo recuerdo, notaremos que respalda nuestra interpretación del primer recuerdo, y que también lo complementa. También acá la relación de José con los demás es manipulativa, solo que esta vez es a él a quien manipulan, no es él quien manipula.

Claramente la temática de fingir y manipular es central en ambos recuerdos. Y si recordamos que el recuerdo de José "eligió" estas dos experiencias de su niñez entre miles de otras experiencias, nos daremos cuenta de que esta temática tiene que ser significativa en su vida. Juntos, estos dos recuerdos expresan la comprensión: "Las Relaciones directas son imposibles. O tú manipulas o te manipulan."

No nos debería sorprender si encontramos que José, como adulto, muestra patrones de fingimiento, de ocultar lo que piensa, de explotar a otros y de no confiar en los demás. No hace falta tampoco recalcar, sin embargo, que debemos recordar que José es más que este patrón y que la manipulación tal vez sea una hebra en un perímetro más complicado.

En consecuencia, podemos sospechar también que un anhelo relacionado a ello se esconde en estos dos recuerdos: el anhelo por un afecto espontáneo y honesto, no distorsionado por la manipulación. Esto es por qué el primer recuerdo mostró al pequeño José reprimiendo el deseo de saltar a los brazos de su padre, y el segundo recuerdo graba un momento de confianza. Si estas pistas son correctas, entonces puede resultar que la travesía de autotransformación de José se beneficiaría de una red de ideas acerca de los conceptos de espontaneidad y franqueza.

Los primeros recuerdos en la práctica filosófica

En la consejería filosófica, es una buena idea preguntarles a los consultantes por sus primeros recuerdos, pero empezar a analizarlos recién por lo menos después de la primera sesión, cuando ya se ha revelado más información personal. Analizar prematuramente los recuerdos de una persona, sin ninguna información del trasfondo, muy probablemente llevará a una distorsión. El análisis de los recuerdos tempranos no puede sostenerse por sí mismo.

Cuando preguntamos a los consultantes sobre sus primeras experiencias, es importante preguntarles por un evento específico que recuerden que haya ocurrido, uno que puedan visualizar. Por ejemplo "recuerdo que yo solía jugar solo" no es un evento específico, sino más bien una porción de conocimiento sobre un hábito general. Sería bueno explicar al consultante que los recuerdos más tempranos contienen temáticas importantes y analizarlos conjuntamente. Aparte de ello, los recuerdos más tardíos también pueden ser informativos, aunque mucho menos. La mayoría de nosotros tenemos docenas de recuerdos de entre las edades de 7 a 10 años, y por eso la significancia de cualquiera de ellos es limitada.

Los filósofos prácticos pueden usar los recuerdos más tempranos para explorar tres cosas principales. Primero, el recuerdo puede servir como una clave a los patrones de la persona. Por ejemplo, un primer recuerdo de disputas puede explicar el patrón de comportamiento beligerante actual de una persona. Segundo, un primer recuerdo puede ser utilizado como clave para las comprensiones perimetrales de una persona. Por ejemplo, el primer recuerdo de un consultante sobre un amigo que la traicionó puede explicar su comprensión de que no se puede confiar en la gente. Estos dos tipos de claves —claves de un patrón actual y de una comprensión actual— son bastante comunes, y normalmente se presentan juntos en el mismo recuerdo. Pero hay un tercer tipo de clave que también se puede encontrar ocasionalmente. A veces ocurre que un primer recuerdo expresa el anhelo de una persona de ir más allá de su perímetro —más allá de sus patrones y comprensiones. El caso mencionado de Norma es un ejemplo.

Capítulo 9

Aprendiendo el lenguaje de la dimensión interna

Las insatisfacciones, los anhelos, las experiencias preciosas y los recuerdos más tempranos —estos son los indicios principales que nos dicen que nuestra vida potencial, tal vez no esté limitada al perímetro visible. Hay más en nosotros que nuestro ser mundano, esto es, lo que yo he llamado lo profundo oculto, o la dimensión interior.

¿Pero cómo es que podemos salir de nuestra prisión perimetral y entrar en contacto con esta dimensión interna? ¿Qué tenemos que hacer para despertarla y cultivarla?

Como un primer paso deberíamos aprender a identificarlo para poder saber hacia dónde dirigir la mirada y que buscar. No hay una fórmula general que se pueda seguir. Así como el perímetro es diferente para cada individuo, lo mismo vale para el proceso de salir del perímetro hacia la dimensión interior. La dimensión interior puede expresarse de manera distinta en cada individuo. Por eso, para poder aprender sobre mi dimensión interior, necesitaría aprender sobre su "lenguaje" específico tal como habla en *mi* vida.

El lenguaje de la dimensión interna en la consultoría

Mateo va a ver a Linda, la filósofa práctica. Después de presentarse, le confiesa que no sabe exactamente para que ha venido.

—Supongo que estoy acá porque me siento confundido —le dice después de que se han sentado.

Tiene un trabajo bien pagado como redactor técnico en una compañía de tecnología de punta, pero siente que eso no es lo que realmente quiere hacer. Es muy bueno redactando manuales para los juegos electrónicos de su empresa, pero muchas veces siente que pierde su tiempo en su trabajo. El problema es que no se le ocurre otra cosa qué hacer en vez de eso.

Linda le escucha y le hace algunas preguntas de clarificación. Para su sorpresa ella también quiere escuchar sobre algunas cosas que aparentemente no tienen relación con el tema, como por ejemplo sobre experiencias que recientemente ha tenido con sus amigos, su familia, en el trabajo.

Al final de la sesión, ella remarca:

—Es interesante que hay un hilo conductor común en tus historias: Estás activo y haces un montón de cosas, pero las haces todas sim mayor entusiasmo. Saliste de campamento con tus amigos, a pesar de que en realidad no tenías muchas ganas. Te compraste una cámara fotográfica nueva, cara, pero sin entusiasmo. Aceptaste un trabajo como redactor técnico, aunque este tipo de trabajo no te interesaba mayormente. Incluso viniste a verme a mí —me dijiste— sin tener muy claro por qué.

Mateo reflexiona, y luego se encoge de hombros a la defensiva.

—Supongo que nunca logro tener claro qué es lo que realmente deseo. Quisiera poder lograrlo.

En su segunda reunión, Mateo y Linda examinan algunos aspectos adicionales de la vida de Mateo, y se dan cuenta que efectivamente este es un patrón predominante en su comportamiento. Al final de la sesión Mateo está bastante mortificado por esta revelación.

—Es terrible, pero es cierto —afirma triste—. Definitivamente es un patrón mío. Muchas veces siento que simplemente estoy adivinando lo que quiero hacer.

En la siguiente sesión, Linda da un nuevo paso. Hasta ahora habían estado explorando el comportamiento de Mateo y los patrones emocionales. Ahora Linda da un primer paso hacia el nivel filosófico, el nivel de los conceptos y las comprensiones.

—Pensemos en esta actitud de "No sé lo que quiero realmente", como lo describes. ¿qué tipo de afirmación se deduce de ella sobre tu vida?

—Bueno, supongo que quiere decir: La mayor parte del tiempo no estoy en contacto con mi "verdadero" yo.

Linda asienta con la cabeza.

—En otras palabras, está diciendo que hay un yo "verdadero" dentro de ti; que tus deseos y sentimientos habituales no son tan verdaderos como ese yo "verdadero" siente y desea.

—Sí, es como un tesoro escondido dentro de mí.

—*Un tesoro, exacto. Y es muy importante estar en contacto con este tesoro —tan importante que, sin él, nada realmente vale la pena. Y así estás dejando pasar el tiempo, esperando que esta cosa verdadera se desoculte por cuenta propia. Tu vida está en suspenso.*

Mateo sonríe pensativo.

—*Esa es una imagen bastante peculiar de mí. Es correcta, pero peculiar. No obstante, ¿acaso hay algo de malo con eso? ¿Hay algo de malo por desear solo lo mejor y no conformarse con menos?*

—*No necesariamente. Mi punto es que esa es tu manera personal de entender la vida, pero tal vez no como los demás la entiendan. No todo el mundo se preocupa por su yo verdadero.*

—*Lo he notado, Linda. Cuando le digo a mis amigos que no se si realmente quiero algo, me da la impresión de que ellos no entienden de qué estoy hablando. ¿A qué te refieres con que "realmente" lo quieres? —así reaccionan. O lo quieres o no lo quieres.*

—*Mientras que para ti Mateo, hay dos cosas diferentes aquí: lo que crees que quieres y lo que realmente quieres.*

De hecho, ella continúa sugiriendo que el concepto de lo verdaderamente real es central en la mayoría de las historias de Mateo: Lo que realmente quiero, lo que realmente siento, quien soy realmente.

Ella coloca una hoja de papel en la mesa entre ambos y escribe encima arriba las palabras "Mi yo verdadero".

Mateo está de acuerdo con que esto parece ser el centro de su actitud hacia sí mismo y hacia la vida.

—*Espero que me ayudes a entenderlo un poquito más.*

Es el final de la sesión y Linda le pide que piense en ello en la casa.

En la siguiente sesión, Mateo admite que no tiene la menor idea de qué o quién podría ser su verdadero yo.

—*Solo se que quiero estar en contacto con éste. Está oculto. Y este ocultamiento me tortura. Desde afuera todo me parece bien. En el trabajo hablo con los ingenieros, aprendo cómo funciona el sistema, escribo el texto y se lo devuelvo en espera de comentarios. Todos dicen que estoy haciendo un gran trabajo. Pero…, en el fondo de mi mente me pregunto si todo este asunto de estas técnicas altamente especializadas —si eso realmente es lo mío.*

—*Lo haces sonar como si hubiera dos Mateos dentro de ti: el verdadero Mateo y…*

—*…Y el falso Mateo. En mis momentos negativos, es así como me veo —como un impostor.*

Linda coloca en la mesa la hoja de papel de la sesión anterior y añade sobre ella un subtítulo, de modo que ahora dice: "Mi verdadero yo" y "El falso yo".

—*Verdadero versus falso* —*dice Mateo*—. *Exactamente. Mis colegas en el trabajo todos piensan que soy entusiasta y que disfruto de los retos del trabajo. Pero nada de eso me viene del corazón. En el fondo de mí probablemente esto no me interese realmente. ¿Piensas que me pueda estar traicionando a mí mismo?*

—*Traicionándote a ti mismo* —*esa es una forma intrigante de expresarse. En la traición, una persona traiciona a otra. ¿Quién es el que traiciona y quién es el traicionado?*

—*Bueno, el que traiciona es mi yo usual, y traiciona a mi verdadero yo, lo que sea o quien sea que fuese éste.*

—*Me estás volviendo a decir Mateo, que aparte de tu verdadero yo* —*que probablemente esté oculto* —*está también tu yo habitual, tu falso yo, que es desleal.*

Linda escribe algunos conceptos más en el papel:

Precioso, valioso	Realidad primaria		Irrelevante	Realidad secundaria
Mi verdadero yo —— Oculto			**Mi falso yo** —— visible	
Seguro	Mi Casa		Vacilante	Externo, remoto

—*¿Es este un resumen razonable del modo en que tú te entiendes a ti mismo? Es como una teoría que tienes de ti mismo.*

Mateo inspecciona el gráfico.

—*Nunca había pensado en mí de este modo, Linda, pero sí, tienes total razón. Has resumido la manera como me relaciono con mí mismo.*

—*Podemos considerarlo como una teoría que vives en la práctica, sin necesariamente pensarla en ella en palabras. Y obviamente se plantea la pregunta: ¿Quién es el "verdadero" Mateo?*

—*Sí* —*responde después de una pausa*—, *esa es exactamente la pregunta: ¿Qué parte de mí es el "verdadero yo"?*

—*¿Realmente a veces sientes a este verdadero Mateo? ¿A veces te sientes que estás actuando sin tu habitual desánimo y desconfianza en ti mismo?*

—*A veces. No muy seguido. Por ejemplo, el mes pasado fui a montar bicicleta a las montañas con mis amigos. Queríamos encontrar una pequeña catarata muy bonita que habíamos escuchado que quedaba por allí. Pero nos perdimos. Se estaba haciendo tarde y empezamos a pensar que sería mejor regresar a casa sin ver la catarata.*

Mateo continúa describiendo cómo de pronto se levantó, tomó control del grupo, convenció a sus amigos de persistir, y con una sorprendente resolución y destreza los condujo hacia la catarata.

—*Por unas horas estuve completamente determinado —no sé de dónde saqué esa determinación.*

—*Debe haberse sentido muy bien el encontrar la catarata.*

—*Cuando finalmente la encontramos, sentí esa sensación de éxtasis. No sé cómo explicarlo —Yo era totalmente uno conmigo mismo. Yo estaba allí realmente, parado en esa roca, todo yo. ¿Te parece que eso tiene sentido?*

—*Suena como un momento precioso —comenta Linda.*

Usando textos filosóficos en la consejería filosófica

Las experiencias de Mateo nos hablan de la estructura de su perímetro. Pero algunas de sus experiencias tal vez podrían ofrecernos además un vistazo de lo que podría estar más allá de su perímetro.

A estas alturas, sin embargo, estos vistazos son vagos. Se requiere de una investigación exhaustiva. Una excelente manera de hacer esto, es con la ayuda de textos filosóficos. Los textos filosóficos profundos son ricos en conceptos e ideas clarividentes. Pueden ofrecernos nuevas perspectivas y ayudarnos a clarificar nuestros pensamientos independientemente de si estamos de acuerdo o no con ellas.

Linda le entrega a Mateo una serie de hojas con pasajes selectos del libro de Max Stirner El único y su propiedad.

—*Acá, toma y reflexiona sobre esto en casa. Stirner no es un filósofo famoso, pero puede que lo consideres relevante y sugerente. Acá él explica su concepción del yo y qué significa ser auténtico, o "real" como dices. Me pregunto, Mateo, si este es el tipo de realidad que estás buscando. Pero primero déjame darte una visión general del contexto sobre Stirner.*

Max Stirner: El Yo único[34]

Max Stirner (1806-1856) fue un filósofo alemán cuyos escritos contienen temas del existencialismo temprano, temas nihilistas y temas anarquistas. Stirner sostiene que el Yo no puede ser definido o descrito. Cualquier concepto que quieras usar para referirte a mí, no es parte de quien soy realmente. Yo soy único de modo que no puedo ser captado por ningún concepto general. Puede ser que sea rubio, pero "rubio" no es parte de mi esencia, parte de lo que soy realmente. Puede que esté contento, pero "estar contento no es parte de quien soy realmente. Puede que yo sea un hombre, pero "hombre", e incluso, "humano", no es parte de lo que realmente soy. Por eso, mi yo no puede ser definido, y está más allá de toda descripción general. Puedes comparar el color de mi cabello con tu color de cabello, o mi cuerpo humano con tu cuerpo humano, pero no puedes comparar mi yo con los yos de otros. Soy único.

Esto significa, sostiene Stirner, que para ser honesto conmigo mismo, tengo que deshacerme de todo lo que no sea realmente yo — que es casi todo. De esta manera llego a "poseerme" a mí mismo y solo a mí mismo. Cuando hago esto y me convierto auténticamente en mí mismo, me doy cuenta de que en realidad no encajo en ninguna concepción general de la especie humana. A pesar de que las religiones y las ideologías sociales quieren imponerme una de mis identidades específicas (eres "humano", "un cristiano", "un alemán", "un profesor", etc.), en realidad estas son identidades falsas.

Es su siguiente sesión, Linda le pregunta a Mateo qué es lo que pensaba de los párrafos seleccionados de Max Stirner.

—Me parece que me doy cuenta por qué lo elegiste a él para mí, Linda. Tampoco Stirner puede decir quién es él. Pero hay una gran diferencia entre nosotros: Él se siente bien con esto, mientras que yo siento que me estoy perdiendo de algo ¿Estás sugiriendo que debo aceptar esa teoría?

—Al contrario, Mateo, yo sugeriría no aceptar o rechazar algo de manera demasiado apresurada. Hay que dejarnos un tiempo y escuchar las ideas de Stirner y ver si pueden o no echar luces a nuestras experiencias. Las ideas

---

34. Max Stirner, *The Ego and His Own: The case of the individual against authority* [*El único y su propiedad*], Mineola, New York: Dover Books, 2005.

filosóficas profundas nos retan a pensar de maneras nuevas ya sea que estemos de acuerdo con ellas o no.

—*Efectivamente —dice Mateo—, el texto me hizo pensar. Me hizo cuestionarme si acaso el hecho de que yo no sepa quién soy, es realmente un problema. Tal vez sea bueno no saberlo. Tal vez significa que soy auténtico y que estoy libre de todo tipo de descripciones generales.*

—*O sea que estás preguntándote si acaso las ideas de Stirner se aplican a ti.*

—*Así es.*

—*Bien. ¿El lenguaje de las ideas de Stirner es consistente con el lenguaje de tus propias experiencias preciosas? Piensa en los conceptos que usa, las distinciones que hace, las conexiones que señala.*

—*Supongo que no —reflexiona Mateo—. No me considero una persona única.*

—*Vamos por partes, Mateo, hay que darle una oportunidad a Stirner. Recuerda tu experiencia de las cataratas y cuéntame sobre ella como si fueses Stirner. Empieza con el inicio del día.*

—*Está bien, déjame ver… En la mañana me encuentro con mis amigos. Tomamos el automóvil de Paco. Los tres conversan y se ríen y se hacen bromas entre ellos. Yo no estoy de humor para ese tipo de socialización, ero les sigo la corriente. Stirner podría decir que discretamente estoy preservando mi libertad y mi autenticidad y estoy negándome a jugar los juegos sociales.*

—*¿Es así como te sentiste en el automóvil?*

—*No realmente. No estaba haciendo nada ideológico como eso. Simplemente no tenía la paciencia para escuchar todas sus tonterías, pero les seguía la corriente para no malograrles la fiesta.*

—*Bien, sigue.*

Mateo continúa describiendo como parquearon el automóvil, empezaron a caminar y se perdieron.

—*Luego, cuando nos damos cuenta de que es tarde, y Paco dice "¡Olvidémonos de la catarata y volvamos a casa!" Y Darío también dice algo acerca del cielo que está poniéndose oscuro. Y Marco dice que él realmente quería ver la catarata, pero que está demasiado cansado y no le interesa más nada. Todos empiezan a sentirse un poco miserables.*

—*Bien. ¿Y qué pasa después?*

—*Y entonces, me veo levantándome y diciendo: "¡No, no vamos a rendirnos!" Stirner diría que estoy afirmando mi unicidad, mi carácter de ser especial, mi libertad.*

—¿Había algo en tu experiencia, Mateo, que fundamentara esa interpretación?

—Tal vez un poco. Recuerdo esa sensación de libertad. Pero no se trataba de mi unicidad, o de rechazar identidades falsas. Era una sensación de certeza. Eso es lo que sentí cuando anuncié: "No nos vamos a casa. ¡Vamos a encontrar ese sitio!"

—Cuando escucho tu historia Mateo, no escucho tu indecisión habitual. Suena como si hubieras encontrado una nueva personalidad dentro de ti.

—Esa es una buena manera de plantearlo. Una personalidad nueva que yo no sabía que existía dentro de mí, súbitamente brotó a la superficie anunciándose. Súbitamente era poderoso, era una única persona unida que sabía exactamente lo que quería. Pero esta persona no era indescriptible como diría Stirner. Lo describiría como aventurero, seguro de sí mismo y emocionado.

—Esa es una buena observación —dice Linda—. Entonces, tu experiencia tal vez no habla en el lenguaje de Stirner. Pero aun así ¿hay algo en su filosofía que tomarías de él?

—Sí, tomo de él la idea de que ser yo mismo está conectado a un sentimiento de libertad, con una sensación de ser dueño de mí mismo y de que no le debo nada a nadie.

—Ahora estás sonriendo, Mateo. Extrañas esa sensación de ser dueño de ti mismo.

—Claro que sí. Sin ella, siento que no soy nadie.

—Bien.

—¡¿Perdón?!

—Tu sensación de sentir que no eres nadie te dice que las cosas no son como debieran ser. ¿Sería mejor acaso si no te sintieras mal por ello?

Linda le sonríe reconfortantemente y le entrega un nuevo texto.

—Veamos, Mateo, si este texto te ayuda a comprenderte de una manera un poco más profunda.

—¿Piensas que este texto tiene la respuesta?

—Claro que no. Un buen texto filosófico no te da respuestas. Te inspira a comprenderte a tu propia manera.

Jean-Paul Sartre: No soy lo que soy[35]

Stirner, como muchos otros pensadores, asume que hay algo así como un yo dentro de nosotros. El filósofo existencialista Jean-Paul Sartre (1905-1980) piensa distinto. Tratar de conectarse a un "yo" dentro de mí es una fantasía o un autoengaño.

Según Sartre, en mi calidad de ser humano, no tengo una personalidad definitiva, una naturaleza o un yo. Lo que yo soy, es algo que se debe decidir, no algo que se deba descubrir. En otras palabras, no hay nada en mí que determine quién soy —mis valores, mis creencias, mis inclinaciones, incluso mi personalidad— excepto mi libre albedrío. Soy libre de determinarme a mí mismo. Es más, no existe ningún valor o moral que pueda decirme cómo yo *debería* ser, porque los valores y la moral son mi propia creación. Soy completamente libre de escoger quién soy yo, qué es bueno y qué es malo, lo que quiero ser en la vida. Incluso mi pasado no me quita la libertad: Si tomé una decisión hace diez minutos, soy libre de cambiar de opinión ahora. Incluso en prisión puedo decidir el tipo de persona que soy. En palabras de Sartre, estoy condenado a ser libre.

A decir verdad, no es del todo correcto decir que soy libre, Sería más correcto decir que yo soy la libertad. Como dice Sartre. Como dice Sartre, no soy lo que soy y soy lo que no soy. O, como también dice, la existencia precede a la esencia, en otras palabras, en todo momento en el tiempo, yo primero existo y luego determino mi esencia (quién soy).

Todo esto sugiere que la autenticidad no puede consistir en ser fiel a mi yo interior. Más bien, soy auténtico si soy fiel al hecho de que *yo no tengo* un yo interior determinado, si soy fiel a mi libertad de decidir quién soy.

Por ello, ser auténtico para Sartre quiere decir que soy consciente de mi libertad, que asumo la plena responsabilidad sobre mi vida, y que no pretendo que alguna fuerza o hecho me ha convertido en la persona que soy. Quiere decir, que no me considero un producto de mi psicología o de mi educación, de las circunstancias, de consideraciones lógicas o morales, de Dios. No tengo justificaciones para ser la persona que soy.

---

35. Jean Paul Sartre, *Existentialism is a Humanism* [*El existencialismo es un humanismo*], London: Methuen, 1948.

En su siguiente encuentro, Mateo le dice a Linda, que la idea de Sartre de una libertad radical es demasiado extrema.

—*Para mí es obvio que estoy limitado por mis experiencias pasadas y por mi personalidad. Mi psicología determina muchas cosas en mi vida.*

Linda le recuerda que lo importante no es, si la teoría de Sartre es correcta, sino más bien, si puede echar luces al anhelo y a las experiencias preciosas de Mateo.

Incluso si la teoría de Sartre, como una totalidad no fuese aceptable, su punto central quizás siga siendo relevante: que ser auténtico no significa ser fiel a algo que ya existe en uno, sino más bien ser fiel a su libertad.

Por un rato discuten la teoría de Sartre y su relación con las experiencias de Mateo. Se imaginan cómo es que el episodio de la catarata podría verse desde la perspectiva de Sartre: Mateo estando tentado de abandonar la búsqueda y de retornar a casa con sus amigos, pero dándose cuenta de que es libre de rehusarse, y a través de esa libertad recién descubierta insiste en continuar en buscar la catarata, asumiendo él mismo todo el peso de la responsabilidad.

—*No —dice Mateo finalmente—, definitivamente ese no es el lenguaje de mis experiencias. La responsabilidad no es realmente un tema para mí cuando siento que no sé lo que realmente quiero. Soy bueno asumiendo responsabilidades. En el trabajo hago todo tipo de proyectos creativos, pero eso no me reconforta. Lo que anhelo —ahora lo puedo ver claramente gracias a la comparación con Sartre— es ser atrapado y guiado por una suerte de convicción interior. No es un asunto de decisión, sino de convicción, una sensación de verdad, una luz que me inspire.*

Gabriel Marcel: El testigo en mí [36]

El filósofo existencialista y dramaturgo Gabriel Marcel (1889-1973) distingue dos actitudes frente a la vida: observar y atestiguar. Un observador es alguien que mira a la vida sin comprometerse personalmente, sin entregarse a nada. Para una persona así, la vida es una secuencia de hechos objetivos e impersonales. Puede ser que sea activo y que trabaje arduamente, pero no le es fiel a nada. En un mundo constituido solo por hechos objetivos, no hay nada a qué serle fiel.

---

36. Gabriel Marcel, "Testimony and Existentialism," *The Philosophy of Existentialism*, New York: Citadel Press, 1995.

A diferencia de un observador, un testigo es alguien que está dispuesto a recibir la vida como si se la hubieran encomendado. Marcel llama a esta actitud "atestiguar", porque es lo que hago en la corte cuando decido dar de manera veraz mi testimonio sobre algo que he visto, incluso si eso me coloca en una situación de peligro, incluso si la corte es corrupta.

De la misma manera soy un testigo cuando acepto de manera libre un cierto valor o una "luz" que me conmueve y a la que permanezco fiel. Asumo el compromiso de ser un testigo de esa luz a mi manera muy personal.

En ese sentido, la vida para mí es un "regalo" al que me siento llamado de recibir. Pero recibir no es una actitud pasiva. Por ejemplo, cuando recibo visitas en casa, soy un anfitrión activo, comprometido, creativo, que doy de mí para que mis invitados se diviertan. De igual manera cuando recibo la vida en calidad de testigo, la recibo de manera libre, fiel, personal y creativa.

En su siguiente encuentro, Mateo le dice a Linda que la noción de Marcel de "luz", le fascina, pero que no capta lo que él experimenta personalmente.

—Marcel es demasiado religioso para mí —explica Marcel—. La idea de que yo debiera "recibir" una luz no me dice nada: ¿Recibo de dónde? ¿de quién?

—Recuerda, Mateo, que los textos filosóficamente profundos nos ayudan a comprendernos incluso en tanto que estemos en desacuerdo con ellos, incluso cuando son muy diferentes de aquello en lo que creemos. Entonces, pongamos a un lado el estar de acuerdo o en desacuerdo y pensemos más bien en el 'testigo' que Marcel ve, su estado mental interior, su actitud frente a la vida, el modo cómo se ubica en el mundo.

—No estoy seguro de qué decir, Linda.

—Entonces trata de decirlo con tu cuerpo, con tus brazos y tus manos.

Mateo se para y abre sus manos hacia el cielo, Luego pone una expresión de súplica en su cara,

—Mmm. Estás interpretando a su "testigo" como siendo pasivo, esperando por un milagro del cielo.

—Sí, tienes razón, Linda. Marcel habla de "recepción activa", como un anfitrión que activamente recibe a sus invitados. Les da la bienvenida, les ofrece café, conversa con ellos.

Mateo se levanta de nuevo y asume la postura de un anfitrión invitando a sus invitados. Se sienta.

—Aun así, esto no es lo que anhelo. En mi experiencia de las cataratas y las experiencias similares, me sentí…, supongo que la palabra es "empoderado". Todas mis vacilaciones desaparecieron, todas mis indecisiones y autojustificaciones y autoexplicaciones. Ah sí. Ahora puedo verlo: En esos momentos paso a ser uno conmigo mismo, una única persona unificada. Soy dueño de mí mismo, como dice Stirner.

Se para de nuevo, derecho, pero relajado. Un extraño espíritu poético se apodera de él.

—Todo está tranquilo y es simple dentro de mí. Soy un hombre primordial en un mundo primordial, libre de amar y de disfrutar, salvaje, que no le tiene que rendir cuentas de nada a nadie.

Linda mira a Mateo con una gentil sonrisa.

—¡Vaya!

Mateo se sienta, algo mermado, como si se levantara de un sueño.

—Exactamente: "¡Vaya!". Por un momento sentí esa existencia primordial actuando nuevamente dentro de mí, como con la catarata. La existencia primordial — libre de complicaciones, libre de cálculos, simple y directamente existencia: Todo es real, yo soy real, no necesito armar historias sobre mí.

Linda coloca una nueva hoja de papel sobre la mesa entre ellos.

—Redibujemos el panorama de tu mundo.

Juntos, Linda y Mateo, componen un mapa de ideas revisado:

Claro	Directo	Simple	Verdadero	Precioso		Confundido	Fragmentado	Artificial	Irrelevante
		Uno solo		Realidad primaria			Fragmentado		Realidad secundaria
Libre —	**Real Me**	— Oculto				Obligado —	**Mi falso yo**	— Manifesto	
	Seguro	Mi casa					Vacilante	Externo, remoto	

—Este —dice Linda finalmente—, es un excelente punto de partida para una exploración seria. Ahora tenemos las primeras pistas de qué es lo que anhelas, o qué es lo que te llama, qué es lo que está fuera de tu caverna *platónica. Lo que podría decirse a estas alturas, es que estos conceptos son el lenguaje de tu dimensión interior.*

La dimensión interior en los companionships filosóficos

La consejería individual no es siempre el mejor formato para explorar el lenguaje de la dimensión interior. El formato del companionship a veces es más eficiente.

Un companionship filosófico[37] es un grupo de personas que se reúnen varias veces ya sea presencialmente cara a cara o en línea, normalmente una vez a la semana por una o dos horas, enfocándose en un breve texto filosófico, preferiblemente muy condensado o incluso poético. Un companionship no es un grupo de discusión. Lo que el companionship tiene de especial, es que los compañeros participantes tratan de mantener un estado mental contemplativo durante la sesión. Con la ayuda de varios ejercicios y procedimientos tratan de pensar y conversar desde su profundidad interior y no desde sus patrones de pensamiento automático o desde las opiniones preconcebidas de su mente.

Es más, en vez de expresar opiniones, analizar y juzgar, los compañeros piensan estando juntos, resonando entre ellos como músicos de jazz que tocan en conjunto. También ellos resuenan con el texto, como algo opuesto a hablar *sobre* el texto.

Estos tres elementos —mantener un estado mental contemplativo, resonar estando juntos el uno con el otro, y resonar con el texto— son el núcleo del companionship filosófico. Gracias a ellos, los compañeros van más allá de su modo de pensar habitual, más allá de sus opiniones y de sus patrones automáticos de pensamiento, y le dan voz a aspectos de ellos mismos con los que pocas veces se ponen en contacto, especialmente aspectos de su dimensión interior.

Es el inicio de la primera sesión de un nuevo companionship filosófico facilitado por Linda, el primero de una serie de sesiones sobre Filosofías sobre el Sentido. Los compañeros participantes deben contemplar en conjunto sobre

---

37. Para una discusión completa de cómo funciona un companionship filosófico ver Ran Lahav, *Manual de companionships filosoficos: Principios, métodos, ejercicios,* Vermont: Loyev Books, 2017.

textos filosóficos cortos que tratan del sentido de la vida y en ese sentido lograr una comprensión más profunda de sus propias experiencias de sentido.

Normalmente, como nos recuerda el filósofo transformacional, vivimos en la superficie de nuestra vida interior y no somos plenamente conscientes de la riqueza y la profundidad de nuestros momentos de la vida cotidiana. Cuando abrimos nuestras mentes y corazones y contemplamos en conjunto un texto filosófico seleccionado, el texto nos abre nuevos horizontes de sentido. Uno podría decir que el objetivo del companionship es despertar una dimensión de vida adicional —profundidades adicionales— que normalmente están ocultas a la vista.

Esta noche, el companionship se enfoca en un breve extracto de un texto de Albert Camus.

Albert Camus: Experimentar más[38]

En su libro *El Mito de Sísifo*, el filósofo existencialista francés Albert Camus (1913-1969) se pregunta si vale la pena vivir la vida. Camus responde que el mundo, tal como lo experimentamos, es absurdo —está desprovisto de sentido y valores. Las doctrinas sobre Dios, sobre la vida después de la muerte, la moral, y el sentido son meras especulaciones o invenciones humanas. Lo único que sabemos con certeza, lo único que es confiable, es de aquello que experimentamos directamente.

Esto implica que cualquier juicio de valor sobre mi comportamiento no tendría ningún sustento en la realidad. Lo que importa no es si mi acción es noble o vulgar, Buena o mala, sino más bien si me permite tener experiencias de vida directas. Lo que cuenta es, si la acción me ofrece lo único que sé que existe: experiencias. Como lo pone Camus, lo importante no es tener "mejores experiencias" sino "más experiencias": una variedad más rica de situaciones que se experimentan de manera plena, consciente, apasionada.

En pocas palabras, de acuerdo con Camus una situación tiene sentido en tanto me ofrece intensas experiencias nuevas, en tanto me permite experimentar mi vida de manera más plena y apasionada.

---

38. Albert Camus, *The Myth of Sisyphus and Other Essays* [*El mito de Sísifo*], New York: Vintage Book, 1991.

Linda reparte copias de un extracto de una página del libro de Camus y el grupo lo lee conjuntamente. Cada participante lee una oración, lentamente y den voz alta, siguiendo el orden en el que están sentados. Cuando terminan de leer el texto, unos cuantos segundos de releer el texto en silencio les permite contemplar el texto como en su totalidad.

—No es necesario remarcar —explica Linda—, que no necesitamos estar de acuerdo con Camus. De hecho, esta noche no vamos a afirmar en absoluto nuestro acuerdo o desacuerdo. Dejemos a un lado nuestras opiniones personales y escuchemos simplemente lo que el texto nos dice y las comprensiones que el texto hace despertar en nosotros.

Linda coloca una hoja de papel en el centro del círculo escribe en ella la palabra "Sentido".

—Obviamente este es un concepto central en este texto —explica Linda—. ¿Qué conceptos adicionales encontramos acá? Pregunto porque quiero comprender el panorama de ideas de Camus y reconocer las áreas principales de este panorama. Pero para poder responder esta pregunta, no analicemos el texto en abstracto. No nos limitemos a dar opiniones y a pensar lógicamente. Contemplemos, es decir, pensemos desde nuestra profundidad interior, dando voz a comprensiones más profundas de dentro nuestro.

Linda ahora realiza un breve ejercicio meditativo de concentración para que el grupo pueda entrar al modo contemplativo. En este ejercicio los participantes usan su cuerpo como una metáfora para todo su ser. Cierran sus ojos, se enfocan en el flujo del aire que entra y sale de sus fosas nasales, y baja lentamente a lo largo de una columna de aire entrando a su boca, a su garganta, su tronco, su estómago, y finalmente a un punto imaginario debajo de sus cuerpos.

Este ejercicio meditativo es breve, y después de cinco o diez minutos los participantes lentamente abren sus ojos y se relajan.

Linda empieza a hablar de nuevo, pero en voz baja y de manera tranquila.

—Contemplemos el panorama del texto de Camus, y hagámoslo de manera conjunta. Esto significa que no me confronto contigo, no soy dueña de alguna opinión, no tengo una idea de mi propiedad. Todo lo que digo es una orilla en el pensar del grupo en tanto totalidad, una voz en nuestro coro. Queremos resonar el uno con el otro como músicos de jazz que tocan en conjunto.

Para este propósito Linda introduce un procedimiento llamado "hablar precioso": Tienes que hablar de manera ahorrativa, como si cada una de tus palabras fuese preciosa, cada palabra es un regalo al grupo. Evitas las repeticiones, las excesivas explicaciones y las palabras redundantes. Normalmente una oración es suficiente para expresar todo lo que se quiere decir. Y cuando los demás hablan, abres un espacio de silencio dentro de ti y, desde allí, escuchas.

Usando este procedimiento, Linda ahora invita a los compañeros a indicar un concepto que les llamó la atención en el texto por su importancia.

—*El concepto de experiencia* —*propone Leonardo lentamente.*

Linda anota la palabra "experiencia". Luego se dirige nuevamente hacia él.

—*Y ahora, explícalo en una oración.*

—*Cuando tengo un momento con sentido, tengo una experiencia profunda.*

—*El concepto de "lo nuevo"* —*dice Helena*—. *Mis momentos son valiosos para mí, si son nuevos, originales y notables.*

Después de un largo silencio, Daniel habla.

—*Absurdo* —*dice*—. *A pesar de que la vida sea absurda, aun así, una vida absurda vale la pena de ser vivida.*

Después de una serie de aseveraciones adicionales, cuando todos han hablado, aunque sea una vez, Linda hace una seña para parar.

—*Bien, ahora tenemos un inventario de conceptos* —*dice*—. *Tratemos de consolidarlo.*

Invita a los participantes a seleccionar del inventario aquellos conceptos que le llaman más la atención y que le parecen más importantes. Para hacerlo no se explican ni se justifican, solo repiten el concepto que han seleccionado. Surgen un puñado de conceptos, y Linda los escribe con letras grandes en la hoja de papel omitiendo el resto.

—*La red de ideas es como un mapa. Es nuestro mapa del panorama del mundo de Camus. Ahora que estamos empezando a ver este panorama, déjanos entrar en él. Camínenos dentro de él y mirémoslo desde adentro.*

Mentalmente, los participantes hacen a un lado sus opiniones habituales y sus actitudes e ideas habituales, y se imaginan entrando a la mente de Camus.

—*Ahora que estamos adentro* —*dice Linda*—, *y que estamos caminando juntos en este panorama, están invitados a compartir con nosotros* —*todavía en el modo de "habla preciosa"*— *lo que ven alrededor suyo: áreas interesantes, distinciones y oposiciones, implicancias ocultas, conexiones.*

Tal como un grupo de viajeros que caminan juntos en un mundo nuevo, los compañeros comparten observaciones sobre la naturaleza del sentido tal como aparece en el mundo de Camus. Remarcan varios tipos de situaciones que son especialmente significativas en ese mundo, se preguntan sobre el lugar del amor y la Amistad, y reflexionan sobre la conexión entre el sentido y la libertad. Por unos diez minutos hablan en "habla preciosa" de manera espontánea, sin turnos establecidos.

Linda resume el ejercicio:

—*Bien, y ahora que ya tenemos en mente los contornos del panorama conceptual de Camus, tratemos de relacionarlo a nuestras propias vidas personales. Traten de recordar una experiencia de la vida cotidiana que tuvieron recientemente, que les pareció no tener mayor sentido — nada dramático, tal vez una discusión sin sentido, tal vez una pérdida de tiempo esperando a alguien que no apareció. Por favor traigan esta situación a su mente.*

Por unos momentos los compañeros reflexionan en silencio sobre las experiencias que han seleccionado. Luego unos voluntarios son invitados a describir su experiencia en grupo. Para mantenernos en el estado mental contemplativo, ellos se limitan a pronunciar solo dos o tres oraciones concisas.

David es el primero en hablar.

—*Un grupo de amigos pasó a vernos ayer por la noche, y conversamos y tomamos unas cervezas. Fue grato y placentero, pero en realidad nada pasó, nada de lo que dijimos vale la pena ser recordado, no había ninguna sensación de intimidad.*

—*Gracias David —dice Linda—. Y ahora imaginémonos todos en la sala de David ayer en la noche. Pueden cerrar los ojos si quieren intensificar su imaginación. Ahora están con David, sentados con sus amigos, conversando relajadamente, con una cerveza en la mano. Sienten ese grato relajo en si cuerpo. Y también tienen esa sensación de sinsentido en su mente y su corazón.*

Por unos momentos los participantes se dejan llevar en silencio por su imaginación a la sala de David. Entonces Linda les invita a modificar la historia de David: enriquecerlos con elementos de sentido de la filosofía de Camus.

—*Estoy en la sala de David —dice Helena pensativa—. Pero súbitamente ya no estoy perdida charlando sobre nada relevante. Estoy totalmente consciente de la charla. Experimento intensamente cada palabra y cada sonido. Es de una riqueza maravillosa.*

—*Estoy consciente de mis emociones e imágenes —añade Juan—. Mi mente ya no está vacía."*

—*Estoy haciendo un seguimiento de cada uno de mis pequeños pensamientos —Heidi habla nuevamente—. Se que en el gran orden de las cosas lo que me está pasando es absurdo. Y, sin embargo, saboreo cada pedazo de experiencia.*

Los compañeros saborean las experiencias imaginadas y las sienten intensamente en su mente contemplativa mientras que recordaban el contexto del texto de Camus. Sienten como si estuvieran deambulando en otro mundo. Unos minutos más tarde, al final del breve ejercicio, David da gracias a todos por visitar su mundo y todos pasan a la siguiente compañera, Helena, para entrar al momento sinsentido que ella eligió.

Cuando se termina la vuelta, después de que cuatro o cinco voluntarios tuvieron la oportunidad de compartir sus experiencias personales con el grupo, los compañeros se relajan y comparten lo que se llevan consigo de este ejercicio. No es ninguna sorpresa que ninguno se ha convertido en un seguidor de Camus. Viajaron juntos al panorama de Camus y enriquecieron su comprensión sobre las experiencias con sentido desde la perspectiva de Camus.

Los últimos veinte minutos de la sesión están dedicados a una conversación concluyente sobre el encuentro y sobre las ideas de Camus, y ya no hay la restricción de los lineamientos de la actitud contemplativa. La mayoría de los participantes están de acuerdo con que esta experiencia de contemplación profunda les ha posibilitado en la intimidad del compartir juntos, aprender de manera vital algunos modos potenciales en los que el sentido puede expresarse en sus vidas diarias.

En su segundo encuentro, linda introduce un procedimiento distinto, pero con el mismo propósito: contemplar formas potenciales de tener sentido. Esta vez ella quiere que el companionship empiece con una comprensión más detallada y organizada del texto. Antes de empezar a leerlo juntos, ella hace una serie de observaciones introductorias sobre éste.

Erich Fromm: Superando nuestro aislamiento[39]

En su libro *El arte de amar*, Erich Fromm (1900-1980), un pensador influyente y un psicólogo humanista, explica que nuestra necesidad central es la de superar el aislamiento. Nuestra capacidad de

---

39. Erich Fromm, *The Art of Loving* [*El arte de amar*], New York: Harper&Row, 1989.

reflexionar sobre nosotros mismos nos hace darnos cuenta de que somos entidades separadas, separadas de la naturaleza, separadas de otros seres humanos, y separables de nuestros seres queridos por la posibilidad de la muerte y otras circunstancias incontrolables.

Esto crea una tremenda ansiedad en nosotros, que Fromm describe como la raíz de todas las ansiedades. En consecuencia, seguimos tratando de superar nuestro estado separado de diferentes maneras, conectándonos con otros y con el mundo. Algunos de estos modos son destructivos: la adecuación al grupo, por ejemplo, o la fusión con ideologías nacionalistas, o relaciones distorsionadas de dependencia y pérdida del yo. Son destructivas porque a través de ellas perdemos nuestra libertad individual y nuestra identidad.

Pero otras formas de superar nuestra separación tienen un sentido muy profundo: la creatividad nos conecta a mundos más allá de nuestra realidad inmediata; la amistad verdadera y el amor verdadero nos conectan con otra gente. Estas son experiencias con sentido, al punto que nos permiten trascender nuestros límites, mientras que al mismo tiempo permiten preservar —e incluso mejorar— nuestra integridad e identidad personal. En el verdadero amor expresamos activamente nuestra habilidad de dar desde el centro de nuestro ser, es decir, expresando nuestro potencial personal y nuestra individualidad.

Se puede decir, por ello, que las situaciones con sentido son aquellas en las que superamos nuestra separación sin perder nuestra identidad. Fromm dice, que una de las experiencias de la vida con mayor sentido y más regocijante es cuando se desmorona el muro entre mí y la otra persona, y sentimos que estamos juntos y unidos.

El texto que Linda ha seleccionado de Fromm contiene cinco parágrafos. El grupo contempla cada parágrafo por separado, y después de cada parágrafo los compañeros, procediendo con el habla preciosa, *son invitados a articular la idea central que pueden discernir en cada parágrafo. Inicialmente, los compañeros expresan una variedad de diferentes afirmaciones, pero después de un rato, las afirmaciones empiezan a convergir en un tema común, aunque no en un consenso completo. Como diría Linda, el resultado no es una idea única, sino una sinfonía de ideas interrelacionadas.*

El proceso contemplativo del habla preciosa *permite a los compañeros abrirse a algunas ideas en el texto, a reflexionar sobre ellas muy dentro de sí mismos y a resonar con ellas y mutuamente entre ellos. Después de unos treinta minutos, cuando terminan de contemplar sobre la idea principal en cada párrafo, Linda plantea una pregunta modo de conclusión, que se deberá responder según el procedimiento de* habla preciosa: *Considerando todo lo que hemos leído y dicho hasta ahora, ¿qué es lo te llevas contigo del texto de Fromm?*

—Fromm me dice —dice David— que el tener sentido habla en el lenguaje de estar aislado versus estar en compañía con otros, separación versus estar-con.

—Y también en el lenguaje de la ansiedad —añade Helena—. La ansiedad me da una sensación de urgencia de romper los muros que me rodean y conectarme con otros.

Otros participantes también hablan y la rueda de habla preciosa continúa por algunos minutos más.

Ahora que el grupo tiene una comprensión más rica del texto, Linda quiere que los participantes lo relacionen con sus propias experiencias personales. Les pide que traten de recordar una experiencia personal reciente que resuene con algo de los textos de Fromm. Les pide que lean rápidamente el texto teniendo en mente esta tarea.

Luego de algún rato, cuando todos parecen haber encontrado una experiencia personal, Linda interrumpe el silencio diciendo:

—¿Qué es lo que la experiencia personal que han encontrado les dice sobre el significado que le dan a tener sentido? ¿Les habló en exactamente el mismo lenguaje que los conceptos de Fromm? Y si no fuese así, ¿en qué lenguaje les habló?

Hace una pausa y luego añade:

» Pero en vez de contestar esta pregunta con muchas palabras, hagámoslo en poesía. La palabra poética requiere de nosotros escuchar hacia dentro, y a veces puede expresar lo que una explicación directa no puede. Por ello, escribamos un poema grupal, todos nosotros juntos. Cada uno de nosotros compondrá dos versos, y luego juntamos todos nuestros versos en un solo poema filosófico unificado. Un poema siempre es más que sus versos individuales. La totalidad contiene nuevos significados que emergen de la interacción entre las líneas.

Por varios minutos los participantes se concentran en silencio, cado uno tratando de visualizar la experiencia que seleccionó y plasmarla en una expresión poética. Anotan sus versos poéticos en sus cuadernos, y luego los copian en una hoja de papel uno debajo del otro.

El poema grupal resultante es de una riqueza sorprendente, pero también de alguna manera inconsistente. Las diferentes contribuciones no siempre encajan. Por eso el grupo trabaja en cambiar el orden de los versos y hacer encajar los unos con los otros unificando pronombres y tiempos gramaticales. El resultado es un poema inspirador. Los compañeros leen juntos el poema, y, en una conversación abierta, reflexionan sobre sus implicancias. Todos consideran que este ejercicio le ha echado nuevas luces al significado que le daban a tener sentido.

—Hasta acá —dice Linda al inicio de la tercera sesión del companionship—, hemos estado contemplando ideas desarrolladas por filósofos reconocidos por la historia. Hoy día enfoquémonos más plenamente en nuestro propio significado persona de tener sentido. Pero primero dejemos que nuestro repertorio de ideas históricas se enriquezca. Hemos hablado de la idea de Camus de que el tener sentido viene de la riqueza de la experiencia, y sobre la idea de Fromm de que el tener sentido viene del amor que nos lleva más allá de nosotros mismos. ¿Y qué es del sentido como aquello que proviene del éxito, la lucha y los logros?

William James: La lucha por un ideal [40]

En su ponencia "¿Qué es lo que le da sentido a la vida?, el psicólogo y filósofo norteamericano William James (1842-1910) argumenta en contra de dos concepciones de sentido. Por una parte, rechaza la perspectiva de que percibimos una sensación de sentido cuando nuestras necesidades son satisfechas. Ya que, cuando tenemos todo lo que necesitamos física y emocionalmente, sin lucha o dificultades, entonces la vida resulta aburrida y vacía. Por otra parte, James también rechaza la perspectiva que él le atribuye a Tolstoi, de que cualquier lucha y cualquier penuria necesariamente llena de sentido. James argumenta que una penuria que no está dirigida a un objetivo o ideal no tiene sentido y es insulso. Solo tiene sentido si tiene un propósito.

Una situación con sentido se caracteriza por ello por dos elementos: Primero, contiene lucha, persistencia, determinación. Segundo, también contiene un ideal hacia el cual se dirige la lucha.

---

40. William James, "What makes life significant" ["Lo que le da sentido a la vida"], en: J. McDermott (ed.), *The Writings of William James*, Chicago: University of Chicago Press, 1977.

James no está hablando aquí solo de luchas dramáticas por ideales gloriosos, sino también de luchas mundanas por condiciones de vida mejores, éxito en el trabajo, etc.

La actitud interior comprendida en una tal lucha, es explicada en otro texto de James, en el que él discute la voluntad[41]. James explica que normalmente, todo tipo de ideas en nuestra mente influencian nuestro comportamiento. Sin embargo, en una lucha con sentido mantenemos viva una idea específica en nuestra mente con el esfuerzo de la atención. Nos aferramos a esta idea y de esa manera superamos nuestra tendencia a dejarnos llevar por caminos más fáciles, más seguros o más cómodos.

Por ello, una acción con sentido implica un esfuerzo mental —un esfuerzo de enfocar nuestra acción hacia un ideal y obviar otras ideas distractoras, como aquella que expresan dudas, miedo o flojera.

Por un rato los compañeros usando el procedimiento de habla preciosa esbozan juntos una red de conceptos, que son centrales en la perspectiva de William James. Identifican como central a su perspectiva los conceptos de lucha, valor ideal, persistencia, y atención.

Ahora Linda coloca en la mesa tres mapas conceptuales de los tres pensadores que habían tomado en cuenta hasta el momento: Camus, Fromm y James.

—Este es nuestro inventario de conceptos pre-hechos. Lo usaremos como punto de partida para reflexionar sobre nuestra propia concepción personal de sentido.

Le pide a cada uno que piense sobre tres experiencias que han tenido recientemente que hayan sido preciosas y significativas, y también dos o tres que consideren que sintieron como carentes de sentido, aburridas, vacías.

Después de que los participantes construyeran en silencio una breve lista de experiencias personales, ella añade:

—Y ahora quisiera que cada uno de ustedes reflexionara en las experiencias que seleccionó y las juntara en una sola "teoría" de sentido. Para hacer esto, trata de identificar qué es lo que tienen en común todas tus experiencias con sentido y que las distingue de todas tus experiencias sin

---

41. William James, "Will," en: J. McDermott (ed.), *The Writings of William James*, Chicago: University of Chicago Press, 1977, pp. 684-716.

sentido. Esto será un esbozo preliminar de tu teoría personal sobre qué tiene sentido y qué no tiene sentido.

Esta vez los participantes trabajan en pequeños grupos de tres o cuatro participantes. Para mantener la actitud contemplativa, limitan su interacción a hablar de manera condensada y a escucharse mutuamente de manera enfocada. Cuando terminan, vuelven al círculo principal y comparten mutuamente sus listas.

Linda concluye ahora la actividad del día.

—*Hoy avanzamos un paso más hacia la comprensión del "lenguaje" de nuestras experiencias de sentido. En el estar juntos de nuestro grupo, y con la ayuda de textos históricos, aprendimos sobre diferentes concepciones de sentido y sobre nuestras propias concepciones de sentido.*

—*¿Y qué vamos a hacer con lo que hemos aprendido?* —*pregunta Angela*— *Las experiencias que hemos examinado son muy especiales. Puede ser que sean preciosas, pero no nos suceden muy frecuentemente.*

Linda asiente con la cabeza.

—*Puedes considerar estas experiencias como pequeños gérmenes en el centro de tu vida cotidiana. Si no queremos ser atrapados por las rutinas cotidianas, si no queremos vivir en piloto automático, en la superficie de nuestro ser, en nuestra caverna platónica, entonces tenemos que ser conscientes de esos momentos especiales. Éstos nos ofrecen unos vistazos de algo muy importante. Nos ayudan a recordar que es posible vivir la vida de manera más plena. Nos invitan a desarrollar los aspectos de nuestro ser que habitualmente descuidamos. Esto es lo que yo llamo la "dimensión interior" o nuestra "profundidad interior".*

Paul parece estar reflexionando sobre esto.

—*¿Entonces cómo exactamente encontramos esta dimensión interior, nuestra profundidad interior, Linda?*

—*No creo, Paul, que este sea el tipo de cosa que pueda captarse con una fórmula universal. Cada uno de nosotros tiene que explorarlo por sí mismo. Espero que en las tres sesiones que hemos tenido hasta ahora, hayamos empezado a comprender el lenguaje de nuestra dimensión interior personal — el lenguaje de nuestros anhelos, de nuestras experiencias preciosas, de nuestra sensación de que la vida puede ser más de lo que es hasta ahora. Espero que estemos empezando a comprender lo que nuestra profundidad interior está diciendo.*

Los compañeros están de acuerdo. Cabe aclarar que comprender el lenguaje de la dimensión interior no significa todavía que se la haya despertado, pero es un primer paso.

—*Y recordemos también* —*concluye Linda*— *que nuestra dimensión interior no es una estructura fija. No es algo que podamos captar de una vez y para siempre. Puede cambiar y crecer y desarrollarse a lo largo de nuestra vida, puede desocultarse y revelarse poco a poco a través de sucesos vitales. También puede ser influenciado por lo que nos pasa y por lo que hacemos: por nuestras decisiones, por las actitudes que asumimos, por el modo de vida que adaptamos, porque tengamos la mente abierta o cerrada, por nuestro amor, y por la sabiduría que adquirimos a lo largo de nuestra vida.*

—*Mi dimensión interior es una cosa viva* —*sugiere Helena.*

—*Efectivamente* —*responde Linda*—. *Pero no es exactamente una "cosa". No es algo que tengo. Soy yo, es mi yo más íntimo.*

Capítulo 10

Cultivando la dimensión interior

Llegados a este punto, podemos comprender la estructura del perímetro de una persona, así como el lenguaje de la dimensión interior que queda más allá de éste. Pero esto sigue pareciendo una forma de comprensión de tipo teórico. La pregunta es ¿cómo esta comprensión teórica puede ser puesta en práctica y ser plasmada en una verdadera autotransformación?

La brecha entre la autocomprensión teórica y la autotransformación parece ser enorme, pero no es en realidad insuperable. A lo largo de la historia encontramos que la contemplación de las ideas teóricas ha sido usada para la autotransformación en muchas tradiciones de sabiduría y espiritualidad, tanto en el oriente como en occidente.

Los antiguos gnósticos[42], por ejemplo, que florecieron a inicios del primer milenio, creían que había un conocimiento secreto que podía liberar destellos de luz divina oculta en nuestro ser y que nos podía elevar a niveles superiores de realidad hacia lo divino. Es más, ese era la razón por la que se les denominó "gnósticos" —una palabra que proviene de la misma raíz que en el español "saber", y que significa "los que saben". De la misma manera, en el judaísmo, la reflexión sobre el sagrado Talmud es una actividad diaria importante para los hombres judíos (y recientemente también para las mujeres) como parte de su formación como personas. La reflexión diaria sirve para moldear la actitud de la persona frente a la vida, creando en su mente una rica red de ideas que comprende todos los aspectos de la vida diaria, desde la actividad en el retrete hasta la oración, desde los

---

42. James Robinson (ed.), *The Nag Hammadi Library*, New York: HarperCollins, 1990. Sobre una conmovedora oración del Día de Acción de Gracias luego de haber recibido conocimiento revelado ver "The Prayer of Thanksgiving" ["La oración del Día de Acción de Gracias"], pp. 328-329.

insectos hasta la maquinaria[43]. Un ejemplo de la vida cristina es la Lectio Divina[44], una lectura contemplativa de las escrituras en cuatro pasos, desarrollada inicialmente en la Edad Media por monjes cartujos. Esta práctica está diseñada a producir comprensiones espirituales profundas y una sensación de intimidad con Dios como parte del crecimiento espiritual de uno mismo.

Estos tres ejemplos occidentales —el conocimiento experiencial de los gnósticos, el análisis talmúdico, y la contemplación cristiana de textos— son diferentes maneras en las que reflexionar sobre ideas puede ser transformador. Ninguna de ellas, sin embargo, es una actividad *filosófica*, estrictamente hablando. Una actividad puede contar como filosofar sólo si, por lo menos, comprende una exploración con la mente abierta sobre asuntos fundamentales de la vida, sin sujetarse a doctrinas previas existentes y con la voluntad de cuestionar todo presupuesto y autoridad. En contraste, la contemplación religiosa da por sentado determinadas doctrinas, escrituras y autoridades religiosas, sin cuestionar su validez. Sin embargo, estas prácticas tradicionales sirven como testimonio del poder transformador de la contemplación.

La contemplación transformadora en las *Meditaciones*[45] de Marco Aurelio

En la traducción filosófica de occidente, muchos enfoques usan el poder transformados de la reflexión filosófica. Un ejemplo especialmente fascinante lo encontramos en las *Meditaciones*, escritas por el filósofo y emperador romano Marco Aurelio. Las *Meditaciones* es un libro estoico que contiene algunas ideas centrales que ya se encontraban en los escritos estoicos más tempranos y los reformula y desarrolla de una manera motivadora.

---

43. Joseph Soloveitchik, *Halakhic Man*, Philadelphia: Jewish Publication Society of America, 1983.
44. Con respecto a formas contemporáneas de esta práctica ver a Gustave Reininger (ed.), *Centering Prayer in Daily Life and Ministry*, New York: Continuum, 1998.
45. Se han publicado versiones anteriores en español de este capítulo como: "Autoconversación de Marco Aurelio en las Meditaciones: una lección para la práctica filosofía", *Sophia: Revista de Filosofía* (Ecuador) 5, 2009, y en inglés como: "Self-Talk in Marcus Aurelius' Meditations: a lesson for philosophical practice" en *Philosophical Practice* 4, 2009, pp. 486-491.

Pierre Hadot[46] y A. A. Long[47], dos prominentes historiadores de las ideas interpretan el texto como una libreta de anotaciones personales de ejercicios estoicos, o lo que Hadot llama "ejercicios espirituales" [48].

Según éstos, el propósito principal de Marco Aurelio al escribir esta libreta de anotaciones no era tanto especular, sino más bien practicar, no era *recoger* sus pensamientos y actitudes, sino *influenciarlos*. En este sentido, las *Meditaciones* pueden ser vistas como uno de los precursores de la práctica filosófica contemporánea.

Considera, por ejemplo, las palabras de Marco Aurelio en el Libro 2, sección 9 de las *Meditaciones*[49]: "Siempre tienes que tener presente esto: Cuál es la naturaleza de la totalidad y cuál es mi naturaleza, y como se relaciona la uno con lo otro, y qué tipo de parte es, y que tipo de totalidad, y que nadie puede impedirte de siempre hacer y decir las cosas que van de acuerdo a la naturaleza de la que tú eres parte."

Las primeras palabras en este pasaje —"Esto tienes que tenerlo siempre presente..." —como muchas otras similares a lo largo del libro, indican que el escritor se está dirigiendo a alguien. Ese alguien es él mismo. Marco Aurelio se está diciendo a sí mismo que hay que prepararse para los problemas de cada día contemplando al universo y a la pequeña parte de uno mismo en él. Al apuntar estas palabras, él trata de influenciar sus pensamientos, actitudes y comportamientos para que sigan ideales estoicos. Esto es parte de su programa estoico de autotransformación hacia la paz interior y la armonía con el Logos cósmico[50].

Los ejercicios empleados en las Meditaciones son de varios diferentes tipos. Algunos de ellos están dirigidos a desarrollar el autocontrol, otros a desarrollar el juicio racional, la consciencia de uno mismo, el comportamiento moral, el cumplimiento de mis

---

46. Pierre Hadot, *The Inner Citadel: The Meditations of Marcus Aurelius*, Cambridge: Harvard University Press, 1995. See especially pp. 28-53.
47. A. A. Long, *From Epicurus to Epictetus. Studies in Hellenistic and Roman Philosophy*, Oxford: Clarendon Press, 2006.
48. *The Inner Citadel*, Chapter 3, pp. 35-53.
49. Adaptado de *Meditations* [*Mediataciones*], Amherst: Prometheus Books, 1991, Libro 2. Reemplacé pronombres antiguos y declinaciones con sus correspondientes contemporáneos para facilitas su lectura.
50. Pierre Hadot, *The Inner Citadel: The Meditations of Marcus Aurelius*, Cambridge: Harvard University Press, 1995, pp. 35-53.

obligaciones, etc. En general, sin embargo, su punto es el mismo: hacer que tome consciencia de determinadas ideas estoicas y, de esta manera, darle la eficacia de guiar al escritor a lo largo del día.

Esto, sin embargo, plantea un asunto intrigante: ¿Qué sentido tiene decirte a ti mismo una idea que ya conoces? ¿Si ya sabes cómo es que debes pensar y comportarte, entonces qué sentido tiene anotarlo y convencerte a ti mismo?

La respuesta es que Marco Aurelio considera al alma como dividida en dos partes: las partes racionales y las partes irracionales de sí mismo. La primera ya cree en principios estoicos y le habla a la segunda parte, que no está convencida todavía. Esta última parte irracional consiste de mecanismos psicológicos obstinados que tienden a controlar nuestro cuerpo y nuestros estados mentales y están gobernados por una serie de fuerzas psicológicas y biológicas, paralelamente a lo que yo he llamado nuestro "perímetro". Esto, por ejemplo, incluye nuestros patrones de dolor y placer, nuestras reacciones emocionales y los deseos que producen de manera automática. Como están gobernadas por fuerzas irracionales y no por nuestro libre albedrío, no son consideradas como completamente propias, según Marco Aurelio.

Por el contrario, el elemento racional en el alma está libre de fuerzas y mecanismos psicológicos. Este es el "principio guía" o "daimón". En línea con la filosofía estoica, expresa nuestra verdadera naturaleza humana —la razón, que es la armonía con el logos que maneja la totalidad del cosmos.

En tanto principio racional dentro de nosotros, puede examinar nuestra situación de manera racional, evaluarla y decidir cómo accionar y reaccionar. Para Marco Aurelio, solo el yo racional es libre. Por eso, este es el único elemento que verdaderamente soy yo, mi yo real.

Sin embargo, incluso esta distinción, entre el principio guía y los mecanismos psicológicos, no puede explicar completamente por qué Marco Aurelio está hablando consigo mismo. Si sus mecanismos psicológicos no están bajo su control y no operan de acuerdo a los razonamientos racionales, entonces no tiene ningún sentido hablarles o escribirles. A los mecanismos no racionales no se les puede hablar y no se les puede convencer por consideraciones filosóficas. De hecho, en sus exhortaciones, él se dice a sí mismo que debe desprenderse de los mecanismos psicológicos[51].

Eso sugiere que la voz que habla en las *Meditaciones* —que presumiblemente es el principio racional que guía a Marco Aurelio— se está hablando a sí misma, no a la parte irracional. Pero si eso fuera así, entonces estamos de vuelta en la pregunta inicial: ¿Cuál es el punto de decirle a nuestro yo una idea que ya entiende? ¿Qué sentido tiene el tratar de convencer a un yo, que ya está convencido?

Esta pregunta, no obstante, está formulada de una manera engañosa. Presupone que el auto-discurso de Marco Aurelio está designado a transmitirle ideas a alguien. En tanto que aceptemos ese presupuesto es difícil ver quién sería esa persona. Este problema se obvia si nos damos cuenta de que el objetivo de su auto-discurso no es hablarse *a* sí mismo, sino hablar *desde* sí mismo. La efectividad de su auto-discurso no consiste en que su verdadero yo escuche sus ideas, sino porque su verdadero yo las pronuncia. Al motivar al principio guía a expresarse a sí mismo, Marco Aurelio le da voz, lo despierta, lo fortalece.

Abrir un claro interior a través de la contemplación

Los ejercicios de Marco Aurelio nos enseñan una importante lección: que podemos empoderar el aspecto más profundo de nosotros —nuestra profundidad interior, nuestra dimensión interior— dándole voz y motivándolo a expresarse a sí mismo. No enseñan que las ideas filosóficas tienen el poder de cambiarnos, suponiendo que no se limitan al pensar abstracto, sino que están hechas para involucrar a nuestro yo más profundo.

Para utilizar esta idea en la práctica filosófica, primero tenemos que distinguir entre la metodología de los ejercicios de Marco Aurelio y su enfoque estoico frente a la vida. Él aplica sus métodos contemplativos a sus ideas estoicas, pero nosotros, que no estamos comprometidos con el estoicismo, podemos usar sus métodos sin aceptar su filosofía particular. En la práctica filosófica no queremos imponer ninguna doctrina preestablecida para realizar la travesía filosófica. Nuestro propósito es despertar la dimensión interna, pero darle la libertad de buscar su propio y muy particular camino. Por eso,

---

51. Ver, por ejemplo, *Meditaciones*", Libro V, sección 26, y libro XII, sección 3.

en vez de usar los ejercicios de Marco Aurelio en el nombre de una sola doctrina, deberíamos usarla con una variedad de ideas alternativas y permitir que nuestra profundidad interior los aborde, experimente con ellos, y elija y cree su propio sendero.

Por otra parte, nuestra profundidad interior probablemente no se inspire en alguna idea arbitraria. Sólo puede ser conmovida por una idea que esté suficientemente cercana a ella y con la que pueda resonar. Por ello, si queremos despertar nuestra profundidad interior de una manera no dogmática, si queremos inspirarla a explorar su camino personal para salir de la caverna platónica, entonces tenemos que conmoverla con ideas filosóficas que hablen en idiomas similares a ella misma. Por ejemplo, si mi dimensión interior está orientada a conceptos de empatía y solidaridad, pero para nada a la idea de belleza estética, entonces no es probable que se conmueva reflexionando sobre filosofías de estética. Por ello, si conocemos el lenguaje de la dimensión interior de la persona, si conocemos, si conocemos los conceptos principales que subyacen a su visión y a su orientación, entonces podemos usar textos filosóficos que contienen ideas similares para que la despierten y la inspiren.

Esto no significa que tengamos que saber por adelantado qué teoría filosófica sería la correcta para cada persona. No hay nada de malo en probar varias alternativas, especialmente en vista de que es imposible saber exactamente cómo es que la dimensión interna de una persona es capaz de desarrollarse. Como un bebé que solo está empezando a explorarse a sí mismo, la dimensión interna no sabe por adelantado cuáles son sus preferencias. Mientras que mantengamos la mente abierta, seamos sensibles a las reacciones de las personas y estemos dispuestos a cambiar nuestro rumbo siempre que sea apropiado, tenemos buenas posibilidades de encontrar un camino hacia su dimensión interior, su profundidad interior. Son especialmente fructíferos los textos o ideas que están relacionados a asuntos básicos de la vida, en otras palabras, que son filosóficos, ya que reflexionar sobre ellos probablemente llevará a que resuene con los anhelos y las luchas más fundamentales de esta persona.

Reflexionar sobre las ideas desde nuestra dimensión interior es *contemplar*. A diferencia de las formas ordinarias de pensar, contemplar quiere decir que silenciamos nuestros patrones de pensamiento habituales, abrimos un espacio interior y permitimos que nuestra dimensión interior asuma el pensar. La contemplación filosófica sobre ideas relevantes es entonces una forma poderosa de darle voz a nuestra dimensión interior, alentarla y, de esa manera, inspirarla a llegar más allá de nuestro perímetro.

A este enfoque general de salir de nuestra particular caverna platónica lo llamo *El camino de la contemplación filosófica*. Consiste en, primero, explorar el lenguaje "hablado" por nuestro particular perímetro y dimensión interior; y, segundo, usar textos filosóficos relacionados para despertar la dimensión interior dándole voz, o más específicamente contemplando filosóficamente los conceptos fundamentales que le preocupan.

La contemplación no es una práctica fácil. No es algo que podamos hacer simplemente pasando por ciertos movimientos. Como nos enseña Marco Aurelio, para contemplar de manera efectiva tenemos que desarrollar nuestra habilidad de abrirnos al poder de las ideas. En otras palabras, deberíamos aprender a responder a las ideas, no con nuestros patrones de pensamiento perimetrales, sino usando nuestra dimensión interior, nuestra profundidad interior. Para usar una metáfora geográfica, debemos escuchar y responder a ideas "desde" un "lugar" diferente dentro de nosotros, esto es, un aspecto de nosotros que no esté controlado por nuestros patrones perimetrales automáticos. Mientras más plenamente desarrollemos esta capacidad, más somos capaces de poner a un lado nuestra reacción perimetral y permitir que nuevas comprensiones actúen dentro de nosotros y nos transformen.

No sería realista esperar que mi perímetro vaya a diluirse totalmente. Después de todo, soy un ser humano —una criatura con una estructura psicológica específica y una constitución biológica influenciada por mi cultura y mi lengua específicas, y mi historia personal. Incluso después de mucha práctica, muchas de mis emociones y comportamientos continuarán siendo gobernadas por mis comprensiones perimétricas, y por lo tanto, me limitarán a determinados patrones emocionales y de comportamiento. Y, sin embargo, estos patrones perimetrales no me van a dominar completamente, mientras que logre asegurar que, por lo menos, algunos de los aspectos de mi ser, por lo menos a veces, no están gobernados por estos.

Mi trabajo, por ello, es aprender a abrir dentro de mí un espacio que está vacío de mi yo perimetral, libre de mis actitudes normales rígidas y estrechas. Podemos llamar a esto un *claro* en el bosque: un espacio abierto en medio de la densa red de mis comprensiones perimetrales. Tal como sugiere la metáfora del "claro", el punto no es abolir mi "bosque" perimetral, sino crear un pedacito de campo libre dentro del bosque —por más pequeño que sea— que se abra hacia el cielo. Esto me permitiría asumir una actitud interior diferente frente a la vida, por lo menos de vez en cuando, por lo menos en determinadas situaciones. Y este claro localizado y temporal podría activar comprensiones filosóficas para animarme, inspirarme y nutrirme. Unos cuantos rayos de luz que penetran por el follaje a vece pueden iluminar todo un bosque.

En algunos casos un claro es como un "obsequio" que "recibimos" inesperadamente, como si viniese solo, como un estado de ánimo pasajero, independientemente de nuestros esfuerzos. A veces sucede, por ejemplo, que por ninguna razón aparente sentimos que se nos ha otorgado una inmensa sensibilidad y claridad de mente. Los eventos ordinarios se nos aparecen como llenos de nuevos significados, sorprendentes buenas ideas afloran en nosotros y nos inspiran, y somos conmovidos de maneras nuevas por lo que vemos, por palabras por gente y paisajes. Esto puede venir acompañado por una sensación de silencio interior, de estar enfocado, de armonía o de un flujo libre de todo esfuerzo. Es como si nuestro estado mental habitual hubiese sido empujado a un lado y una maravillosa plenitud tomase su lugar por unos minutos o unas horas.

Un claro, por ello, no siempre depende de nosotros. No obstante, hasta cierto punto podemos facilitar su aparición con nuestros propios esfuerzos. Lo menos que podemos hacer es prestar atención. Los claros aparecen en nuestra mente mucho más seguido de lo que somos conscientes, pero solemos estar demasiado ocupados para darnos cuenta. Nuestros patrones y concepciones habituales son demasiado poderosos, y pueden tomar el mando antes de que notemos que algo significativo acaba de ocurrir. Incluso si notamos el claro, muchas veces lo descartamos como que no es nada más que un estado de ánimo agradable. Pero cuando lo notamos y los cultivamos, entonces experimentamos un pequeño milagro. Es como si nuestro mundo asumiera nuevos horizontes que se extienden mucho más allá de nuestro yo habitual.

Además, los claros pueden ser el fruto de la práctica. A través de una constante experiencia gradualmente podemos aprender a empujar a un segundo plano nuestras fuerzas perimetrales y abrir un espacio libre dentro de nosotros, por lo menos por un tiempo. A través de la práctica diaria podemos aprender luego a involucrarnos en el mundo, en las tareas cotidianas y diligencias, y al mismo tiempo ser más grandes que nuestro pequeño yo perimetral.

Abrir un claro no es todavía contemplar, y de ninguna manera contemplar filosóficamente, ya que en sí mismo no involucra ideas filosóficas. Pero cuando mantenemos un claro dentro de nosotros, aunque sea por una duración corta, nuestras reflexiones filosóficas pueden llegar a ser verdaderamente contemplativas.

Contemplar con un texto filosófico

Por más de veinte años he estado explorando técnicas contemplativas, en parte por mí mismo, en parte en varios monasterios, y en parte en talleres filosóficos y retiros en muchos países. Mi experiencia me ha enseñado que los textos filosóficos pueden ser una poderosa ayuda para la contemplación. Un buen texto filosófico nos confronta con una rica red de ideas sobre los asuntos fundamentales de la vida. En tanto tal, nos puede ayudar a ver los fundamentos de nuestra vida perimetral desde nuevas perspectivas y profundidades.

Hay muchos ejercicios basados en textos que pueden ser usados para despertar nuestra dimensión interior y darle voz. A través de estos ejercicios podemos examinar conceptos, articular preguntas, producir ideas, notar presupuestos y conexiones —y hacer esto no desde nuestro yo sesgado, no desde nuestros patrones automáticos de pensamiento, sino desde nuestra dimensión interior. Una actividad así es realmente contemplativa porque nos permite que hagamos a un lado nuestro habitual modo de pensar y permitamos que surjan ideas más profundas dentro de nosotros.

Cuando usamos un texto filosófico para contemplar un texto, no lo consideramos una teoría, es decir, una representación de la realidad que aspira a ser correcta. No tratamos de juzgarla, analizarla, o discutir sobre ella —estas actividades involucran nuestra mente sesgada. Requieren que asumamos una actitud de observador desinteresado y, por ello, nos alejan de la actitud contemplativa. En la contemplación de textos no *pensamos sobre* el texto sino *con* el texto, abriendo un claro interior por el cual escuchamos las palabras y resonamos con ellas. Esto no significa que estemos de acuerdo con lo que el texto dice —mostrar nuestro acuerdo o desacuerdo no es para nada el punto.

No todo texto filosófico es igualmente adecuado para una lectura contemplativa. Algunos textos son poéticos e inspiradores, mientras que otros son demasiado intelectuales y llenos de palabrería; algunos evocan ideas y hablan a nuestra sensibilidad, mientras que otros son trillados o áridos; algunos pueden ser fácilmente relacionados con situaciones cotidianas, mientras que otros son abstractos y remotos.

Normalmente es mejor elegir un texto breve de no más de tres o cuatro párrafos de largo, uno que sea condensado (sin muchas repeticiones o largas explicaciones) y que trate de un concepto cotidiano (el yo, amor, libertad, etc.) Son especialmente apropiados los textos filosóficos escritos poéticamente. Son ejemplo los escritos de Marco Aurelio, Nietzsche, Buber, Bergson y Emerson, para nombrar a unos cuantos. Sin embargo, incluso libros que por lo general son áridos y abstractos muchas veces contienen pasajes conmovedores, y éstos pueden ser utilizados para la lectura contemplativa.

Ejercicios contemplativos para individuos

Diferentes ejercicios de contemplación de textos son apropiados para diferentes formatos —actividades en grupo, sesiones de consultoría o trabajo individual. Empecemos con ejercicios que pueden ser utilizados por un individuo o un consultante.

Lección en silencio

Esta es una versión simplificada, no religiosa de una técnica tradicional que se desarrolló en la Edad Media por los monjes católicos de la Orden de los Cartujos, llamada también "Lectio Divina" (lectura divina). El procedimiento religioso tradicional se centra en leer las escrituras. En su forma filosófica se lee un texto filosófico breve, menos de una página de largo, preferiblemente condensado e incluso poético. El propósito es contemplar el texto desde un lugar distinto dentro de nosotros, desde nuestra profundidad interior, y dejar que el texto "hable" en nosotros.

La lección en silencio puede ser dirigida por un individuo o en una sesión de consejería entre un consejero y un consultante, o en un grupo. En la versión individual, si eres un solo contemplador contemplando por cuenta propia, es mejor empezar con un breve ejercicio de meditación para enfocarse, para crear un claro interior. El procedimiento mismo de la lección en silencio está compuesto por varios pasos. Primero se leen los textos seleccionados de manera silenciosa y muy lentamente, mucho más lentamente que de manera habitual. Escuchas las palabras del texto con atención, sin imponer ninguna opinión o análisis.

Muchas veces experimentarás que el texto habla dentro de ti y aparecerán ideas en tu mente de manera espontánea, prácticamente por sí solas. Lee el mismo texto varias veces.

Segundo, en este estado de silencio interior, repara en una frase o una oración que te llame la atención y que "quiere" hablarte. Enfócate en esa oración y léela varias veces mientras vas escuchando lo que dice. Quizás muchas ideas floten hacia tu mente, y cuando esto ocurra, escúchalas en silencio y trata de articularlas en palabras. También puedes plasmarlas por escrito.

Tercero, después de que diferentes ideas hayan surgido en tu mente es hora de consolidarlas y darles organización y enfoque. Para hacer esto, enfoca tu mente de manera cuidadosa, repara en temas que se repiten y trata de unificarlas en una sola oración que pueda servir como el centro de todas tus demás ideas.

Finalmente, contempla la oración de una manera más relajada, mientras que realizas una breve caminata o escribiendo una oración caligráficamente.

En una sesión de consejería, la lección en silencio se lleva a cabo de manera similar, pero aquí la lectura y la reflexión se hacen principalmente en voz alta. El consultantelee el texto en voz alta y expresa en pocas palabras las ideas que aparecen en su mente. El consejero actúa como su alter ego, haciendo de eco o detallando las palabras del consultante, formulando preguntas y ayudándole a articular sus ideas.

Hablando desde un momento precioso

Este procedimiento es apropiado para un ambiente de consejería. El consultante toma consciencia de una situación preciosa de su pasado reciente y luego trata de ingresarla en su mente. Se imagina a sí mismo estando en esa situación del pasado y trata de pensar, sentir actuar desde su profundidad. El consejero le apoya con preguntas y comentarios ocasionales.

El intento del consultante de hablar "desde" el momento precioso que recordó es en efecto un intento de probar su profundidad interior y de darle voz. Pero esto puede no resultar fácil, especialmente porque no es fácil traducir una experiencia potente a palabras. Por esta razón, habitualmente es mejor hacer este ejercicio después de que el lenguaje de la dimensión interior del consultante ya haya sido explorado hacia cierto punto, y algunos conceptos básicos hayan sido identificado (ver el capítulo anterior). El consejero puede usar estos conceptos para formular preguntas relevantes y apoya al consultante en la formulación de sus respuestas.

Un tour imaginario guiado en un texto filosófico

La imaginación guiada también puede ser utilizada para alcanzar la profundidad interior. Acá el consejero elige un breve texto filosófico que es similar en espíritu a la dimensión interior del consultante. El consejero luego instruye al consultante que haga entrar el mundo del texto a su imaginación, y que luego los dos lo exploren juntos.

Procedimientos para los companionships filosóficos[52]

A veces es difícil para los consultantes contemplar en las sesiones de consejería cara-a-cara porque se sienten abochornados e inhibidos ante los ojos del consejero. Un formato más apropiado el companionship filosófico. En efecto, mientras que la consejería individual es un formato ideal para el análisis del perímetro, el formato del companionship es ideal para experimentar con la dimensión interna. El companionship permite al individuo a estar

---

52. Para una lista más completa y detallada de ejercicios de contemplación ver Ran Lahav, *Manual de companionships filosóficos: Principios, métodos, ejercicios*, Vermont: Loyev Books, 2017.

menos absorbido en sí mismo y a participar en una actividad grupal que no gira alrededor de él.

Una sensación de formar parte y estar juntos es muy importante para el éxito del companionship filosófico. *Estar juntos*, en su sentido más profundo, quiere decir que ya no soy más el único y absoluto dueño de mis pensamientos y de mis ideas. Como un músico en una banda que resuena con los demás de su elenco de músicos para crear música juntos, como un compañero, yo creo con mis compañeros la "música de ideas" del grupo.

Principalmente pienso *con* los demás, en vez de pensar *sobre* lo que dicen.

En los grupos ordinarios esto no es lo que sucede habitualmente. En una discusión de grupo típica, por ejemplo, cada individuo retiene su individualidad y está separado y se comporta como un pensador autónomo e independiente sobre el tema. Tiene sus propas opiniones y sus propios principios y piensa *sobre* las ideas de los demás, juzgándolas como correctas o equivocadas. Por eso, si queremos mantener una relación de ser parte y estar juntos entre los miembros del grupo —en otras palabras, si queremos que un grupo de personas se conviertan en compañeros que contemplan siendo parte y estando juntos en el grupo—entonces se tienen que introducir ciertos procedimientos. Estos procedimientos pueden hacer que la interacción se sienta como "no natural" porque arranca a los particiantes fuera de sus actitudes habituales.

El tema del companionship filosófico contemplativo ha sido mencionado anteriormente, pero ahora podemos ver con mayor claridad cómo es que funcionan. Un *companionship filosófico contemplativo* (o abreviando: un companionship filosófico) es un grupo de gente que conjuntamente contempla asuntos básicos de la vida en búsqueda de ideas filosóficas significativas. Se encuentran regularmente en línea o cara-a-cara, habitualmente con un facilitador que introduce los procedimientos y ejercicios. Cada sesión normalmente se enfoca en un breve texto filosófico que sirve como punto de partida para exploraciones filosóficas personales.

Tres lineamientos generales orientan la actividad en un companionship:

1. *Mantener una actitud contemplativa*: Los compañeros abandonan sus opininones y patrones de pensamiento habituales y tratan de

pensar e interactuar desde un aspecto más profundo de sí. En vez de expresar automáticamente opiniones e ideas impersonales, dan voz a sus dimensiones interiores.

2. *Estar juntos con los otros resonando*: Los compañeros no son ya pensadores separados que se encuentran cara a cara; sino más bien están entre si uno al lado del otro, contemplando, siendo parte del grupo y estando juntos. En vez de las discusiones y declaraciones habituales, los compañeros resuenan mutuamente como músicos que crean juntos una "música grupal" de comprensiones.

3. *Resonando con el texto (o con ideas)*: Los compañeros resuenan con un texto filosófico que leen juntos. Se relacionan con las ideas filosóficas que encuentran en el texto como una voz que se relaciona a otra voz en un coro, de modo que ya no se trata de estar de acuerdo o en desacuerdo. Las ideas filosóficas en el texto no son tratadas como una teoría, en otras palabras, no son tratadas como una aseveración sobre cómo es la realidad realmente, sino como una frase musical con la que hay que resonar, como una semilla para seguir contemplando.

Una variedad de procedimientos y ejercicios pueden ayudarnos a seguir estos tres principios. Los siguientes son unos cuantos ejemplos.

Meditación vocal en preparación de la lectura contemplativa

Para hacer más efectivo un ejercicio contemplativo normalmente es necesario primero adoptar una actitud de silncio interior y de escucha interior. Un breve ejercicio de meditación de unos cuantos minutos puede ayudar a crear esa actitud. A través de este ejercicio dejamos de identificarnos con nuestra mente ocupada y ruidosa y en vez de ello nos convertimos en un claro, un espacio vacío, un canal para que buenas ideas hablen a través de nosotros. No somos más el yo que rige y habla y decide, sino que somos receptivos y estamos disponibles para cualquier comprensión que decida surgir de nuestras profundidades.

Uno de estos ejercicios de enfoque utiliza nuestro cuerpo como metáfora para nuestra actitud interior. Al modular nuestra postura corporal podemos influeciar nuestro estad mental. Nos imaginamos descendiendo por nuestra columna de aire, paso por paso, desde nuestras fosas nasales pasando por la garganta y el estómago hacia debajo de nuestro cuerpo. Al disociarnos de nuestra cabeza (en la que normalmente experimentamos que estamos situados) adquirimos una nueva actitud interior.

Para hacer esto, siéntate en un sitio tranquilo en una posición simétrica pero cómoda. Fija tu mente en tu respiración cuando va entrando y daliendo por tus fosas nasales. No "mires a" tus fosas nasales, sino que simplemente colócate en las fosas nasales y quédate allí. Si algunos pensamientos o imágenes pasaron por tu mente, no te resistas a ellos. Ignóralos y déjalos pasar. Después de tres respiraciones lentas baja el enfoque de tu consciencia hacia tu boca prestando atención al movimiento de aire; después tres respiraciones lentas más muévete hacia la entrada de tu garganta, y luego a la garganta misma, a tu tórax y a tu estómago. De allí continúa más hacia abajo a tus caderas (que normalmente se mueven algo junto con la respiración) y finalmente baja más abajo a un punto imaginario debajo de tu silla. A estas alturas, ya no estás más en tu lugar habitual en tu cuerpo; no te identificas más con tu yo habitual. Estás en lo que puede llamarse, metafóricamente, el punto de silncio, de escucha, de profundidad.

Y ahora, que estás "debajo" de tu yo habitual, "más profundo" que tu yo, la parte principal de la sesión contemplativa puede empezar.

Habla preciosa

Distinguimos entre *procedimientos* contemplativos y *ejercicios* contemplativos. A diferencia de los ejercicios, los procedimientos son simples técnicas que no se sostienen por sí mismas. Pueden servir como elemento en los ejercicios. Un ejercicio puede contener uno o más procedimientos.

El *habla preciosa* generalmente es un procedimiento que sirve como un elemento en muchos ejercicios. De acuerdo a este procedimiento, los compañeros son instruídos a hablar de manera conscisa y condensada, como si cada palabra fuese preciosa, como si cada palabra fuese un regalo al grupo. Se evitan repeticiones, explicaciones excesivas y palabras redundantes. Palabras innecesarias como "Bueno, creo que…" se eliminan. En tanto sea posible, los compañeros se limitan a decir solo una frase a la vez.

El hablar con precisión ayuda a arrancarnos de nuestro modo automático de pensar y hablar. Es una manera "no natural" de hablar que nos fuerza a estar intensamente atentos a lo que estamos diciendo y cómo lo estamos haciendo. También limita nuestra habilidad de expresar una opinión completa. Hace que nuestra mente se enfoque y que canalice nuestros pensamientos y nuestra haba de una manera poética.

El *habla preciosa* tiene varias versiones. En el *habla preciosa libre*, los compañeros son invitados a hablar cuando quieran, y a permanecer en silencio cuando quieran. Pueden quedarse sentados en silencio la mayor parte del tiempo y hablar sólo cuando una oración aflora en sus mentes y "quiere" ser expresada. El resultado son periodos de silencio en los que los participantes escuchan hacia adentro, intrrumpidos en ocasiones por oraciones espontáneas.

Por otro lado, en el *habla preciosa rítmica*, los compañeros hablan en un orden fijo —de acuerdo a la posición en la que están sentados o (en el caso de los companionships online) en orden alfabético. Se les pide que hablen inmediatamente cuando les toca el turno, sin mucha demora (o pueden "pasar" si prefiriesen no hablar). El resultado es una secuencia rítmica de pronunciamientos, uno tras otro, que resuenan entre si.

Conversación intencional

A veces queremos que los participantes articulen sus pensamientos en mayor detalle que lo que permite el procedimiento de habla preciosa, que permite solo una oración simple, breve y condensada. Por ejemplo, puede ser que querramos que describan una experiencia personal, para reflexionar sobre el sentido de un concepto o un parágrafo, o para conversar mutuamente sobre un determinado asunto. Al mismo tiempo, sin embargo, no queremos que pierdan su estado mental contemplativo volviendo a su modo habitual de pensar y conversar automática y sesgadamente. El modo estándar de nuestra mente es muy poderoso y, una vez que le damos la oportunidad, rápidamente toma el mando.

La conversación intencional es una técnica que es más relajada que el habla preciosa, pero no totalmente relajada. La actitud contemplativa se mantiene, no limitando el habla a oraciones aisladas, sino por instrucciones que preservan la actitud interior deseada. Estas instrucciones no son realmente reglas, pues no pueden ser impuestas siempre (una actitud interior no es visible desde afuera), y porque apelan a un esfuerzo interior. Se les llama "intenciones".

Hay cuatro intenciones que rigen la conversación intencional:

1. La intención de hablar condensadamente: Siempre que hables, trata de formular tus ideas de manera condensada y evitando repeticiones, explicaciones excesivas y palabras innecesarias.

2. La intención de escuchar: Escuchar a los demás es un punto crucial de este procedimiento. Siempre que otros hablen, trata de hacer que sus palabras e ideas estén presentes en tu mente. Para decirlo de otra manera, deberías abrir un espacio interior dentro de ti —un claro— y colocar en ese claro lo que sea que se esté diciendo. No busques estar de acuerdo o en desacuerdo con el hablante, no pienses sobre cómo es que vas a responder o qué es lo que dirás cuando te toque tu turno —solo haz que las palabras y las ideas del hablante estén presentes en tu mente.

3. La intención de hablar desde el presente: Cuando hables, dale voz sólo a aquello que está vivo en ti en ese momento. Arrima tus opiniones habituales fuera de tu mente y fuera de tu habla, así como cualquier pensamiento del pasado que no esté vivo en ese momento.

4. La intención de resonar: Relaciónate con lo que tus compañeros han dicho antes que tú, pero no hablando *sobre* ello. Más bien *resuena con* lo que han dicho. Para hacer esto, imagínate como un cantante en un coro. Tú y tus compañeros están creando música juntos, cada uno en una voz diferente, improvisando juntos a medida que se va avanzando. Esto implica que diferentes comprensiones pueden aparecer una al lado de la otra, incluso si parecieran contradecirse mutuamente, creando así una polifonía de voces.

Lectura pausada

La lectura pausada es otro procedimiento que puede ser usado como un elemento en muchos ejercicios. Para este procedimiento se requiere un breve texto filosófico, uno que sea consciso, rico en sentido, y sin mucha verborrea, ni repetitivo, ni técnico.

Uno de los participantes empieza leyendo el texto en voz alta, muy despacio, manteniendo pendiente cada palabra por un largo momento. Al final de cada oración se puede guardar un momento de silencio. El lector puede sentir un impulso automático de continuar con la siguiente palabra, pero es importante superar ese impulso y quedarse con el ritmo pausado. Los particiapntes son instruidos de escuchar con cuidado cada palabra, y también a las comprensiones que puedan surgir dentro de ellos en respuesta. La extrema lentitud de la lectura, así como también el corte de las unidades sintácticas ayuda a romper los patrones de pensamiento normales.

Después de haber leído todo el texto, los particiapntes pueden comparir con el grupo sus comprensiones personales en habla preciosa, en conversación intencional, por escrito o a través de un dibujo.

Cántico contemplativo[53]

El cántico contemplativo es el cuarto procedimiento que puede ser incorporado en muchos ejercicios. El facilitador elige una frase importante del texto filosófico y los compañeros repiten esta misma oración una y otra vez, uno tras otro, de acuerdo a la posición en que están sentados (en grupos cara a cara) o alfabéticamente (en grupos en línea). Se pueden hacer así varias vueltas de relectura de la misma oración. El resultado es un cántico contínuo que nos da una atmósfera contemplativa y que saca a los compañeros fuera de su patrón de pensamiento habitual.

También en este caso, al final del ejercicio, los participantes pueden compartir con el grupo las comprensiones que han emergido en sus mentes. Pueden hacerlo en habla preciosa, en conversación intencional, por escrito o en un dibujo.

Ejercicios para el companionship filosófico

Los procedimientos anteriores son elementos en ejercicios más largos y que habitualmente no son actividades independientes que se sostienen por sí mismas. Los siguientes son ejercicios completos que comprenden varios elementos o pasos. Algunos de ellos incluyen algunos de los procedimientos anteriores.

Clase en silencio (versión grupal)

Tal como en la versión individual descrita antes, la versión grupal de la clase en silencio es una versión simplificada de la contemplación de textos tradicional, llamada Lectio Divina. La idea básica aquí es

---

53. Estoy en deuda con mi colega Gerald Hofer que presentó una potente versión de este procedimiento en un companionship internacional en línea que organicé en diciembre del 2015.

que los compañeros lean el texto de una manera contemplativa, surgen discernimientos en sus mentes, que ellos luego expresan en habla preciosa. Esto puede ser seguido luego por una segunda etapa, en la que los compañeros recolectan y juntan todos los discernimientos en una totalidad enfocada y coherente.

Para empezar este ejercicio, los participantes se sientan en un círculo (o se juntan en línea), cada cual con una copia del texto. El texto debería ser más o menos entre un parágrafo y media página de largo (pero puede ser parte de un texto más largo que los participantes han leído previamente). Para entrar en el estado de mente contemplativo, el grupo empieza con un breve ejercicio de enfoque.

En una segunda etapa, el grupo lee el texto juntos como un encuentro inicial con las ideas básicas. Esto puede hacerse con el procedimiento de la lectura pausada o del cántico contemplativo (ver arriba), o simplemente leyendo el texto y leyéndolo cuidadosamente. Después de cada parágrafo sigue una ronde a habla preciosa, en la que cada participante trata de articular en pocas palabras la idea central que ha percibido. Estas palabras pueden también ser escritas en una hoja central de papel.

Mientras que la segunda etapa está dirigida a lograr una comprensión inicial del texto, manteniéndose en la superficie, la siguiente etapa es completamente contemplativa, y está dirigida a dar voz a discernimientos más personales, elaborados y creativos. El texto se lee en voz alta ya sea por un voluntario o cada oración por un diferente compañero, y la lectura puede repetirse varias veces. Mientras, los otros participantes mantienen una atención receptiva, dejando que el texto hable dentro de ellos sin tratar de imponer sobre el algún análisis o explicación.

El facilitador ahora plantea una pregunta general sobre el texto, tal como: "Qué tipo de amor es el que el texto trata de describirte?" El companionship ahora queda abierto para que todos den voz a sus respuestas en el procedimiento de habla preciosa. El objetivo es desplegar una variedad de discernimientos que emergen del texto original. El énfasis en esta primera etapa no está en organizar o enfocar, sino en la variedad y la riqueza.

En todas las etapas anteriores, los participantes deberían mantener un estado mental contemplativo y seguir los lineamientos del habla preciosa. Esto debería explicarse de antemano.

Muchas veces, el proceso hasta ahora es suficiente. En este caso, es hora del último paso —una última ronda de habla preciosa o conversación intencional en la que los participantes compartan lo que están llevándose consigo del ejercicio. Otras veces, sin embargo, es deseable otro paso, uno que permita que los participantes reflexionen en más detalle sobre lo que se ha dicho, y consolidarlo y juntarlo en un todo unificado. Para lograr esto, los participantes utilizan el procedimiento de conversación intencional para reflexionar juntos y formular una oración (o unas pocas oraciones) que pudieran expresar una comprensión central. Expresan sugerencias para esta oración, resonando mutuamente y convergiendo gradualmente en una sola formulación.

Una rueda final de "¿Qué me estoy llevando conmigo?" puede concluir la actividad.

Poema grupal

Cuando escribimos poéticamente, formulando nuestros pensamientos en verso, escuchamos las palabras de una manera especial. No miramos a la idea "a través de las palabras" como hacemos habitualmente cunado escribimos un texto común, sino que más bien ponemos atención a las palabras mismas, a su ritmo y sonido y a los matices de sentido. Por eso asumimos una actitud de escucha especial, intensa, que puede ser utilizada en la contemplación.

En este ejercicio, cada participante recibe una copia de un breve texto filosófico condensado. Primero, tal como en los ejercicios previos, el texto se lee en voz alta, y los participantes brevemente contemplan el significado que emerge en su superficie, posiblemente párrafo tras párrafo, y comentan sobre su significado directo en habla preciosa.

Una vez que la idea básica del texto se entendió, se lo lee en voz alta muy lentamente, si es posible, varias veces. Luego cada participante escribe una pieza poética de dos versos (dos líneas de un poema) que expresen su respuesta personal interior al texto.

Los versos dobles de todos los participantes se combinan luego en una hoja de papel, uno debajo del otro, de modo que juntos arman un poema grupal (Si el grupo es demasiado largo, puede ser dividido en equipos más pequeños, componiendo cada uno un poema separado).

Como los versos puede ser que no sean muy congruentes los unos con los otros, el grupo pasa un tiempo reordenándolo y ajustando los tiempos y pronombres. Cada tanto el grupo lee el poema completo y escucha como fluye.

En otra versión del ejercicio cada participante escribe su propio poema individual. El texto filosófico primero se parte en cuatro o cinco partes. La primera parte se lee lentamente y casa participante resuena con él al escribir el primer verso de su poema. Después de algunos minutos, se lee la segunda parte del texto y los participantes escriben la segunda línea de sus respectivos poemas. Una tercera y una cuarta frase siguen hasta que cada participante haya hecho un poema de cuatro o cinco versos. Los participantes luego se toman algunos minutos para pulir su poema y organizarlo. Cuando todos han finalizado, comparten sus poemas mutuamente y, siendo parte del grupo y estando juntos, los contemplan.

Ambas versiones de este ejercicio muchas veces dan paso a hermosos poemas que expresan profundas comprensiones que sorprenden incluso a los propios escritores. Evidentemente el proceso de escritura no es sólo un modo de grabar ideas sino también de crearlas.

Dibujando ideas

Para expresar nuestras propias compresiones, o necesariamente necesitamos hablar. A veces dibujar nos permite dar voz a lo que es difícil de plasmar en palabras, o incluso de lo que no somos siquiera conscientes. Esta es la idea básica del ejercicio de dibujar ideas.

Tal como en el caso de otras técnicas filosóficas, después de un ejercicio de focalización, se lee en voz alta un breve texto filosófico. Luego se usa una ronda de habla preciosa o conversación intencional para asegurar que todos entienden el sentido más inmediato del texto.

El texto ahora es leído lentamente mientras que los participantes escuchan en silencio, internamente. El facilitador les pide a los participantes que dibujen en una hoja de papel lo que el texto les dijo a ellos personalmente. Para evitar el pensamiento verbal deben seguir las siguientes instrucciones: Primero: no dibujes nada que sea un objeto identificable (una flor, una cara, una estrella, etc.). Segundo, no dibujes ningún símbolo que simbolice una idea específica (por ejemplo, un corazón rojo simbolizando amor). Tercero, no escribas nada sobre tu dibujo. Resumiendo, los participantes deben dibujar un dibujo abstracto expresionista.

Cuando los dibujos estén listos, se los coloca todos en una mesa central. Otra hoja en blanco se coloca al lado de cada dibujo. Los participantes caminan alrededor de la mesa a su propio ritmo, mirando los dibujos en silencio. En cada página en blanco escriben el título que proponen para el dibujo adyacente (por ejemplo "Se aproximan nubes negras" o "Entrando a mí mismo"). Cuando alguien todos hayan terminado cada participante recolecta las dos páginas y mira la lista de títulos que otros le han puesto a su dibujo. Esta lista sirve de retroalimentación que atrae la atención de los participantes a lo que puede ser que no hayan notado cuando hicieron el dibujo.

Finalmente, los participantes se sientan en un círculo y presentan sus dibujos, así como la retroalimentación que recibieron.

Caminado por un panorama filosófico

Caminar por un panorama de ideas significa explorar la teoría filosófica desde adentro, sumergiéndonos dentro de ella. No analizamos ni juzgamos el texto desde la perspectiva de un observador externo, como solemos hacer en discusiones académicas, ni estamos de acuerdo o en desacuerdo con él. Nos colocamos dentro de la realidad que el texto describe y vemos lo que la realidad es, desde la perspectiva de alguien que vive en ella.

Como hemos visto previamente en este libro, una teoría filosófica puede ser considerada una red de ideas —una red de conceptos, distinciones, presupuestos, etc. Por ello, es análoga a un paisaje hecho de hitos particulares que se relacionan entre si de modos particulares —montañas, ríos, lagos, mesetas, etc. El "Caminar" en este panorama conceptual es explorar los diferentes hitos como si fuesen nuestra propia realidad, y ver qué significan cuando nos imaginamos estar en ese mundo.

En una versión simple de este ejercicio, los participantes primero leen el texto juntos para asegurar que todos han entendido el significado más inmediato. Luego, por el procedimiento del habla preciosa, proponen conceptos que consideran centrales para el texto. De esta manera se crea un pequeño inventario de conceptos básicos, y los conceptos se escriben en una hoja de papel central dispersados como un panorama de ideas. Finalmente, se pide a los participantes imaginarse a sí mismos en esta realidad, imaginarse un encuentro personal con alguno de estos conceptos, y expresar la comprensión resultante en habla preciosa.

En un ejercicio algo más complejo, a los participantes se les pide pensar en una experiencia personal reciente conectada a los conceptos en cuestión. Luego describen al grupo esta experiencia usando el procedimiento de conversación intencional. Otros pueden reaccionar o preguntar sobre la experiencia.

Imaginario filosófico guiado

El imaginario guiado puede ser utilizado para crear un rico despliegue de reacciones personales a textos e ideas. Tal como en ejercicios previos los participantes empiezan leyendo un breve texto filosófico y asegurándose que todos entiendan su significado inmediato.

Tras ello, el facilitador le solicita cerrar sus ojos e imaginarse a ellos mismos parados en el mundo descrito en el texto. Los participantes luego exploran en su imaginación el panorama al que han entrado.

Obviamente aquí es bastante útil un texto pintoresco. Por ejemplo, el grupo puede imaginarse estar sentado en la caverna de Platón mirando las sombras en la pared. Luego son instruidos a imaginarse levantándose, darle la espalda a su mundo normal, salir caminando por loa salida, y luego mirar al nuevo mundo que descubren afuera.

Hay diferentes tipos de imaginario guiado, algunos son guiados de más cerca y otros son más abiertos y libres. Por ejemplo, en un imaginario guiado de la caverna de Platón, el facilitador puede dar instrucciones específicas, paso a paso, sobre cómo abandonar la caverna y mirar hacia el mundo exterior.

Otra posibilidad es que el facilitador solo de lineamientos generales al inicio y deje que los participantes dejen su caverna a su propio ritmo individual y exploren lo que bien quieran.

Para concluir el ejercicio, los participantes comparten mutuamente lo que han visto y las nuevas ideas descubiertas que se llevan consigo.

Concluyendo la sesión

El final de la sesión es una parte importante de la sesión. Es una oportunidad de reflexionar sobre qué pasó. Normalmente el facilitador invita a los participantes a reflexionar personalmente sobre qué es lo que la sesión les ha enseñado, especialmente sobre ellos mismos y las maneras de ir más allá de ellos mismos.

Dos tipos de procedimientos para concluir deberían ser distinguidos. Un tipo se hace en el espíritu de la contemplación, y como tal es una parte integral de la sesión. El otro tipo es una conversación libre, y por eso viene después de que la sesión de contemplación ha terminado. Ambos tipos de conclusión son importantes y puede considerarse a la una como complementaria de la otra.

En la conclusión contemplativa a los compañeros se les da unos momentos para que reflexionen sobre la totalidad de la sesión, especialmente sobre las experiencias y los discernimientos que han logrado durante la sesión. Luego se les pide compartir lo que se han llevado consigo, usando para ello un procedimiento contemplativo, tal como el habla preciosa o la conversación intencional.

En cambio, en la conclusión conversacional los compañeros conversan libremente.

Variaciones personales entre compañeros

Cuando se llevan a cabo ejercicios filosóficos contemplativos de manera individual o en el marco de una consejería individual, el texto y los procedimientos seleccionados pueden ser escogidos a la medida de la orientación específica del individuo. Dependiendo del perímetro personal del individuo y el aparente lenguaje de su profundidad interior, se pueden seleccionar procedimientos y textos apropiados, que estén relacionados a su perímetro, a sus anhelos, insatisfacciones globales y sus momentos preciosos.

En un companionship, sin embargo, es difícil tratar con el perímetro específico y lo profundo de cada participante. La contemplación en grupos trata principalmente los temas generales de la vida y usa textos que son seleccionados para todo el grupo. Un ejercicio filosófico contemplativo sobre un texto de Platón, por ejemplo, no necesariamente se relaciona directamente con el anhelo de Sara se superar su sensación de futilidad por una sensación de plenitud, o el anhelo de David de superar su aislamiento por una sensación de ser parte de y estar junto con el mundo.

Sin embargo, aun así, los ejercicios filosófico-contemplativos son útiles para la mayoría de los participantes porque le ofrecen a cada uno suficiente libertad para relacionarse con las ideas y experiencias que le son personalmente relevantes. Los textos filosóficos tratan de los asuntos de la vida elementales, y un asunto de la vida por su propia naturaleza se proyecta a muchos aspectos de la vida. Cuando se les pide a los participantes que seleccionen una experiencia personal o se enfoquen en una oración que les habla, naturalmente escogen lo que los conmueve personalmente. Esto es especialmente así, en el caso de participantes que ya están familiarizados con su perímetro y con algunos aspectos del panorama fuera de él.

Para el facilitador, por ello, es importante construir los ejercicios de tal manera que le ofrezca a los participantes la libertad personal para seleccionar en qué palabras, ideas o experiencias desean enfocarse. Por ejemplo, instruir a los compañeros que para la contemplación elijan una oración que les llame la atención, es mejor que pedirles a todos que contemplen la misma oración.

Estudio de caso: un companionship filosófico

Linda organiza un retiro de fin de semana para un nuevo companionship filosófico. Los once compañeros se encuentran el viernes en la tarde en una apacible casa de campo donde pasarán el tiempo contemplando filosóficamente hasta el domingo en la noche.

El viernes en la tarde se juntan y brevemente se presentan mutuamente. Para la primera sesión, el viernes en la noche, Linda ha elegido el tema de las fuentes del yo.

—No todo lo que decimos o sentimos proviene del mismo lugar de dentro de nosotros —Linda explica su elección al grupo—. Muchos de nuestros pensamientos, por ejemplo, provienen de un nivel superficial y automático del pensar —vienen y van sin mayor reflexión. Pero en otros momentos, puede ser que una nueva comprensión haga surgir algo profundo en nosotros. ¿Esto les dice algo?

—Claro —dice Margarita—, A veces una frase que leo en un libro me impresiona, y siento que me está diciendo algo importante. Necesito dejar de leer y pensar.

Josué asiente con la cabeza:

—O una frase en una canción me puede impactar, no sé ni siquiera por qué. Siento que hay algo profundo en ella, ¿entiendes lo que quiero decir? El

resto de la canción por allí puede que sea simplemente intrascendente, pero esa frase en particular toca algo muy profundo en mí.

Algunos otros comparten experiencias similares.

—*Qué bonito* —*concuerda Linda*—*. Claro que "profundo" es una metáfora. Estamos esperando que este fin de semana tengamos experiencias y comprensiones que pudieran describirse como "profundas", de modo que lo mejor es empezar reflexionando sobre el significado de esta metáfora.*

Algunos de los participantes quieren expresar sus opiniones, pero Linda los para amablemente:

—*No iniciemos nuestra exploración con opiniones. Es demasiado fácil inventar opiniones y declararlas. Después de todo ¿qué pueden decirnos las opiniones sobre un asunto que está más allá de las opiniones? Contemplemos el asunto.*

Linda ahora reparte un breve texto de un filósofo norteamericano Ralph Waldo Emerson.

—*En esta hermosa pieza poética, Emerson habla sobre lo que él llama "el alma superior" —la fuente superior de nuestra inspiración y creatividad, que está bastante cerca de lo que nosotros llamamos "profundidad". Pero no necesitamos declarar que estamos de acuerdo o en desacuerdo con él. Para nosotros el texto no es una teoría que es correcta o incorrecta, sino un punto de partida para la contemplación que puede motivar nuestros pensamientos. Es como una frase musical que puede inspirarnos a componer nuestras músicas de ideas personales.*

El resto de la sesión consiste en dos pasos principales. El primer paso está dedicado a un examen inicial de los tres breves parágrafos que Linda ha elegido, aunque no se una manera objetiva y no comprometida sino de una manera personal y contemplativa. Después de un breve ejercicio meditativo para enfocar, los compañeros abren sus ojos y miran el texto en sus manos. Leen juntos la primera frase —cada compañero la lee en voz alta muy lentamente, uno tras otro de acuerdo con la disposición en la que se han sentado, repitiéndola una y otra vez. Cuando todos han leído la primera frase, continúan con la siguiente frase y luego con la tercera. La cantidad de repeticiones de la misma palabra les da a los participantes una extraña sensación de desorientación. Ya no están pensando en su forma habitual, automática. Mientras que se van repitiendo las palabras, empiezan a emerger imágenes y pensamientos en sus mentes.

"El hombre es una corriente cuya fuente está oculta. Nuestro ser desciende hacia nosotros desde no sabemos dónde. El calculador más exacto no puede predecir que en el instante siguiente no vaya a ocurrir algo incalculable. Estoy obligado en todo momento a darme cuenta del origen superior de los eventos que la voluntad que puedo llamar "mía".[54]

Linda hace una señal indicando al grupo a dejar de leer. Es tiempo de contemplar lo que se ha leído hasta el momento. Usando el procedimiento del habla preciosa libre, cada uno dice en una oración lo que consideran central o significativo en este párrafo.

—No me pertenezco plenamente —dice León, —y mis pensamientos y acciones no me pertenecen completamente.

Después de un breve silencio Tania observa:

—No soy totalmente una —parte de mi viene de mí misma, parte de mí viene de otro lado.

Otro silencio sigue. Esta vez es interrumpido por Cecilia, que parafrasea la oración de Emerson.

—Soy una corriente cuya fuente está oculta.

—No me conozco completamente —añade Rebeca después de un largo silencio—, porque no se con total certeza que pueda ser que me conmueva dentro de cinco minutos.

Después de que todos los participantes han hablado, Linda invita a las respuestas que puedan reunir e integrar lo que todos han dicho en un solo tema unificador.

—Traten de hablar ahora, no por ustedes, sino por todo el grupo. Traten de darle voz a las múltiples oraciones que acaban de oir.

—Soy más que mi yo habitual —dice Tania.

—Soy mucho más que mi yo habitual —repite León.

Tres oraciones parecidas se pronuncian, y está claro que el grupo está de acuerdo con un tema central común en el primer párrafo.

En total, la contemplación del primer párrafo ha tomado poco más de diez minutos. Linda ahora los invita a pasar al segundo párrafo. Nuevamente los participantes leen el parágrafo frase tras frase, repitiendo cada frase varias veces, y dando luego voz a su comprensión en forma de habla preciosa.

---

54. "The Over-soul," en William Gilman (ed.), *Selected Writings of Ralph Waldo Emerson*, New York: New American Library, 1965, p. 281.

Al final, luego de unos cuarenta minutos, luego de haber terminado con los tres párrafos, Linda pasa a proponer un ejercicio más personal.

—*Ahora que tenemos una comprensión personal de cada párrafo, vemos el texto en su totalidad —pero de una manera más personal. ¿Qué es lo que escuchas personalmente que el texto te dice? ¿Qué es lo que te está llamando a ver o hacer? No te estoy preguntando qué es lo que dice sobre los seres humanos en general, sino qué es lo que te dice a ti. Tómate unos momentos para reflexionar sobre ello* —*Ella espera un rato, y añade*—: *Pero no pensemos en esto de una manera abstracta. Por favor lean el texto en silencio para cada uno, de manera pausada una y otra vez, y dejan que la respuesta surja dentro de ustedes. Noten una palabra o frase que los conmueva, que llame su atención, que "los llame". Escuchen en silencio lo que les está diciendo —y apúntenlo en un papel para ustedes. Luego compartan con nosotros lo que sea que se sientan cómodos de compartir.*

Cuando todos han terminado de escribir, los compañeros dejan de lado sus bolígrafos y empiezan una ronda de compartir. Esta vez el procedimiento ya no es en habla preciosa, porque Linda quiere que los participantes hablen un poco más libremente y con mayor detalle. Por eso, ella propone un procedimiento de conversación intencional. Como se mencionó anteriormente, acá el énfasis no está en lo que tienes que decir sino en una forma especial de escuchar: Arrimas tus pensamientos y opiniones a un lado y abres un "claro" —un espacio interior de silencio y escucha. Cuando otros hablan colocas sus palabras en tu claro.

Linda pide a los compañeros que empiecen explicando cuál oración o frase en el texto los ha conmovido.

—*Me impactaron las palabras "nuestro ser desciende en nosotros" —empieza Ricardo—. Me muestran que debería recordar mi ser "superior" y que debería dejar que descienda en mí. Yo estoy acá en la tierra, siempre ocupada, siempre haciendo un millón de cosas, y esta oración me dijo: ¡Para Ricardo, para! Toma un descanso cada tanto y quédate simplemente en silencio.*

Por falta de tiempo, Linda decide no invitar a otros a hacerle preguntas a Ricardo sobre su nuevo descubrimiento. Ana luego describe su propio descubrimiento, y unos cuantos le siguen por unos diez minutos.

—*Gracias a todos por compartir* —*dice Linda*—. *Antes de continuar, volvamos al texto de modo que nos mantengamos en contacto con él. Es el eje central de nuestra sesión de esta noche.*

El grupo retorna a Emerson. En el espíritu de contemplación que se ha estado desarrollando por un tiempo en la habitación, lo leyeron pausadamente repetidas veces, de modo que el efecto general es el de un cántico.

—Y ahora —dice Linda—, estamos listos para el último ejercicio. Tratemos de conectar nuestros pensamientos emersonianos descubiertos con experiencias reales que hayan experimentado. Por favor, tómense un momento y piensen sobre una experiencia específica que hayan tenido y que se parezca a su comprensión de las palabras de Emerson.

Linda deja que los compañeros reflexionen en silencio por un rato.

»¿Todos han encontrado una experiencia emersoniana reciente? Bien. Ahora, pongámosla por escrito y compartámosla entre nosotros. Sin embargo, no necesitamos escuchar los detalles de tu experiencia —cómo es que ocurrió exactamente, dónde y cuándo. Solo queremos escucha la esencia. Así que por favor den voz a la experiencia de su alma superior de manera poética. En otras palabras, por favor escriban dos versos poéticos que le den voz a su experiencia.

—Un minutito, Linda —interrumpe Dora—. ¿Quieres decir una experiencia poética del sentimiento que tuve?

Linde mueve la cabeza con una sonrisa.

—No más instrucciones. Son libres de escribir cualquier tipo de dos versos que salgan de su mente y darle voz a su experiencia.

Después de unos pocos minutos, cuando terminan de escribir, los compañeros copian sus versos sobre una gran hoja de papel, uno tras otro, de modo que suman un solo largo poema. Un voluntario lee el poema en voz alta, y luego un segundo voluntario y luego un tercero.

Estaba envuelto en sábanas de timidez e inhibiciones,
Pero luego un espíritu animador vino y los alejó con su soplo.

Una sola palabra a veces es suficiente
para soltar un río de energías desconocidas.

No tenía palabras para pronunciar, mi mente estaba cansada y en
blanco.
Sin embargo, algo dentro de mi demandaba hablar, ydejé que lo
haga.

Se que soy yo, y sé que no soy yo,
Tan pequeños como soy, y tan grande como el mundo.

(Y así sucesivamente)

El poema emergente no está terminado todavía. Se necesitan hacer ciertos ajustes para que fluya coherentemente, y el grupo trabaja en ello durante un rato. El poema grupal final es leído pausadamente mientras que los participantes escuchan en silencio.

—A modo de conclusión de nuestra contemplación de hoy día —dice Linda—, tomémonos un momento para reflexionar sobre qué es lo que nos ha pasado en esta sesión. Pregúntense: ¿Qué es lo que las ideas que hemos encontrado me han ayudado a ver o comprender?

Sara es la primera en hablar.

—Emerson me hizo preguntarme si no me estaré autocontrolando demasiado. ¿No debería acaso estar más callada y receptiva a lo que la vida me tiene que decir?

—Lo que me impactó —dice Ricardo—, no es tanto las ideas mismas como la sensación de escucharlas en silencio profundo. Fue asombroso escucharlas flotando hacia mi mente y luego irse flotando y desapareciendo. Eso me hizo comprender que mis ideas no siempre están bajo mi control. No sé si creo den el alma superior de Emerson, pero definitivamente tengo una fuente de ideas. Eso es algo nuevo para mí.

—Yo tuve una experiencia similar —respondió Dora—, sentí que estaba dejando hablar algo dentro de mí, especialmente en las rondas de habla preciosa y al inicio. Debería tratar de darle más espacio a ese "algo".

—Tu alma superior —murmura Miguel.

—No quiero darle ese nombre. Alma superior, mi yo oculto, la profundidad interior —el nombre no importa. El punto es que alguna parte de mí que habitualmente está callada empezó a hablar.

Otros también tuvieron experiencias similares.

—Me parece entonces —resume Linda—, que en esta sesión le dimos voz a algo dentro de nosotros a lo que usualmente no le prestamos atención. Y cuando le damos voz, lo estamos despertando, lo estamos cultivando. Cultivar nuestra dimensión interior, nuestra profundidad interior es un proceso largo. Pero en este retiro empezaremos a trabajar en ello.

La sesión de companionship de Linda ilustra como los ejercicios contemplativos pueden ayudar a los compañeros a activar una dimensión dormida dentro de ellos mismos. Esto es, en efecto un paso importante en el proceso de salir de nuestra caverna platónica. Como vimos, nuestra caverna platónica es nuestro "perímetro" —nuestra concepción rígida y automática de la vida, que se expresa a través de nuestros patrones habituales de pensamiento, emociones y comportamiento. La autorreflexión y contemplación puede ayudarnos a reconocerlos, salir de ellos, y desarrollar una actitud más amplia hacia nosotros y nuestro mundo, una actitud que involucre más de nosotros mismos, en especial, a la dimensión interior de nuestro ser.

Mantener la actitud contemplativa a lo largo del día

Los ejercicios presentados anteriormente son evidentemente solo un inicio de un proceso más largo. No es fácil mantener una actitud contemplativa a lo largo del día y hacer a un lado nuestro yo automático. Nuestras diligencias diarias, presiones y conversaciones mantienen entretenida nuestra atención y nos arrastran de vuelta a nuestras actitudes perimetrales normales. Incluso después de un potente ejercicio contemplativo tendemos a olvidarnos todo sobre ello y a perdernos rápidamente en nuestros asuntos cotidianos. Por ellos es importante persistir en los ejercicios filosófico-contemplativos para lograr una autotransformación significativa.

Acá hay varias sugerencias sobre cómo hacerlo:

- Empieza el día con una sesión de más o menos diez minutos (o más) de lectura contemplativa.

- Durante el resto del día, trata de mantener en tu mente una oración seleccionada del texto que has leído, así como de las comprensiones que emergieron dentro de ti mientras que lo contemplaron. No las analices, simplemente haz que estén presentes en tu mente. Deja que hablen si "desean" hablar y síguelos adonde sea que te lleven. Es posible que al final del día estas comprensiones te lleven lejos de donde empezaste en la mañana.

- Si eres como la mayoría de la gente normal, probablemente perderás tu actitud contemplativa muchas veces durante el día por largos periodos de tiempo. Esto es normal y no es motivo de aflicción. Pero se recomienda que periódicamente realices un breve *ejercicio de recogimiento* para retornarte de vuelta al modo contemplativo. Uno de esos ejercicios consiste en hacer un pequeño gesto previamente seleccionado que sirva de recordatorio. Por ejemplo, siempre que recuerdes tu contemplación matutina y te des cuenta de que la has perdido, tócate suavemente en el centro de tu frente o tu tronco y recógete nuevamente en ti.

- Otro ejercicio de recogimiento es el *presenciar*, en otras palabras, hacer que algo esté presente en tu conciencia. Varias veces al día trata de "presenciar" lo que sea que te esté ocurriendo en el momento: tus movimientos corporales, tus pensamientos, tus sentidos, tus reacciones, así como la gente y las cosas alrededor tuyo. Cuando presencies, no juzgues desde fuera, de la perspectiva del observador externo. Simplemente deja que el objeto presenciado esté intensamente presente en tu conciencia. Puedes practicar este ejercicio del presenciar por un minuto o dos cada vez, o tal vez por más tiempo, mientras que esperas un bus, mientras comes o caminas o incluso mientras conversas. Te puede servir para retornar a la actitud contemplativa.

- Un tal plan de acción contemplativa, aún si la pierdes la mayor parte del día (como seguramente harás), probablemente te abra a nuevas comprensiones.

- Algunas de estas probablemente broten del texto que han leído en la mañana.

Pronto aprenderás que no solo las nuevas comprensiones, sino también la apertura contemplativa ella misma—*el claro*— son hasta cierto punto "regalos". No dependen completamente de nuestros propios esfuerzos. A veces se niegan a llegar, no importa con cuanto afán los invitemos. En otros momentos nos embargan como por cuenta propia, sin ningún esfuerzo, sin ninguna razón aparente. En esos momentos especiales, podemos sentir la experiencia de ser parte de un ámbito más grande de la vida y la realidad.

Sin embargo, como mencioné anteriormente, hasta cierto punto los claros dependen de nuestro esfuerzo y atención. Son en parte el fruto del trabajo y la experiencia. Al trabajar consistentemente en nuestra contemplación, podemos aprender gradualmente a desarrollar una actitud contemplativa más constante y profunda. Podemos aprender cómo estar absorbidos en nuestras diligencias cotidianas, y al mismo tiempo estar presentes también más allá de nuestro perímetro.

Capítulo 11

Sabiduría polifónica y yendo más allá

Empezamos nuestra travesía filosófica con la observación de que mucho de nuestra vida habitual está limitado por patrones estrechos, rígidos, automáticos de pensamiento, emociones y comportamiento. Esta idea clara ha sido expresada por muchos importantes pensadores a lo largo de los años. También ha sido testimoniada por nuestro propio anhelo de vivir la vida más plena y significativamente. He llamado a estas limitaciones nuestro "perímetro", o usando la imagen platónica, nuestra "caverna".

Estos filósofos a los que he llamado "filósofos transformacionales" han hecho observaciones profundas sobre el camino para traspasar más allá de nuestras pequeñas vidas. Cada uno de ellos, sin embargo, expresa solo un camino específico de comprender nuestro perímetro y trascenderlo, un camino que muchas veces es demasiado limitado y dogmático. Como sugerí, si queremos ir más allá de nuestra estrechez y dogmatismo acerca de cualquier teoría filosófica específica, tenemos que darnos cuenta de que la vida es más compleja y multifacética que una sola teoría. La gente es diferente, sus perímetros son diferentes y los modos potenciales de traspasar sus limitaciones son diferentes.

Sobre la base de años de trabajo con individuos y con grupos, en este libro propuse un enfoque más plural que acepte variaciones personales y filosóficas. En vez de imponerle a la vida una teoría pre-hecha, deberíamos respetar las múltiples voces de la vida. Deberíamos escuchar la manera en que habla la vida del individuo, aprender su perímetro único, sus conceptos y su lenguaje específicos, y su manera única de trascenderlo.

En la primera etapa de la travesía, investigamos el panorama de nuestro perímetro. Luego exploramos el segundo paso en el proceso filosófico, esto es, el dar un paso más allá del perímetro. Ambas etapas están basadas en el poder de las ideas o el poder de la comprensión. Las ideas filosóficas tienen una riqueza y profundidad tremendas, y como tales pueden echarnos luces sobre los fundamentos de nuestra prisión, así como sobre posibles formas de dar un paso más allá de ésta. También nos pueden inspirar a realizar este paso hacia afuera.

El problema es que nuestras propias ideas habitualmente son limitadas. Si le preguntas a gente normal sobre la naturaleza del amor o de la libertad, por ejemplo, por lo general solo pueden decir muy poco más allá de las fórmulas simplonas o slogans populares. Afortunadamente la historia de la filosofía contiene muchos tesoros de sabiduría. Numerosos pensadores a lo largo de los siglos han explorado las cuestiones básicas de la vida y han escrito una variedad de textos profundos sobre estas. Por ello, reflexionar sobre textos filosóficos históricos puede enriquecer nuestra exploración y ayudarnos a desarrollar nuestra comprensión personal de nuestro perímetro y de lo que hay más allá de éste.

Ideas filosóficas y voces de la realidad

Cuando aprendemos a escuchar ideas filosóficas desde la profundidad de nuestro ser —no solo desde nuestro pensar analítico, no solo desde nuestras opiniones— entonces sucede algo asombroso. Nos encontramos entonces en un estado mental completamente nuevo, uno que no está ligado a patrones de pensamiento superficiales y automáticos. Este es un estado de apertura especial al complejo tejido de la realidad humana. Ya no sentimos la necesidad de declarar nuestro acuerdo o desacuerdo con este texto filosófico, porque esos textos ya no son teorías sobre la realidad humana. Son unas de las muchas voces con las que la vida habla en nosotros, y como tales pueden tocarnos, inspirarnos y resonar con nosotros.

Entonces nos damos cuenta de que la vida habla en escritos filosóficos —después de todo han sido escritos por seres humanos como tú y yo— y a través de estos habla dentro de nosotros y da vida a nuestras propias comprensiones y nuevas ideas. La vida, o más generalmente la realidad humana, ya no es una gama de hechos objetivos que sobresalen frente a la fija mirada objetiva de un espectador no involucrado. Entender la realidad, ya no está limitado a opiniones o teorías sobre este o aquel hecho. La realidad humana, más que ser un espectáculo de hechos, resuena dentro de nosotros. Ha surgido en la mente de las profundas comprensiones de los grandes pensadores, y cuando leemos sus escritos, ahora generan nuevas comprensiones también dentro de nosotros. A pesar de que la vida habla en sus muchas voces a través de todos nosotros, los grandes pensadores tienen la habilidad de articular estas voces de maneras inspiradoras.

La habilidad de escuchar las voces de la realidad humana depende de nuestra habilidad de superar nuestras actitudes habituales, superficiales y rígidas, en otras palabras, de salir de nuestro perímetro, una vez que hemos dado un paso hacia fuera de nuestras actitudes perimetrales, aún si es solo por unos minutos, podemos comprender las cuestiones básicas de la vida en modos nuevos fundamentalmente nuevos. Entonces podemos oír voces de la vida surgiendo dentro de nosotros e inspirando nuevos discernimientos. Estas no son ya nuestras opiniones personales que podemos producir por nuestra agudeza personal. Son expresiones de la vida humana tal como resuena en nosotros. Cuando leemos un texto filosófico profundo, sus palabras no son una teoría *sobre* la realidad, sino una comprensión que proviene *desde* nuestra realidad. Su poder secreto no reside en su rigurosidad teórica o en su capacidad de "retener" los hechos con sus proposiciones. Su secreto reside en su capacidad de resonar dentro de nosotros y en inspirarnos a darle voz a la vida.

Desde esta perspectiva, una filosofía profunda no debería verse como una teoría —como un sistema que aspira a ser una imagen exacta del mundo, incluso si el escritor tuviese como intención que así fuese. Esto no es lo que nos conmueve. Si queremos que un texto filosófico nos eleve, si queremos que nos haga expandirnos más allá de nuestras rígidas actitudes perimetrales, entonces deberíamos tratarlo como una voz que nos habla a nosotros y que habla dentro de nosotros, una que nos invoca a resonar con ella y a expresar la vida que habla en nosotros.

La vida habla en nosotros en un coro polifónico. Podemos desarrollar una conciencia de esta polifonía —o de lo que puede ser llamado *conciencia de la polifonía*— si logramos dar un paso hacia fuera de nuestro estrecho perímetro y escuchar las voces de la sabiduría desde nuestra dimensión interior, desde nuestra profundidad interior. En ese sentido, contemplar las ideas políticas significa escuchar la polifonía de la realidad humana resonando dentro de nosotros. Y esta nueva conciencia polifónica, que proviene de nuestra dimensión interior, también sirve para dar voz a esta dimensión interior, despertarla, cultivarla dentro de nosotros. Este es, por lo tanto, el objetivo principal de nuestra travesía filosófica, descrita por gran parte de los filósofos transformacionales a lo largo de los siglos: salir de nuestro perímetro hacia una plenitud del ser que puede ser apreciada desde nuestra profundidad interior.

Claramente, dar un paso más allá de nuestro perímetro en este sentido no quiere decir deshacerme de todos mis patrones de comportamiento y de emociones. Como seres humanos de carne y hueso con maquillaje biológico y psicológico, no podemos convertirnos en ángeles. Un árbol no puede desprenderse de sus estructuras biológicas que lo convierten en un árbol; es más, *necesita* esas estructuras.

Sin embargo, podemos dejar de estar limitados a estas estructuras y convertirnos en algo más que ellas. Nuestro perímetro es parte de nosotros, pero no es todo lo que somos. Análogamente, nuestro esqueleto es una parte esencial de nosotros, pero somos más que nuestro esqueleto. Igualmente, no podemos y no deberíamos deshacernos del mecanismo de la sensación de dolor en nuestro cuerpo, de nuestro mecanismo de la sensación de hambre o de la sensación de miedo, pero no necesitamos estar presos de ellos o ser controlados por ellos. Somos más que estas funciones. Podemos ser conscientes de nuestro dolor de cabeza o nuestro miedo y, sin embargo, no estar presos de estas sensaciones automáticas. En ese sentido podemos emerger por encima de ellas.

Dar un paso más allá de nuestro perímetro y estar abierto a las voces de la sabiduría puede ser algo imposible de realizar todo el tiempo. De vez en cuando, vamos a encontrarnos con nuestro comportamiento y nuestras emociones secuestradas por nuestro perímetro tal como antes. Pero junto con este perímetro automático también tendremos esta conciencia polifónica más amplia que involucra nuestra profundidad interior. Nuestros antiguos patrones de conducta y de emociones no van a desaparecer, a pesar de que probablemente se debilitarán. Mucho de nosotros —nuestro comportamiento, emociones, pensamientos— permanecerán dentro de los límites de nuestro perímetro habitual. Sin embargo, ya no estaremos totalmente inmersos en ellos y controlados por ellos. Una nueva dimensión de nuestro ser aparecerá gradualmente, expresada por una nueva conciencia que no esté limitada a ninguna teoría o actitud específicas. Tendremos ahora una conciencia que pasa por alto todas las actitudes, que aprecia las voces de la realidad como un todo, sin identificarnos con ninguna en particular.

Esta nueva apertura a las múltiples voces de la realidad es una forma de sabiduría. Es la capacidad de elevarse por encima de nuestra teoría privada y ser parte de un horizonte de la vida mayor, pertenecer no solamente a este o aquel enfoque sino a la sinfonía completa de voces que hablan en la vida.

Conclusión: Hacia un terreno no explorado

Lo que digo aquí sin lugar a duda es vago. Uno querría saber más de la naturaleza exacta de la conciencia polifónica, sobre la dimensión interior o la profundidad y sobre el panorama más allá del perímetro.

Sin embargo, nuestra discusión del proceso filosófico-contemplativo tiene que terminar aquí, aunque el proceso mismo deba continuar. Porque a estas alturas estamos entrando a un terreno no explorado. A partir de este punto, las instrucciones sólo podrían resultar un impedimento. Un verdadero ir más allá tiene que trascender toda instrucción y método, todo lo que es predeterminado y generalizado, tiene que estar lejos de caminos pavimentados por adelantado. Sólo así una exploración puede resultar verdaderamente filosófica, personal y abierta a nuevos horizontes. Puede llevarnos a regiones insospechadas, e incluso puede terminar contradiciendo cosas que se han dicho en etapas previas de la travesía, por más útiles que hayan resultado en su momento. Acá las palabras de Wittgenstein resultan de lo más apropiadas, esto es, que una vez que hemos subido por la escalera, deberíamos tirarla[55].

Hay una gran tentación en establecer reglas e imponer teorías generales. Esto se atestigua vívidamente en la historia de las

---

55. Ludwig Wittgenstein, *Tractatus Logico-Philosophicus*, New York: Routledge, 1974, sección 6.54.

religiones. Incluso en materias sobre la realidad divina y las experiencias místicas que son, por lo general, inefables y están más allá de los conceptos humanos, pensadores a lo largo de los siglos se han pasado erigiendo doctrinas y supuestas "verdades". Esta es una tentación a la que deberíamos resistirnos. Debemos dejarnos de doctrinas.

Comenzamos este libro con los primeros pasos de la travesía filosófica. En las etapas tempranas, las cuestiones todavía estaban sujetas a análisis y generalizaciones porque trataban de perímetros. Los perímetros están estructurados por su propia naturaleza y su panorama puede ser mapeado en gran medida. Mientras más continuamos hacia el proceso de salir fuera de la caverna y explorar lo que queda fuera de ella, menos había que decir de manera precisa y general. De hecho, incluso en los últimos capítulos del libro, sugerí varias pautas, métodos y ejercicios. Pero su propósito era servir como semillas para la exploración personal, como señales en el camino que debían ser trascendidas. Y ahora, incluso esas señales tentativas en el camino deben ser dejadas atrás al encaminarnos hacia un sendero que es esencialmente personal y que espera ser descubierto. Como decía el Zaratustra de Nietzsche: "¡Ahora yo me voy solo, discípulos míos! ¡También ustedes han de irse ahora, y solos! Eso es lo que quiero. En verdad os aconsejo: ¡Aléjense de mí y guárdense de Zaratustra!... Mal recompensa al maestro quien nunca pasa de ser un discípulo"[56].

---

56. Friedrich Nietzsche, *Thus Spoke Zarathustra* [*Así habló Zarathustra*], parte 1, "The Gift-Giving Virtue," sección 3. En Walter Kaufmann (ed.), *The Portable Nietzsche*, New York: Viking Penguin, 1982, p. 190.